新编会计电算化

主　编：黄正瑞

副主编：庄婉婷　何红丹　许燕芬
　　　　吕基荣　欧阳世芹

中山大学出版社
SUN YAT-SEN UNIVERSITY PRESS

·广州·

版权所有　翻印必究

图书在版编目（CIP）数据

新编会计电算化/黄正瑞主编 . —广州：中山大学出版社，2015.3
ISBN 978-7-306-05174-5

Ⅰ. ①新… Ⅱ. ①黄… Ⅲ. ①会计电算化 Ⅳ. ①F232

中国版本图书馆 CIP 数据核字（2015）第 019790 号

出版人：	徐　劲
策划编辑：	周建华　黄浩佳
责任编辑：	黄浩佳
封面设计：	林绵华
责任校对：	廖丽玲
责任技编：	何雅涛
出版发行：	中山大学出版社
电　　话：	编辑部 020-84111996，84113349，84111997，84110779
	发行部 020-84111998，84111981，84111160
地　　址：	广州市新港西路 135 号
邮　　编：	510275　　　传　真：020-84036565
网　　址：	http://www.zsup.com.cn　　E-mail:zdcbs@mail.sysu.edu.cn
印 刷 者：	广州中大印刷有限公司
规　　格：	787mm×1092mm　1/16　17.5 印张　426 千字
版次印次：	2015 年 3 月第 1 版　2016 年 1 月第 2 次印刷
定　　价：	35.00 元

如发现本书因印装质量影响阅读，请与出版社发行部联系调换

前　言

会计电算化是现代信息技术在会计领域应用的一种通俗称呼，其目标是实现会计工作的现代化与信息化。但作为高职院校的一门专业课程，会计电算化的研究对象却主要是会计信息系统的应用方法，以培养学生操作会计软件或 ERP 系统的基本技能。

本书是面向高职会计以及财经类专业的会计电算化教材。全书共九章，在介绍会计电算化基本概念与实施方法的基础上，主要以用友 ERP-U8.72 为蓝本全面介绍财务会计最主要的几个子系统的功能与应用方法。本书内容系统，第一，除了基本概念与实施方法之外，涉及系统管理、基础设置、总账、报表、薪资、固定资产、应收、应付、供应链管理等九大功能；第二，以用友 ERP-U8.72 软件为蓝本，具有使用手册的特点，能够学以致用；第三，全书附有 11 个实训题，据此可以进行全面演练，可操作性强。

本书由黄正瑞教授担任主编，参与编写的作者有黄正瑞（第一章）、许燕芬（第二章、第三章）、庄婉婷（第四章）、吕基荣（第五章）、何红丹（第六章、第七章、第九章）、欧阳世芹（第八章）。

最后需要指出，会计电算化日新月异，高职教育又一日千里，再加上编者水平有限和成书仓促，书中疏漏错误之处难免，请读者批评指正。

编者

2014 年 12 月

目 录

第一章 会计电算化概论 ································· 1
  第一节 信息与信息系统 ································· 1
  第二节 会计信息系统与会计软件 ······················· 4
  第三节 会计电算化及其实施 ··························· 10
  第四节 会计电算化的管理与要求 ····················· 14
  本章小结 ·· 21
  基本概念 ·· 21
  练习题 ··· 21

第二章 系统管理 ··· 26
  第一节 系统管理的启动与功能 ························ 26
  第二节 账套管理 ·· 28
  第三节 年度账管理 ··· 36
  第四节 用户与权限管理 ··································· 37
  本章小结 ·· 43
  基本概念 ·· 43
  练习题 ··· 43
  实训一 基础档案设置 ···································· 45

第三章 基础设置 ··· 47
  第一节 企业应用平台 ······································ 47
  第二节 基本信息设置 ······································ 49
  第三节 基础档案设置 ······································ 49
  第四节 数据与金额权限设置 ···························· 65
  本章小结 ·· 68
  主要概念 ·· 68
  练习题 ··· 69
  实训二 基础档案设置 ···································· 71

第四章 总账系统 ··· 76
  第一节 总账系统概述 ······································ 76

第二节　总账系统的初始设置……………………………………79
　第三节　凭证处理…………………………………………………85
　第四节　出纳管理…………………………………………………96
　第五节　期末处理…………………………………………………102
　第六节　账表管理…………………………………………………109
　本章小结………………………………………………………………116
　基本概念………………………………………………………………116
　练习题…………………………………………………………………116
　实训三　总账系统初始设置与业务处理……………………………118
　实训四　出纳管理……………………………………………………125
　实训五　总账系统期末处理与账表管理……………………………126

第五章　报表处理系统……………………………………………………128
　第一节　报表处理系统概述………………………………………128
　第二节　报表的格式设计…………………………………………131
　第三节　报表公式的编辑…………………………………………138
　第四节　报表的数据处理…………………………………………144
　本章小结………………………………………………………………149
　基本概念………………………………………………………………149
　练习题…………………………………………………………………149
　实训六　报表处理……………………………………………………151

第六章　薪资管理系统……………………………………………………155
　第一节　薪资管理系统概述………………………………………155
　第二节　薪资管理系统的初始设置………………………………157
　第三节　薪资管理系统的业务处理………………………………168
　第四节　薪资管理系统的期末处理………………………………173
　本章小结………………………………………………………………174
　基本概念………………………………………………………………175
　练习题…………………………………………………………………175
　实训七　薪资核算与管理……………………………………………177

第七章　固定资产管理系统………………………………………………180
　第一节　固定资产管理系统概述…………………………………180
　第二节　固定资产管理系统的初始设置…………………………182
　第三节　固定资产管理系统的业务处理…………………………192
　第四节　固定资产管理系统的期末处理…………………………197
　本章小结………………………………………………………………199

主要概念 …………………………………………………………………… 199
　　练习题 ……………………………………………………………………… 199
　　实训八　固定资产管理 …………………………………………………… 202

第八章　应收应付款管理系统 ………………………………………………… 205
　　第一节　应收应付款管理系统概述 ……………………………………… 205
　　第二节　应收款管理系统的系统设置 …………………………………… 208
　　第三节　应收款管理系统的日常处理 …………………………………… 214
　　第四节　应收款系统的期末处理与账表管理 …………………………… 226
　　本章小结 …………………………………………………………………… 228
　　基本概念 …………………………………………………………………… 228
　　练习题 ……………………………………………………………………… 228
　　实训九　应收款管理 ……………………………………………………… 230
　　实训十　应付款管理 ……………………………………………………… 233

第九章　供应链管理系统 ……………………………………………………… 236
　　第一节　供应链管理系统概述 …………………………………………… 236
　　第二节　供应链管理系统的初始化 ……………………………………… 236
　　第三节　采购业务处理 …………………………………………………… 244
　　第四节　销售业务处理 …………………………………………………… 252
　　第五节　库存管理业务处理 ……………………………………………… 259
　　第六节　存货核算业务处理 ……………………………………………… 263
　　本章小结 …………………………………………………………………… 265
　　基本概念 …………………………………………………………………… 265
　　练习题 ……………………………………………………………………… 265
　　实训十一　供应链管理系统初始设置与业务处理 ……………………… 267

参考文献 ………………………………………………………………………… 272

第一章　会计电算化概论

学习目标

1. 了解信息、信息处理、信息系统与会计信息系统等概念。
2. 了解会计核算软件的基本功能与系统之间的联系。
3. 了解会计电算化的意义与实施方法。
4. 了解会计电算化的管理法规与制度。

能力培养目标

1. 掌握会计电算化的实施方法。
2. 熟悉会计电算化的管理工作。
3. 掌握对会计核算软件的选择。

第一节　信息与信息系统

现代信息技术是当今世界最为先进的生产力,其中信息系统不仅可以是简单机械劳动的替代者,还可以成为管理人员有判断能力的敏捷工具。信息系统中的会计信息系统是经济管理中的一个重要系统,是企业赖以实现财务会计和管理会计信息化的工具。

一、信息

(一) 信息的定义

信息(informating)一般指人类一切知识、学问以及从客观事物中产生的各种消息的总和。但不同学科对信息的认识不尽相同,其中信息论认为信息是经过加工、具有一定意义的数据。例如,生产计划和会计报表都是经过加工的有意义的数据,都可以称为信息。

信息与数据是两个既密切联系又有明显区别的概念。数据是指可以记录、通讯和识别的符号。信息以数据为载体,但只有经过加工之后获得的有用数据才成为信息。

(二) 信息的分类

信息可以从不同的角度进行分类,例如,按照应用领域可分为经济信息、社会信息、科技信息和军事信息；按重要性可分为决策信息、常规信息、战略信息、战术信息；按形式可分为数字信息、声音信息、图像信息；按信息的处理方式可分为原始信息和综合信息；等等。

（三）企业信息流

现代企业的整个生产经营活动存在三种"流"，即物流、资金流和信息流。其中：
（1）物流是指从原材料等资源投入到转换为产品输出的过程中，物质形态性质变化的运动过程，包括采购、运输、库存、加工、外协、装配、存储、销售和发运。
（2）资金流指企业资金的运动过程，包括资金的筹集、运用和分配。
（3）信息流是为了实现管理职能，伴随物流、资金流所产生的信息传递过程。
一方面信息流伴随物流和资金流而产生，另一方面管理者又可依据客观信息作出决策，再以决策信息控制物流和资金流的运动。

（四）信息的作用

信息与人、财、物都是企业的主要资源，其中后三种资源是有形的，我们统称为物质资源，而信息资源是无形的，我们称之为概念资源。在工业社会中，人、财、物是企业成功的主要因素，但如今信息在生产力体系中的地位越来越突出，在某种程度上比其他资源更为重要，以至管理的艺术就在于善于驾驭信息，用概念资源来管理物质资源。可以说信息是管理的基础，是企业管理人员完成计划、组织、指挥、协调、控制等职能的依据。

二、信息系统

人类社会需要信息，也就必然出现信息处理以及专门从事信息处理的信息系统。计算机在企业中的应用多数是通过信息系统的形式实现的，所以信息系统是企业信息化的主要工具和物质基础。

（一）信息系统的概念

信息系统是由一组相互关联的元素组成，实现对数据进行采集、处理、存储、传输和向人们提供有用信息的系统。如图1-1所示，信息系统输入的是数据，经过加工处理后输出各种有用的信息。从某种意义上说，信息系统就是从事信息处理的系统。

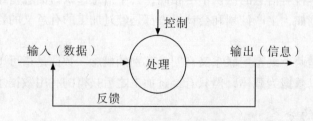

图1-1 信息系统的基本模型

（二）信息系统的功能

信息系统一般都应该具有信息处理、业务处理、组织管理以及辅助决策等功能。

1. 信息处理

信息处理又称数据处理，是信息系统最基本的功能，一般包括数据的采集、存储、处理、传输和输出等活动。其中：

（1）数据的采集。数据采集包括数据的收集、整理和输入。即先把分散的数据收集起来，然后通过整理并转化成信息系统所需的形式，最后输入系统。

（2）数据的存储。信息系统必须存储有用数据或信息，以便支持信息处理活动，并实现信息共享或向用户提供有用信息。

（3）信息的处理。信息处理的目的就是将数据加工成信息，基本方法一般有计算、统计、合并、排序、分类、汇总、查询，等等。

（4）信息的传输。为了实现信息共享和分配，信息必须在系统和子系统之间，子系统与子系统之间或不同网点之间进行传输。

（5）信息的输出。信息系统必须提供方法简便、响应迅速的检索功能，并按习惯的格式显示与打印输出，或者送给其他处理系统作进一步处理。

2. 业务处理

信息系统通过业务处理来支持企业管理。业务处理可以分为以下两类：

（1）联机事务处理。联机事务处理又称实时事务处理，信息系统直接参与到业务处理过程之中，与业务处理融为一体。例如，各种售票系统、股票系统、银行系统、会计软件系统等，都是联机事务处理系统。

（2）脱机事务处理。信息系统并不直接参与实际的业务处理过程之中，只是事后将业务活动的有关数据输入到系统，并经过适当的加工处理，输出对企业管理有用的信息。例如，政府统计系统、后台服务的会计系统等等，都是脱机事务处理系统。

企业业务活动很多，其中有的需要联机处理，有的需要脱机处理，甚至两种处理可以并存于同一个信息系统之中。

3. 组织管理

企业的管理职能包括计划、统计、生产、质量、技术工艺、财务、供应、销售、科研、人事、后勤等中层管理，信息系统应该具有对这些管理职能的信息的收集提取、统计分析、控制反馈以及简单的决策支持功能。企业信息系统一般按组织管理的职能划分子系统，因而一个子系统往往就服务于一个具体部门的组织管理。

4. 辅助决策

决策是企业管理的重要职能，企业战略层、战术层、事务层都存在决策活动。信息系统必须具有支持各管理层决策活动的功能，但一般只能以信息、模型、方案的形式辅助决策，而不能代替管理人员直接作出决策。

（三）信息系统的分类

信息系统可以从不同角度进行分类。例如，按技术手段信息系统可以分为手工和计

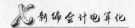

算机信息系统；按应用领域信息系统可以分为政府信息系统、金融信息系统、商业信息系统、教育信息系统、医疗信息系统、军事信息系统、科技信息系统；按处理对象信息系统可以分为批量数据处理、查询检索等系统；根据管理层次和信息层次的不同，信息系统由低层到高层可以分为事务处理系统、管理信息系统以及决策支持系统等。其中：

1. 事务处理系统

事务处理系统（TPS）又称电子数据处理系统（electronic data processing，EDP），它用于操作层的日常事务和基本信息处理，以提高事务处理的效率和自动化水平。

2. 管理信息系统

管理信息系统（management information system，MIS）是建立在现代信息技术基础上的、为管理和简单决策服务的综合信息系统。MIS 输入的是一些与管理有关的数据，经计算机加工处理后输出供各级管理人员使用的信息。

管理信息系统的功能包括信息处理、业务处理、综合管理以及简单决策功能。其中，综合管理主要指数据分析、预测、计划、控制等功能。营销信息系统（MKIS）、制造信息系统、财务信息系统、人力资源信息系统（HRIS）、信息资源信息系统（IRIS）、经理信息系统（EIS）都是管理信息系统。

3. 决策支持系统

决策支持系统（decision support system，DSS）是基于知识的、用于辅助解决多样化和不确定性决策问题的信息系统。目标是改善管理人员的决策能力，提高决策的科学性和信息化程度。根据决策问题以及采取的原理与技术，决策支持系统有多种不同的类型，例如有专用决策支持系统、通用决策支持系统、群体决策支持系统、分布式决策支持系统、战略决策支持系统、综合决策支持系统。专家系统（expert system，ES）也是一种决策支持系统。

4. 办公信息系统

办公信息系统（office information system，OIS）又称办公自动化系统，是一个提供办公事务所需的信息服务和辅助决策的信息系统，其目标是和谐高效地处理办公业务，实现办公自动化。办公信息系统一般应具有办公信息处理、文档资料管理、信息通信、日程管理以及辅助办公决策等功能。

第二节　会计信息系统与会计软件

会计信息系统是一个将会计数据转换为会计信息的信息系统，会计软件则是会计信息系统的俗称。会计电算化，软件是基础。会计软件在一定程度上代表了会计电算化的发展水平。没有功能完备和技术先进的会计软件，就不可能有真正意义的会计电算化。

一、会计信息系统

1. 会计信息系统的定义

会计是一个通过人或计算机对物流、资金流、信息流实施管理的信息系统,其目标是将会计数据转换为会计信息。从远古的结绳记事到今天的计算机记账,会计都是一种信息处理的科学,它所从事的就是数据的采集、存储、加工、传递和提供信息,为管理者进行预测、计划、控制和决策等管理活动服务,具有信息系统的全部特征,所以人们称之为会计信息系统(accounting information system,简称 AIS)。

2. 会计信息系统的基本功能

会计信息系统具有信息系统的共性,即必须具有会计信息处理、会计业务处理、会计组织管理以及辅助决策等功能。其中会计信息处理也包括数据采集、存储、处理、传输和输出五个方面的基本功能。会计数据的采集包括填制或取得原始凭证以及从企业内外取得其他数据,会计数据的处理指对收集到的会计数据进行分类、汇总、记账、制表等核算处理,以及在此基础上进行的分析、预测、计划与决策。

3. 会计信息系统的特点

尽管理论界曾先后为会计信息系统提出过数据库、REAL(事件驱动)等会计模型,但目前它仍然基于帕乔利(Luca Pacioli)所建立的会计循环和会计恒等式基础上,其数据源仍然是历史的、能以货币计量的数据。具体特点是:

(1) 遵循世界通用的复式记账原则。会计信息系统遵循复式记账的原则,即有借必有贷、借贷必相等,资产 = 负债 + 所有者权益,利润 = 收入 - 费用。

(2) 收集会计凭证仍然是会计处理的起点。收集和确认会计凭证仍然是会计核算的起点,而且凭证还是最主要的数据源和最重要的会计档案。但会计信息系统所接受的记账凭证除了手工编制部分外,有相当部分是由系统内部自动编制或从系统外部接收的凭证。

(3) 简化会计循环并改善信息处理的质量。会计信息系统已经简化了账簿体系和会计循环,在整个会计循环中对会计人员的技术要求,只在于从原始凭证到记账凭证的编制和确认,并由此改善了信息处理的质量。

(4) 强化了会计的职能。会计信息系统促进了会计职能的变化,尤其当企业推行 ERP 并且采用 Internet 与 Intranet 技术之后,不仅加强财务会计与其他业务部门的协同处理,实现数据的高度共享;而且可以通过远程处理与网上支付,实现网络财务管理,促使财务管理从静态走向动态,有利于集团公司、跨国企业的实时管理。

(5) 会计内部控制程序化。在会计信息系统中有相当一部分控制功能由系统自动实现,即实现内部控制的自动化,例如对操作权限、数据检验、处理过程、数据输出,都可由计算机系统自动进行控制。

(6) 财务报告内容多元化并提供定期与实时相结合的财务报表。由于会计信息系统实现多元分类和动态核算,财务报告正在向内容多元化、形式多样化、组合适需化以及定期与实时报告相结合的模式发展。

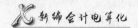

4. 会计信息系统的基本组成

会计信息系统一般可以分为财务会计和管理会计两大职能系统，其中：

（1）财务会计系统。一般包括总账（即账务）、应收款、应付款、薪资、固定资产、存货、通用会计报表等职能子系统。

（2）管理会计系统。一般包括预算管理、项目管理、资金管理（即筹资投资管理）、成本管理、财务分析、商业智能以及决策支持等功能子系统。此外，管理会计的许多功能还分散在财务会计的不少子系统中，例如在应收款管理系统中就有账龄分析、周转分析、欠款分析、坏账分析、收款分析、收款预测等管理功能。

此外，由于我国许多独立型的会计软件都具有一定的购销存业务处理与管理功能，这部分业务与财务往往实现协同处理，其中包括采购计划、采购管理、销售管理、存货管理和库存管理等子系统。

二、会计核算软件基本概念

会计软件是会计信息系统的俗称，而会计核算软件则主要指会计信息系统中的财务会计子系统。具体而言，会计核算软件是指专门用于会计核算工作的计算机应用软件，包括采用各种计算机语言编制的用于会计核算工作的计算机程序。凡是具备相对独立完成会计数据输入、处理和输出功能的软件，如账务处理、固定资产核算、薪资核算软件等，均可视为会计核算软件。

会计核算软件以会计理论和会计方法为核心，以会计制度为依据，以计算机和通信技术为基础，以会计数据为处理对象，以提供会计信息为目标。但不同软件公司开发的会计核算软件所包含的功能模块并不完全相同。

此外，企业应用的企业资源计划（enterprise resources planning，简称 ERP）软件也包含有处理会计核算数据的功能，这部分功能模块也属于会计核算软件的范畴。ERP是信息技术与先进管理理论相融合的产物，它一般包含分销、制造和财务三大部分，显然，财务是 ERP 的核心功能之一。

综上所述，会计软件系统可以是一个独立的系统，也可以是 ERP 的一个子系统。

三、会计核算软件的分类

会计核算软件可以从不同的角度进行分类。例如，会计软件按适用范围可以分为通用会计软件与专用会计软件，按系统软硬件结构可以分为单用户会计软件和网络会计软件，按 ERP 的关系可分为独立型会计软件和非独立型会计软件。下面从适用范围的角度来分析会计软件的特点。

1. 通用会计软件

通用会计核算软件一般是指由专业软件公司研制，在市场上公开销售，能适应不同行业、不同单位会计核算与管理基本需要的会计核算软件。我国通用会计核算软件以商品化软件为主，即目前我国商品化会计软件一般都是通用会计软件，例如用友系列（如用友通）、金蝶 KIS，等等。通用会计核算软件具有以下特点：

（1）通用性强。即适合于不同行业、不同规模、不同需求的企事业单位使用，最典型的是用友通、金蝶 KIS 之类的会计软件，几乎任何单位都能使用。当然其中也有一些是行业通用软件，即仅适用于某一个行业的会计软件。

（2）功能全面。为了迎合不同单位的各种需求，通用会计软件做到功能强大并且全面。其中有些会计软件几乎把会计核算的方方面面都考虑到了，甚至在功能上做到了无可挑剔。

（3）需要初始化处理。由于会计软件的通用性，软件必须提供一个初始化处理模块，让使用单位对会计核算规则进行设置、对所需功能进行选择，从而将一个通用的会计软件转化为满足某个特定单位实际需求的专用软件。

（4）软件质量高。通用会计核算软件一般由专业软件公司研制，由于其技术力量雄厚，加上收集众多单位长期使用和检验的反馈并不断修改，软件功能与性能都日臻完善。

显然，通用会计软件尤其商品化通用会计软件在功能、性能、成本、维护等方面有明显的优势，价廉物美而又即买即用，能起到立竿见影的效果，所以一般单位都选择这类软件。

2. 专用会计软件

专用会计核算软件一般是指由使用单位自行开发或委托其他单位开发，供本单位使用的会计核算软件。专用会计软件也称定点开发会计软件，由于针对特定单位研制，专用会计软件一般在软件中固定会计核算规则，例如用户无需设置会计科目、工资项目、会计报表，因为这些已由软件设置妥当，用户无需设置就能使用。专用会计软件使用较方便，但仅适用于个别单位，而且功能与性能一般不及通用会计软件。加上开发一个成熟软件不仅周期长，而且成本也很昂贵，所以只有有特殊需求的企业才需要考虑开发专用会计软件。

企业开发专用会计软件可以根据本身所拥有的技术力量，分别采取自行开发、委托开发和联合开发三种方式。其中联合开发既能充分发挥开发人员和会计人员的专业特长，可以开发出实用性强、质量高的软件系统，又能解决维护问题。

四、会计核算软件的功能模块

会计核算软件的功能模块是指会计核算软件中有相对独立的会计数据输入、处理和输出功能的各个组成部分。会计软件的基本结构往往指的就是软件由哪些功能模块组成以及功能模块之间的联系。

1. 会计软件的主要功能模块

会计软件一般按职能来划功能模块，并且要以账务处理为中心来划分结构。现在人们一般将会计核算软件分为账务处理、应收款核算、应付款核算、薪资核算、固定资产核算、会计报表、财务分析等功能模块。其中账务处理模块是会计核算软件的核心模块，该模块以记账凭证为接口与其他功能模块有机地连接在一起，构成完整的会计核算系统。

会计软件的主要功能模块也往往称为子系统，由于不同公司开发的会计软件的基本组成、业务性质都不尽相同，所以下面只简要介绍其中较常用的几个子系统的功能，并且由于系统与子系统是一个相对的概念，所以为了叙述的方便我们把子系统直称为系统。

（1）账务处理系统。账务处理系统是会计信息系统的核心，其他职能系统必须直接或间接与它发生联系。账务系统的基本任务是记账、算账、对账、转账和结账，并生成和输出日记账、明细账、总账以及部分固定格式的报表。此外，账务系统一般还具有辅助核算与考核功能。

（2）会计报表系统。报表系统主要是提供一种机制让用户定义和生成各种对外和内部管理所需的会计报表，并在此基础上实现报表的汇总与分析。随着互联网的普及应用，报表系统应该逐步实现远程制表、汇总与分析功能，支持网上传输、合并报表等功能。

（3）应收款管理系统。应收款管理系统主要提供发票、应收单、收款单的录入、记账、核销与分析功能。具体可能包括客户信用控制、收款处理、现金折扣处理、单据核销处理、坏账处理、客户利息处理等业务功能，提供业务分析、预测以及对应收票据的核算与管理等功能。

（4）应付款管理系统。应付款管理系统提供发票、应付单、付款单的录入、记账、核销与分析功能，具体包括付款处理、现金折扣处理、单据核销处理等业务功能，并进一步通过业务分析、资金流出预算、对应付票据的管理，动态反映各流动负债的数额及偿还流动负债所需的资金。

（5）薪资管理系统。薪资系统主要提供工资核算、工资发放、费用计提、统计分析等功能，并生成和输出相关的工资结算单、工资条或工资单、工资汇总表、费用分配表、票面分解表等。薪资系统还必须能自动编制转账凭证、计提个人所得税、银行代发、多次或分次发放等功能。

（6）固定资产管理系统。固定资产系统主要提供资产管理、折旧计提与分配、统计分析等功能。其中资产管理包括管理资产卡片、处理固定资产的增减变动、提供资产评估及资产减值准备功能。此外要生成资产增减变动与计提折旧的转账凭证，而且输出的账表也比较多。

（7）其他核算功能系统。除上述功能子系统之外，会计软件一般还设有存货管理、销售管理、成本管理、财务分析以及系统管理与基础设置等功能系统。其中，成本管理系统主要提供成本计划、成本核算、成本预测和成本分析等功能。

2. 会计软件子系统之间的联系

会计软件必须以账务处理为核心，但会计软件各功能模块是独立的，各自有独立的输入和输出，实现特定的功能，完成特定的任务，企业可以单独选购和使用。但独立又是相对的，各功能模块之间或多或少总存在某些联系，它们相互作用，相互依赖，共同实现会计的反映、控制和监督职能。会计软件子系统之间的数据联系如图1-2所示。

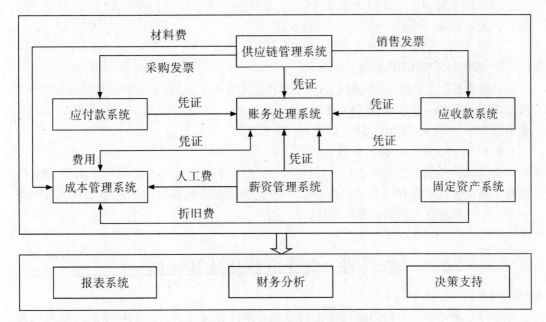

图 1-2 会计软件子系统及相互联系

五、企业资源计划 ERP

ERP 是企业管理软件的主要代表，企业管理软件最早起源于制造业管理信息系统的研究与开发，并且经历了物料需求计划（MRP）、制造资源计划（MRPⅡ）、企业资源计划（ERP）三个大的发展阶段。

1. 什么是 ERP

ERP 是在 MRPⅡ的基础上吸收 JIT（适时生产）、TQC（全面质量管理）、DRP（分销资源计划）、MES（制造执行系统）、AMS（敏捷制造系统）等先进管理思想而发展起来的一个管理信息系统。ERP 集成了企业物流、资金流、信息流三大资源，体现了对整个供应链进行管理、精益生产同步工程和敏捷制造、事前计划与事中控制等管理思想。

2. ERP 的主要构成

由于不同的 ERP 软件设计的思路及方法不同，所以 ERP 软件功能模块的划分也有所不同，但是各种 ERP 软件的原理却是一致的。ERP 软件一般分为分销、制造、财务以及人力资源管理几大部分，所涉及的主要功能模块包括：

（1）分销部分。主要包含预测、订单管理、销售分析、采购管理、仓库管理、运输管理、资产维护、库存控制等功能模块。

（2）制造部分。主要包含主生产计划（MPS）、产品数据管理（PDM）、物料需求计划（MRP）、能力需求计划（CRP）、分销需求计划（DRP）、车间控制（SFC）、产品配置管理、流程作业管理、重复制造、质量管理等功能模块。

（3）财务部分。主要包含总账（GL）、应收账（AR）、应付账（AP）、工资、固定资产、现金管理、成本、多币制等功能模块。

（4）人力资源部分。即人力资源管理。

3. 国内外主要 ERP 系统

目前世界上主要的 ERP 系统有德国 SAP 公司的 R/3 系统、美国 QAD 公司的 MFG/PRO 系统以及 Oracle 公司的 Oracle Application 系统。国产 ERP 系统主要有用友 U8ERP 和 NCERP、金蝶 K/3ERP，以及新中大、金算盘等。

4. ERP 是大中型企业的首选

会计软件系统可以是一个独立的系统，也可以是 ERP 的一个子系统。由于 ERP 功能强大而又实现信息高度共享，所以大中型企业的会计电算化应该选择 ERP，当然小企业一般应选独立的会计软件系统。

第三节　会计电算化及其实施

会计电算化是一个约定俗成的术语，是电子计算机在会计中的应用的一种通俗称呼，其目标就是通过建立会计信息系统，实现会计工作的现代化。国外把利用电子数据系统的会计，称为电子数据处理会计（electronic data procesing accounting，简称 EDP 会计）。

一、会计电算化

1. 会计电算化的概念

会计电算化一词有广义和狭义之分。狭义的会计电算化是指以电子计算机为主体的当代信息技术在会计工作中的应用；广义的会计电算化是指与实现会计电算化有关的所有工作，包括会计软件的开发和应用、会计电算化人才的培训、会计电算化的宏观规划、会计电算化的制度建设、会计软件市场的培育与发展等。

会计电算化的实质是计算机在会计领域的普及应用，其目标是实现会计工作的现代化。会计电算化包括财务会计和管理会计的计算机应用，即：

（1）财务会计电算化。这是会计电算化的早期目标，即用计算机代替手工来完成诸如记账、算账、报账等会计核算工作。这个目标在 20 世纪 90 年代中期就从技术上全面实现，开创了会计史上的一场技术革命，从而提高了会计工作的效率与会计信息的质量。

（2）管理会计电算化。管理会计电算化以现代信息技术为基础，利用复杂的数学模型与分析工具，集成处理与管理活动的相关信息，提供经营预测、计划、决策、控制和分析手段，以分析过去、控制现在、规划未来，为企业正确决策和改善经营管理服务。管理会计电算化比财务会计电算化要艰难得多，不能指望在短时间内依靠一种会计软件就可以实现。

20 世纪 90 年代末我国学术界出现一场"电算化"与"信息化"之争，沿用了近

20年的"会计电算化"一词受到质疑，不少人认为计算机在会计领域应用的目标不是电算化而是信息化。但是，习惯成自然，"会计电算化"一词已深入人心，人们其实可以充实其内涵，而不必斤斤计较其字面的严谨性。

2. 会计电算化的作用

实现会计电算化是会计史上的一场技术革命，对会计科学本身以及对国民经济建设都具有重要的作用，其中尤其表现在以下几方面：

（1）提高会计数据处理的时效性和准确性，提高会计核算的水平和质量，减轻会计人员的劳动强度。例如，实现电算化之后，会计循环中的记账、算账和报表编制均由系统自动实现，凭证一旦录入系统，马上就能在账簿和报表中得到反映，从而能够及时提供会计信息，提高了会计处理的时效性。

（2）提高经营管理水平，使财务会计管理由事后管理向事先预测、事中控制转变，为管理信息化打下基础。例如，实现电算化之后，能够实现会计与业务的协同处理，打破会计核算与产品进销存业务之间的分割；可以实现会计的集中核算模式，集团总部可以集中管理会计信息和编制报表。

（3）推动会计技术、方法、理论创新和观念更新，促进会计工作进一步发展。例如，在计算机处理条件下，原来难以实现的复杂的数学模型和分析预测方法不再是空中楼阁，以运筹学为核心的各种数学方法包括线性代数、量本利分析、回归分析、多元方程和高层次数据模型都可以在会计管理中得到应用。

（4）会计电算化也促进了会计职能的变化。当企业推行ERP之后，不仅加强财务会计与企业内其他业务部门的联系，实现数据的高度共享；而且可以通过远程处理与网上支付，实现网络财务管理，促使财务管理从静态走向动态，有利于集团公司、跨国企业的实时管理。

二、会计电算化的实施

会计电算化系统的建立是一项复杂的工程，在配置相应设备的基础上，需要经过制订总体规划与解决方案、培训人员、重整业务流程、形成信息规范、制定管理制度、配置系统与测试、试运行，才能最终实现计算机替代手工会计。为此人们常用"实施"这个词来表述它。实施是一个有难度的过程，对于ERP之类的大型系统，甚至关系到成败，因此近年来有"三分软件七分实施"之说。

（一）制订总体规划

会计电算化的实施首先需要制订规划，然后按步实施，以避免主观随意性和盲目性。会计电算化的总体规划一般要按必要性、可行性、全局性以及循序渐进的原则科学制订。总体规划的内容主要包括：

（1）会计电算化的总目标。总目标指在多长时间内实现会计电算化，即明确要实现哪些功能以及在什么时候实现这些功能。

（2）会计电算化的实施步骤。实施过程的具体工作应该有一个明确的日程计划，确定每一步的目标和任务。

(3) 确定机构与人员分工。明确系统实施过程中和实施之后的组织机构与管理体制，确定每一个人的工作任务和职责。

(4) 经费预算计划。实施过程所需经费除了软硬件设备购置费用之外，主要包括人员培训费、咨询费、材料消耗费以及后期的系统维护费。

（二）会计软件或 ERP 的选择

会计电算化，软件是基础，所以购买或开发一个合适的软件是成功的保证，因此，绝大多数企事业单位要面临一个如何选择商品化软件的问题。

1. 对软件类型与方式的抉择

企业在推行会计电算化之前必须对软件做出一个抉择，即根据需求分析，明确目标与需求，在以下诸多方面做出选择。

(1) 开发与购买的选择。一般企业没有自行开发软件的需求，只有特殊需求的企业才需要考虑开发软件的问题。

(2) 国内外软件的选择。外国会计软件一般具有管理先进、集成度高等优点，但其费用较高以及制度、文化上的差异，在国产软件能够满足需求的基础上，没有必要盲目崇洋。

(3) 会计软件与 ERP 的选择。应根据企业信息化的整体规划做出选择，如企业仅有部分部门准备实施计算机管理，那么可以先购买独立的会计软件以推行会计电算化，随着企业的发展再全面实施 ERP。

(4) 购买软件与购买服务的选择。购买服务指用户无需购买与安装软件，就可以通过远程网络从应用服务提供商（application service provider，简称 ASP）获得软件的应用。选择购买服务的应用方式，用户只用较少的投入，就可以获得技术先进、功能全面的全天候服务。

2. 会计软件的选择

单位选购会计软件首先必须做一个简单的需求分析，明确自己的目标、计算机系统配置结构、会计软件的职能结构，然后根据需求从以下几个方面进行综合选择。

(1) 合法性。符合国家相关会计制度以及《会计核算软件基本功能规范》的要求。

(2) 适应性。要考虑软件功能是否满足企业的需求规划。

(3) 正确性。能够正确处理会计业务，输出账表的内容与格式必须正确。

(4) 安全性。具有防止信息被泄漏和破坏的能力以及防错、查错和纠错的能力。

(5) 操作的方便性。软件的流程和操作容易理解和学习，操作简单方便。

(6) 售后服务的可靠性和软件公司的实力。只有软件公司有可持续发展的实力，软件才能推陈出新，软件寿命才能长久。

3. ERP 软件的选择

ERP 是一个大型软件，它的选择比会计软件更为困难。没有完美的软件，只有相对完善的软件，ERP 也不例外，所以只能根据以下原则选择一个比较合适的 ERP 软件。

(1) 符合 ERP 标准模式。根据 ERP 的基本原理判断是否为标准的 ERP 系统。

(2) 系统的集成度高。系统的集成指 ERP 各功能的集成以及与其他软件产品的集成。

（3）功能满足企业需求。选择那些能够提供企业所需功能的 ERP 软件。

（4）产品的国际化。具有多种货币、多种语言，适用多国财政与税制。

（5）系统的开放性。能够在不同计算机、不同操作系统、不同数据库上运行。

（6）用户化的工具。选择 CASE 功能较强的 ERP 软件，以便二次开发。

（7）界面友好、操作简便。

（8）良好的服务支持，版本不断升级。

（9）足够多的用户群。上文已提及，用户越多所带来的软件越成熟、错误越少，开发商越能持续发展。

（10）性价比较高，软件商发展前景好。

（三）安装系统和测试运行环境

（1）运行环境的设置。会计软件或 ERP 用户手册上一般都明确规定运行环境的要求。运行环境包括硬件环境和软件环境。硬件环境包括设备机型、内存大小、硬盘空间、显示器及打印机等设备。网络组成结构包括单机、网络结构。软件环境主要指操作系统以及数据库管理系统，安装之后必须根据会计或 ERP 软件的要求设置各种参数。

（2）安装会计软件和测试运行环境。按用户手册的说明完成系统安装工作，并动态检查运行环境是否正常。许多软件系统都提供一套学习用的账套，用户可以利用它执行一些简单的操作，测试环境设置的完备性和正确性。

（四）业务流程重整与规范会计基础工作

1. 业务流程重整

会计软件或 ERP 体现了先进的业务流程，因此，企业在实施电算化时必须按它的流程行事，这就需要对现行业务流程进行改造，即根据企业信息化的应用目标，采用改进、优化、再造的策略，打破旧的管理结构，从数据到业务环节逐步规范业务流程，为会计软件或 ERP 的实施打下基础。

2. 规范会计基础工作

会计业务流程重整的一个主要任务是规范会计基础工作，使会计基础工作与会计电算化相适应。规范内容主要包括：

（1）会计业务流程的规范。分析现行会计业务处理流程（例如账务处理程序），并与会计软件的功能与所设定的处理程序相比较，在此基础上重整会计业务流程。

（2）会计核算方法的规范。根据软件系统的功能与企业的实际情况，确定各种核算方法，例如确定材料用什么方法计价、固定资产用什么方法折旧。

（3）会计数据的规范。主要规范需要输入系统的数据，包括初始设置涉及的数据与日常处理的输入数据。其中系统初始设置所涉及的数据主要包括：

● 各种代码体系。例如，会计科目、客户、供应商、存货、固定资产等代码体系。

● 各种余额与发生额。例如，存货余额、科目余额与累计发生额。

● 手工处理延续数据。例如，尚未结清的各种发票与单据、现有固定资产的卡片。

●其他数据。整理常用摘要、操作人员的权限等等。

(4) 会计账表的规范。主要是根据会计制度规范各种账簿与报表的种类、内容与格式,并利用系统功能设置合格的账表。

(五)系统的试运行

会计软件的使用或者说从旧系统切换到新系统一般要通过试运行(或称双轨运行),让新旧系统并行地运行一段较长的时期。在试运行阶段的主要工作包括:

(1) 设置账套。在会计软件中一般以账套为单位管理会计资料,在试运行阶段必须根据实际需要建立会计账套,并为它设置参数。

(2) 系统初始设置。初始设置的目的是将一个通用系统转化为满足企业实际需求的专用系统。例如总账系统的初始设置有会计科目、核算项目、货币等等。

(3) 日常处理。试运行必须同正式运行一样要求,即必须按软件规定的业务流程处理会计业务,从实际出发完成日常会计核算和管理的一切工作。

(4) 审查与分析运行结果。经常关注计算机处理过程,检查是否有异常情况发生,比较计算机与手工双方的处理结果,如果出现不一致则要分析原因。

(六)系统的正式运行

只有做到计算机替代手工记账才能真正实现会计记账、算账、报账的自动化,提高会计信息的及时性、准确性和完整性。

系统从试运行到正式运行必须满足若干基本条件,这些条件涉及人员、设备和制度。

新系统进入正常运行阶段之后要做的主要工作包括严格执行各项规章制度,及时录入和审核各种记账凭证,完成各种核算处理,打印各种会计报表和账簿,为企业经营决策提供各项会计信息。要按时做好数据备份,认真详细地做好系统的运行记录,为系统评价和扩展准备数据资料。此外,要及时做好软硬件的维护工作。

第四节 会计电算化的管理与要求

会计电算化的管理,既有微观的,也有宏观的。微观管理是指单位自身对会计电算化所制订的管理办法、措施和制度;而宏观管理则指国家或地区为保证会计电算化的顺利开展所制定的法律、法规和制度。

一、会计电算化的法规制度

世界各国特别是发达国家都重视对会计电算化的管理,例如美国早在1976年就发布了管理咨询服务公告第4号《计算机应用系统开发和实施指南》。为了会计电算化的规范化和科学化,我国政府对会计电算化的管理也一直给予高度重视,并且通过制度建设对其进行宏观管理。20世纪80年代以来,财政部以及各级财政部门在制度建设上都做了不少工作，促进立法程序，先后颁布了不少法律法规。

1. 会计法以及其他会计法规

我国政府首先通过会计法规对会计电算化进行管理，尤其在《中华人民共和国会计法》（以下简称《会计法》）以及财政部发布的《会计基础工作规范》、《会计档案管理办法》等国家统一会计制度中，对单位会计电算化工作作出了具体规范。

（1）《中华人民共和国会计法》。1999年10月31日通过的《中华人民共和国会计法》以法律的形式规定："使用电子计算机进行会计核算的，其软件及生成的会计凭证、会计账簿、财务会计报告和其他会计资料必须符合国家统一的会计制度规定；会计账簿的登记、更正应当符合国家统一的会计制度规定。"

（2）《会计基础工作规范》。在1996年6月17日由财政部发布的《会计基础工作规范》中，有多个条文对会计电算化工作作了具体规范，其中：

第十一条 ……开展会计电算化和管理会计的单位，可以根据需要设置相应工作岗位，也可以与其他工作岗位相结合。

第二十七条 ……实行会计电算化的单位，从事该项工作的移交人员还应当在移交清册中列明会计软件及密码、会计软件数据磁盘（磁带等）及有关资料、实物等内容。

第四十四条 实行会计电算化的单位，对使用的会计软件及其生成的会计凭证、会计账簿、会计报表和其他会计资料的要求，应当符合财政部关于会计电算化的有关规定。

第四十五条 ……实行会计电算化的单位，有关电子数据、会计软件资料等应当作为会计档案进行管理。

第五十三条 实行会计电算化的单位，对于机制记账凭证，要认真审核，做到会计科目使用正确，数字准确无误。打印出的机制记账凭证要加盖制单人员、审核人员、记账人员及会计机构负责人、会计主管人员印章或者签字。

第五十八条 实行会计电算化的单位，用计算机打印的会计账簿必须连续编号，经审核无误后装订成册，并由记账人员和会计机构负责人、会计主管人员签字或者盖章。

第六十一条 实行会计电算化的单位，总账和明细账应当定期打印。发生收款和付款业务的，在输入收款凭证和付款凭证的当天必须打印出现金日记账和银行存款日记账，并与库存现金核对无误。

第九十八条 ……实行会计电算化的单位，填制会计凭证和登记会计账簿的有关要求，应当符合财政部关于会计电算化的有关规定。

（3）《会计档案管理办法》。财政部制定的《会计档案管理办法》的第十二条规定：采用电子计算机进行会计核算的单位，应当保存打印出的纸质会计档案。具备采用磁带、磁盘、光盘、微缩胶片等磁性介质保存会计档案条件的，由国务院业务主管部门统一规定，并报财政部、国家档案局备案。

2. 有关会计电算化的专门法规

按照《会计法》的规定，财政部先后制定了《会计电算化管理办法》、《会计核算软件基本功能规范》、《会计电算化工作规范》等一系列有关会计电算化的专门制度，对会计核算软件、软件生成的会计资料、计算机替代手工记账、电算化会计档案保管等

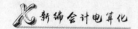

会计电算化工作作出了具体规范。这些制度对提高会计软件的质量，确保会计电算化事业健康发展具有重大意义，而且其基本精神至今仍然适用。我们将在以下几节分别介绍其中的主要内容。

二、会计核算软件的规范要求

财政部在《会计电算化管理办法》、《会计核算软件基本功能规范》等法规文件中，对会计核算软件提出了若干规范性的要求，其中《会计核算软件基本功能规范》更是从会计数据的输入、输出、处理和安全等角度，全面对会计软件进行了规范。下面将择要介绍其主要精神。

（一）对会计核算软件的原则要求

根据《会计法》和国家统一的会计制度规定，会计核算软件设计、应用、维护应当符合以下原则要求：

（1）会计核算软件设计应当符合我国法律、法规、规章的规定，保证会计数据合法、真实、准确、完整，有利于提高会计核算工作效率。

（2）会计核算软件应当按照国家统一的会计制度的规定划分会计期间，分期结算账目和编制会计报表。

（3）会计核算软件中的文字输入、屏幕提示和打印输出必须采用中文，可以同时提供少数民族文字或者外国文字对照。

（4）会计核算软件必须提供人员岗位及操作权限设置的功能。

（5）会计核算软件应当符合 GB/T 19581—2004《信息技术、会计核算软件数据接口》国家标准的要求。

（6）会计核算软件在设计性能允许使用范围内，不得出现由于自身原因造成死机或者非正常退出等情况。

（7）会计核算软件应当具有在机内会计数据被破坏的情况下，利用现有数据恢复到最近状态的功能。

（8）单位修改、升级正在使用的会计核算软件，改变会计核算软件运行环境，应当建立相应的审批手续。

（9）会计核算软件开发销售单位必须为使用单位提供会计核算软件操作人员培训、会计核算软件维护、版本更新等方面的服务。

（二）会计数据输入功能的基本要求

会计数据输入是会计核算软件的一个关键，其正确性是决定会计信息可靠性的重要一环，因此《会计核算软件基本功能规范》对会计数据的输入提出了明确要求，其中尤其要求软件具有足够的检验和防错功能，最大限度地发现错误并提供必要的修改手段。

1. 对初始数据的输入要求

（1）输入会计核算所必需的期初数据及有关资料，包括会计科目及其年初数、累计发生额及有关数量指标等。

（2）输入需要在本期进行对账的未达账项。

（3）选择会计核算方法，如记账方法、固定资产折旧方法、存货计价方法等。

（4）定义自动转账凭证，包括会计制度允许的自动冲回凭证等。

（5）用户设置。根据内部控制的要求，合理进行岗位分工并设置操作权限。

（6）提供必要的方法对输入的初始数据进行正确性校验。

2. 对记账凭证的输入要求

输入项目应包括：填制凭证日期、凭证编号、经济业务内容摘要、会计科目或编号、金额、辅助信息等。其中，凭证编号可以手工输入或自动生成，但必须对编号进行连续性控制。

3. 对记账凭证的控制要求

对记账凭证的控制包括输入控制和处理控制。其中输入控制应包括以下提示功能：

（1）正在输入的记账凭证编号与机内已有凭证编号重复，应提示并拒绝。

（2）以编号形式输入会计科目的，应当提示该编号所对应的会计科目名称。

（3）输入凭证的借贷金额不平衡，或没有输入金额，应提示并拒绝执行。

（4）输入凭证有借方科目而无贷方科目，或反之，应提示并拒绝执行。

（5）输入的收款凭证借方不是"库存现金"或"银行存款"科目、付款凭证贷方不是"库存现金"或"银行存款"科目的，应提示并拒绝执行。

（6）对已经输入尚未记账的凭证，应提供修改和审核的功能。但对已审核或由系统自动生成的机内凭证不提供修改的功能。

（7）应当对输入、修改、审核功能的使用权限进行控制。例如不允许审核自己输入的记账凭证。

4. 对原始凭证的输入要求

会计核算软件对需要输入的原始凭证，可以按照以下方法进行处理：

（1）输入记账凭证的同时输入相应原始凭证。若原始凭证汇总金额与输入的记账凭证相应金额不等，软件应予提示并拒绝通过；在对记账凭证进行审核的同时，应对所附原始凭证进行审核；输入的记账凭证通过审核或记账后，对输入的原始凭证不能直接进行修改。

（2）直接输入原始凭证，由软件自动生成记账凭证。会计软件应提供对已输入未审核的原始凭证进行修改和审核的功能，审核通过后即可生成相应的记账凭证；但记账凭证审核通过或者记账后，对相应的原始凭证不能直接进行修改。

（3）由其他业务处理模块根据原始凭证生成并传给账务处理模块的记账凭证，在账务处理模块不提供修改功能。如发现错误，必须在原业务处理模块修改原始凭证，再重新生成记账凭证传给账务处理。

（三）会计数据输出功能的基本要求

会计数据输出主要有查询、打印、向外存储器以及网络传输等输出形式。其中查询与打印是最基本的输出形式，而网络传输主要用于下级机构向上级传送账簿与报表。对会计数据输出的一般要求是输出内容完整可靠、格式符合规范。

1. 对数据查询的基本要求

会计软件必须提供对机内所有会计数据的查询功能。例如，必须能够查询各级会计科目的名称、编号、年初余额、期初余额、累计发生额、本期发生额和余额等信息；能够查询本期已经输入并记账和未记账的记账凭证和原始凭证；能够查询本期和以前各期的总账、日记账和明细账，等等。

2. 打印输出的基本要求

（1）应当按照国家统一的会计制度规定的内容和格式，打印输出机内原始凭证、记账凭证、日记账、明细账、总账、会计报表。其中，明细账应当提供三栏账、多栏账、数量金额账等各种账簿形式。

（2）总分类账可以用总分类账户本期发生额、余额对照表替代。

（3）对于业务量较少的账户，可以提供会计账簿的满页打印输出功能。

（四）会计数据处理功能的基本要求

对会计数据处理的要求主要体现在记账、结账和报表生成三个方面，其中：

1. 对记账的要求

会计软件应当提供凭证记账的功能，具体要求是：

（1）根据审核通过的记账凭证或自动生成的记账凭证登记总账和明细账。

（2）软件应该提供凭证审核通过后直接登账或成批登账的功能。

2. 对结账的要求

（1）会计软件应当提供按照规定的会计期间进行结账的功能。

（2）结账前应当自动检查本期输入的凭证是否全部登记入账，尤其要检查自动生成的机制转账凭证是否已生成和入账，全部登记入账后才能结账。

（3）结账前应提供总账与明细账的核对功能，结果不一致则不能结账。

（4）不允许输入已结账期间的会计凭证。

3. 对报表生成功能的要求

（1）会计软件应提供自动编制符合国家统一会计制度规定的会计报表功能。

（2）通用会计核算软件应当提供会计报表的自定义功能。

（3）根据定义自动生成的会计报表，会计软件不能提供直接修改功能。

4. 其他要求

会计软件应当提供自动进行银行对账并生成银行存款余额调节表的功能，提供会计数据安全保密、防止对数据的非授权修改和删除功能。

三、会计电算化岗位及其权限设置的基本要求

实现会计电算化后，单位要按照"责、权、利相结合"的原则，明确系统内各类人员的职责、权限并与利益挂钩，建立、健全岗位责任制。

1. 电算化会计岗位的划分

实行会计电算化的工作岗位可分为基本会计岗位和电算化会计岗位。基本会计岗位

可分为会计主管、出纳、会计核算、稽核、会计档案管理等工作岗位。会计电算化会计岗位是指直接管理、操作、维护计算机及会计软件系统的工作岗位，一般可设立如下岗位：

（1）电算主管。负责协调计算机及会计软件系统的运行工作，要求具备会计和计算机知识以及相关的会计电算化组织管理的经验。电算主管可由会计主管兼任，采用中小型计算机和计算机网络会计软件的单位，必须设立此岗位。

（2）软件操作。负责输入记账凭证和原始凭证等会计数据，输出记账凭证、会计账簿、报表和进行部分会计数据处理工作，要求具备会计软件操作知识，达到会计电算化初级知识培训的水平。基本会计岗位的会计人员应能兼任软件操作岗位的工作。

（3）审核记账。负责对输入计算机的会计数据进行审核，操作会计软件登记机内账簿，对打印输出的账簿、报表进行确认。此岗要求具备会计和计算机知识，达到会计电算化初级知识培训水平，可由主管会计兼任。

（4）电算维护。负责保证计算机硬件、软件的正常运行，管理机内会计数据。此岗要求具备计算机和会计知识，经过会计电算化中级知识培训。采用大型、小型计算机和计算机网络会计软件的单位，应设立此岗位，此岗在大中型企业中应由专职人员担任。维护员一般不对实际会计数据进行操作。

（5）电算审查。负责监督计算机及会计软件系统的运行，防止利用计算机进行舞弊。审查人员要求具备会计和计算机知识，达到会计电算化中级知识培训的水平。此岗位可由会计稽核人员兼任。采用大型、小型计算机和大型会计软件的单位，可设立此岗位。

（6）数据分析。负责对计算机内的会计数据进行分析，要求具备计算机和会计知识，达到会计电算化中级知识培训的水平。采用大型、小型计算机和计算机网络会计软件的单位，可设立此岗位，由主管会计兼任。

上述电算化会计岗位中，软件操作岗位与审核记账、电算维护、电算审查岗位为不相容岗位。此外，基本会计岗位和电算化会计岗位，可在保证会计数据安全前提下交叉设置。

2. 中小企业实行会计电算化后的岗位设置

我国绝大多数单位是中小企事业单位，由于会计人数比较少，会计业务比较简单，实行会计电算化后，应根据实际需要对电算化岗位进行适当合并，设置一些必需的岗位，甚至一人可以兼任多个工作岗位。

但中小企业电算化会计岗位设置也应注意满足内部牵制制度的要求，如出纳和记账审核不应是同一人，软件开发人员不能操作软件处理会计业务。较小单位电算化岗位的设立，可由会计主管兼任电算主管和审核记账岗位，由会计人员操作软件任操作员和电算维护员，但还应单独设出纳员岗位。

3. 会计电算化岗位及其权限的设置

会计电算化岗位及其权限设置一般在系统初始化时完成，平时根据人员的变动可进行相应调整。电算主管负责定义各操作人员的权限，具体操作人员只有修改自己口令的权限，无权更改自己和他人的操作权限。

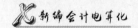

四、计算机替代手工记账的基本要求

计算机替代手工记账俗称甩账,是指从手工会计数据处理方式正式转为计算机会计数据处理方式。从保证会计电算化后会计工作质量出发,《会计电算化管理办法》和《会计电算化工作规范》对计算机替代手工记账提出了以下基本要求:

(1) 配有适用的会计软件和相应的计算机硬件设备。会计软件可以自行开发也可以购买,但由于商品化通用会计软件在功能、性能、成本、维护等方面有明显的优势,价廉物美而又即买即用、立竿见影成效快,所以一般企事业单位没有理由自行开发。

(2) 配备相应的会计电算化工作人员。其中上机操作人员已具备会计电算化初级以上专业知识和操作技能,取得财政部门核发的有关培训合格证书。

(3) 建立健全的内部管理制度,包括岗位分工制度、操作管理制度、机房管理制度、会计档案管理制度、会计数据与软件管理制度等。

五、会计电算化档案的管理要求

电算化会计档案包括存储在计算机中或打印输出的书面形式的会计数据,即:记载会计业务的原始凭证、记账凭证、会计账簿、会计报表;会计软件开发和实施资料;其他会计资料,如客户、供应商等资料。电算化会计档案管理的基本要求是:

1. 应当保存打印出的纸质会计档案

由于电子数据的特殊性,实行电算化后必须将记录会计业务的资料打印输出保存。但考虑到计算机打印的特殊情况,在会计资料生成方面有一些灵活规定,包括:

(1) 日记账的处理。日记账要每天打印输出,做到日清月结。但可打印输出活页账页并装订成册;如果每天业务较少,可按旬打印输出。

(2) 明细账的处理。明细账要求每年打印一次或在需要时打印,发生业务少的账簿可满页打印。

(3) 总分类账的处理。在所有记账凭证都存储在计算机的情况下,总分类账可用"总分类科目余额、发生额对照表"替代,要求每月打印一次。

(4) 会计报表的处理。会计报表每月打印一次进行保管。

2. 系统开发资料和会计软件系统应视同会计档案保管

系统开发资料和会计软件系统应视同会计档案,其中开发资料包括系统分析书、系统设计书、软件测试报告、各种编码说明、代码清单、各种解决方案等,其保管期截至该系统停止使用或有重大更改后 5 年。

3. 制定会计电算化档案管理制度

建立有关会计档案的立卷、归档、保管、调阅和销毁等管理制度。例如,建立各种安全和保密制度,规定档案管理员的职责与权限,规定档案的分类管理办法,档案借阅的审批手续,各种文档的保存期限以及销毁手续,等等。

4. 会计档案的保管期限

(1) 原始凭证、记账凭证为 15 年,其中涉及外来和对私的会计凭证为永久。

(2) 银行存款余额调节表为 3 年。

（3）会计账簿类日记账为 15 年，现金和银行存款日记账为 25 年，明细账、总账、辅助账为 15 年。

（4）报表类，财务指标表为 15 年，年度会计报表为永久。

（5）财务成本计划为 3 年，主要财务会计合同、文件、协议为永久。

本 章 小 结

本章在介绍信息、信息系统、会计信息系统等概念的基础上，主要介绍了会计核算软件的基本功能与系统之间的数据联系、会计电算化的意义与实施方法、会计电算化的管理与要求。这一章既是会计电算化的基础，也是会计从业资格考证的基本内容。要求通过本章的学习，掌握会计电算化的实施方法以及熟悉会计电算化的管理要求。

基 本 概 念

信息、信息系统、信息处理、管理信息系统、会计信息系统、会计软件、ERP、会计电算化、会计信息化、软件实施、业务流程重整。

练 习 题

一、单项选择题

1. 信息、人、财、物都是企业的主要资源，其中称为概念资源的是_____。
   A. 人　　　　　　　B. 财　　　　　　　C. 物　　　　　　　D. 信息
2. 信息系统的功能不包括_____。
   A. 信息处理　　　　B. 业务处理　　　　C. 工资管理　　　　D. 辅助决策
3. 会计信息系统的特点不包括_____。
   A. 遵循世界通用的复式记账原则　　　　B. 不用处理会计凭证
   C. 简化会计循环　　　　　　　　　　　D. 会计内部控制程序化
4. ERP 一般分为_____三大部分以及人力资源管理。
   A. 采购、销售、财务　　　　　　　　　B. 分销、制造、财务
   C. 计划、制造、销售　　　　　　　　　D. 输入、处理、输出
5. 下列系统不属于 ERP 的是_____。
   A. SAP 公司的 R/3 系统　　　　　　　　B. Oracle 公司的 Oracle Application 系统
   C. 微软公司的 Office 系统　　　　　　　D. 金蝶 K/3
6. 下列子系统不属于会计核算软件的是_____。

A. 工资核算系统 B. 应收款核算系统
C. 生产计划管理系统 D. 固定资产核算系统
7. 国外把利用电子数据系统的会计，称为电子数据处理会计，简称_____会计。
A. EDP B. MIS C. DSS D. ERP
8. 会计电算化的作用之一是_____。
A. 提高会计数据处理的安全性 B. 提高会计数据处理的可行性
C. 提高会计数据处理的完整性 D. 提高会计数据处理的时效性
9. 选择 ERP 软件时可以不考虑的因素是_____。
A. 是否经过财政部评审 B. 是否符合 ERP 标准模式
C. 功能是否满足企业需求 D. 界面友好、操作简便
10. 企业实施电算化必须对现行业务流程进行改造，即进行_____。
A. 程序流程重整 B. 数据流程重整
C. 设计流程重整 D. 业务流程重整
11. 会计业务流程重整的一个任务是_____，使之与会计电算化相适应。
A. 规范会计基础工作 B. 规范会计核算制度
C. 整理与输入会计凭证 D. 设计与输出会计报表
12. 财政部先后发布了多个有关会计电算化的文件，但其中不包括_____。
A. 《会计电算化管理办法》 B. 《会计电算化工作规范》
C. 《会计核算软件基本功能规范》 D. 《会计电算化培训规范》
13. 会计软件对已经输入但_____的记账凭证，应提供修改和审核的功能。
A. 未编制会计报表 B. 已编制会计报表
C. 尚未记会计账簿 D. 已登记会计账簿
14. 总分类账可以用总分类账户本期_____对照表替代。
A. 借方与贷方发生额 B. 借方与贷方余额
C. 发生额、余额 D. 期初与期末余额
15. 结账前会计软件应自动检查本期输入的会计凭证是否_____。
A. 全部通过审核 B. 全部登记入账
C. 全部打印输出 D. 全部借贷平衡
16. 根据机内_____生成的会计报表数据，会计软件不能提供直接修改功能。
A. 会计制度 B. 会计准则 C. 会计业务 D. 会计账簿
17. 实行会计电算化的工作岗位可分为_____岗位和电算化会计岗位。
A. 基本会计 B. 基础会计 C. 高级会计 D. 管理会计
18. _____负责协调计算机及会计软件系统的运行工作，要求具备会计和计算机知识以及相关的会计电算化组织管理的经验。
A. 电算主管 B. 软件操作 C. 审核记账 D. 电算维护
19. _____岗位与审核记账、电算维护、电算审查岗位为不相容岗位。
A. 电算主管 B. 软件操作 C. 基本电算 D. 数据分析
20. 系统开发资料和会计软件系统应_____会计档案保管。
A. 不作 B. 参照 C. 视同 D. 超越

二、多项选择题

1. 现代企业的整个生产经营活动存在三种"流",即_____。
   A. 人流　　　　　B. 物流　　　　　C. 资金流　　　　　D. 信息流
2. 信息系统按管理层次和信息层次的不同可以分为_____。
   A. 事务处理系统　　　　　　　　　B. 会计信息系统
   C. 管理信息系统　　　　　　　　　D. 决策支持系统
3. 会计信息系统的基本功能包括_____。
   A. 会计信息处理　　　　　　　　　B. 会计业务处理
   C. 会计组织管理　　　　　　　　　D. 会计辅助决策
4. 会计信息系统的两大职能系统是_____。
   A. 财务会计系统　　　　　　　　　B. 成本会计系统
   C. 税务会计系统　　　　　　　　　D. 管理会计系统
5. 下列功能软件属于会计核算软件的有_____。
   A. 账务处理系统　　　　　　　　　B. 固定资产核算系统
   C. 采购计划系统　　　　　　　　　D. 薪资核算系统
6. 通用会计软件的特点是_____。
   A. 通用性强　　　　　　　　　　　B. 功能全面
   C. 需要初始化处理　　　　　　　　D. 软件质量高
7. 下列软件属于通用会计核算软件的是_____。
   A. Excel　　　　B. Word　　　　C. 金蝶 KIS　　　　D. 用友通
8. 广义的会计电算化是指与实现会计电算化有关的所有工作,包括_____。
   A. 会计软件的开发和应用　　　　　B. 会计电算化人才的培训
   C. 会计电算化的宏观规划　　　　　D. 会计电算化的制度建设
9. 会计电算化包括财务会计和_____电算化两大任务。
   A. 成本会计　　　B. 管理会计　　　C. 预算会计　　　D. 银行会计
10. 企业在推行会计电算化之前必须对软件作出选择,包括_____。
    A. 开发与购买　　　　　　　　　　B. 国产软件与国外软件
    C. 会计软件与 ERP　　　　　　　　D. 购买软件与购买服务
11. 单位根据需求从_____等方面综合选择会计软件。
    A. 软件的合法性　　　　　　　　　B. 软件的适应性与正确性
    C. 操作的方便性　　　　　　　　　D. 软件的开发工具
12. 系统初始设置所涉及的数据主要包括_____。
    A. 各种代码体系　　　　　　　　　B. 各种余额与发生额
    C. 手工处理延续数据　　　　　　　D. 各种计算机软件
13. 会计软件试运行阶段的主要工作包括_____。
    A. 设置账套　　　　　　　　　　　B. 系统初始设置
    C. 日常处理　　　　　　　　　　　D. 审查与分析运行结果

14. 会计软件必须具备以下初始化功能_____。
   A. 输入期初数及有关资料　　　　B. 输入需要对账的未达账项
   C. 选择会计核算方法　　　　　　D. 定义自动转账凭证
15. 在输入记账凭证过程中，遇到_____，会计软件必须提示更正。
   A. 记账凭证编号与已输入的机内记账凭证编号重复
   B. 借贷双方金额本应是 10000，却错误地输入为 1000
   C. 有借方科目而无贷方科目或者有贷方科目而无借方科目
   D. 付款凭证贷方科目不是"库存现金"或"银行存款"科目
16. 下列岗位属于基本会计岗位的有_____。
   A. 会计主管　　　B. 出纳　　　　C. 电算主管　　　D. 稽核
   E. 软件操作　　　F. 审核记账　　G. 电算维护　　　H. 会计数据分析
17. 下列岗位属于电算化会计岗位的有_____。
   A. 会计主管　　　B. 出纳　　　　C. 电算主管　　　D. 会计核算各岗
   E. 软件操作　　　F. 审核记账　　G. 电算维护　　　H. 会计数据分析
18. 计算机替代手工记账应当具备的基本条件是_____。
   A. 配有适用的会计软件和相应的计算机硬件
   C. 配有软件开发人员
   B. 配备相应的会计电算化工作人员
   D. 建立健全内部管理制度
19. 会计电算化档案包括_____。
   A. 机内会计证账表数据　　　　　B. 打印输出的会计证账表数据
   C. 操作系统与数据库系统　　　　D. 会计软件开发和实施资料
20. _____也应视同会计档案保管。
   A. 网络软件系统　　　　　　　　B. 数据库管理系统
   C. 系统开发资料　　　　　　　　D. 会计软件系统

三、判断题

1. 信息论认为信息是经过加工、具有一定意义的数据。
2. 信息与数据是两个既密切联系又无区别的概念。
3. 管理信息系统（MIS）是一个为管理和简单决策服务的综合信息系统。
4. 会计信息系统是一个将会计信息转换为会计数据的信息系统。
5. 会计信息系统简称 AIS。
6. 会计核算软件是指专门用于会计核算工作的计算机应用软件。
7. 会计软件系统是一个独立的系统，不可以是 ERP 的一个子系统。
8. 狭义的会计电算化是指以电子计算机为主体的信息技术在会计工作中的应用。
9. 在试运行阶段可以不建立会计账套。
10. 在会计核算软件中一个功能模块所需的数据不能从另一功能模块取得。
11. 会计软件不一定要具备定义自动转账凭证的功能。

12. 会计软件应当确保记账凭证编号的连续性。
13. 输入的记账凭证中借贷双方金额必须平衡,但允许没有输入金额。
14. 发现机内会计账簿数据有错,会计软件应该提供直接修改的功能。
15. 会计软件不允许操作人员审核由自己输入的记账凭证。
16. 总分类账可以用总分类账户本期发生额、余额对照表替代。
17. 根据机内会计账簿生成的会计报表,会计软件可以直接修改。
18. 结账后如有需要上一会计期间的会计凭证仍可以输入。
19. 审核记账人员可以兼任出纳工作。
20. 基本会计岗位的会计人员不能兼任软件操作岗位的工作。

第二章 系 统 管 理

学习目标

1. 掌握系统管理的启动方法与主要功能。
2. 掌握账套的建立、修改、备份与恢复。
3. 掌握年度账的建立、引入和输出、结转、清空。
4. 掌握角色与用户的设置以及权限分配。

能力培养目标

1. 具有设置和维护会计账套的能力。
2. 掌握操作员管理与权限设置的操作方法。

第一节 系统管理的启动与功能

用友 ERP-U8 软件由多个子系统组成,子系统之间彼此联系、共享数据,实现财务、业务的一体化管理。为此整个 U8 系统需要共用一个数据库、共享一个账套和基础信息,系统管理正是为此设计的一个独立的管理模块。

一、系统管理的启动

单击【开始】|【程序】|【ERP – U8】|【系统服务】|【系统管理】,进入如图 2-1 所示用友 ERP-U8 系统管理窗口。

二、系统管理的功能

系统管理窗口通过菜单提供如下主要功能:

(1) 系统。包括注册、计划、设置备份计划、初始化数据库、升级 SQL 数据库、安全策略、注册、退出。

(2) 账套管理。包括建立、修改、决策管理设置、引入和输出(恢复和备份)。

(3) 年度账套管理。包括建立、引入、输出年度账、结转上年数据、清空年度数据。

(4) 权限管理。包括用户、角色和权限设置。

(5) 视图。包括清除异常、刷新、清除选定任务、清除所有任务、清除单据锁定以及上级日记等功能。

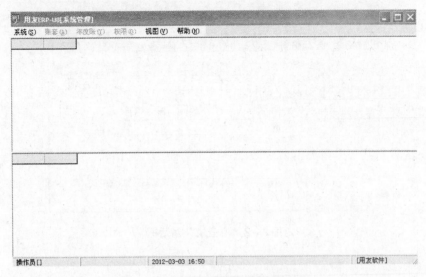

图 2-1 用友 ERP-U8 系统管理窗口

三、系统注册与注销

启动系统管理模块后必须经过注册才能操作其中的功能，而且只允许以两种身份进入系统管理：①系统管理员 "admin"（系统默认）；②账套主管。其中：

• 以系统管理员的身份注册进入，可以进行账套的建立、引入、输出，设置用户、角色和权限，设置备份计划，清除异常任务等。

• 以账套主管的身份注册进入系统，可以进行账套修改、创建、清空、引入、输出和年末结账（包括年度账），设置账套操作人员权限。

1. 注册

首次进入系统管理，系统内尚未有任何数据，只能以 "admin" 注册，初始密码为空。

操作流程：

（1）在"系统管理"窗口单击【系统】|【注册】，打开如图 2-2 所示的"登录"对话框。

（2）在登录对话框中依次选择或输入服务器、操作员、密码、账套等信息。注意，在【登录到】栏单击下拉列表框可有两种选择：①在客户端登录，选择服务器名称；②在服务端或是单机用户，选择本机计算机名。

（3）单击【确定】按钮即可完成注册。

2. 注销

在"系统管理"窗口单击【系统】|【注销】命令即注销当前操作人员。

3. 修改密码

在图 2-2 所示的"登录"对话框中选择【改密码】复选框，在【密码】文本框中输入所要设置的密码后，单击【确定】即可完成修改密码。

图 2-2 "登录"对话框

第二节 账套管理

账套是指在会计信息系统中存放会计主体所有业务数据的实体。一个会计软件系统可以设置多个账套，分别核算多个会计主体的业务。账套管理包括账套的建立、修改、引入和输出。账套的修改由账套主管负责。

一、账套的建立

在"系统管理"窗口以系统管理员的身份登录后，单击【账套】|【建立】命令，系统弹出"创建账套"向导首页（如图 2-3），用户逐页输入以下建账信息。

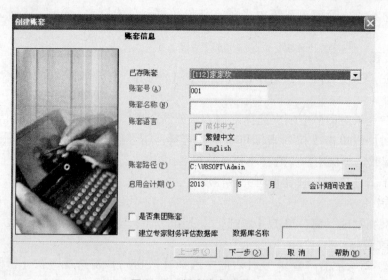

图 2-3 创建账套向导

1. 账套信息

在"创建账套"向导首页需要输入以下账套信息：

（1）已存账套。单击下拉框显示系统已经存在的账套。

（2）账套号。账套号用三位数字代码表示（001～999），理论上最多可以建立999套账，注意新建账套不能与已存在账套号重号。

（3）账套名称。一般为核算单位的名称，账套名称可以相同。

（4）账套语言。可以选择简体中文、繁体中文、English。

（5）账套路径。存放新建账套的路径，可单击右侧按钮选择路径。

（6）启用会计期。即启用账套的会计期间。启用会计期必须在建账时确定，日后将不能调整。系统将控制业务发生日期不得早于启用会计期。

【例2-1】设置账套信息。单击【账套】|【建立】命令，系统弹出如图2-3所示的"创建账套"向导首页，逐一输入以下信息（以广东宏兴有限公司为例，下同）。

（1）账套号：001。

（2）账套名称：广东宏兴有限公司。

（3）账套语言：选择简体中文。

（4）账套路径：采用默认账套路径。

（5）启用日期：2013年12月1日。

2. 单位信息

账套信息设置完毕后单击【下一步】即进入如图2-4所示的"单位信息"设置对话框。单位信息记录了企业的基本情况，包括单位的名称、简称、地址、法人代表、联系电话、传真、税号等信息，其中只有单位名称为必需输入项。

【例2-2】设置单位信息，在图2-4所示的对话框中逐一输入以下单位信息。

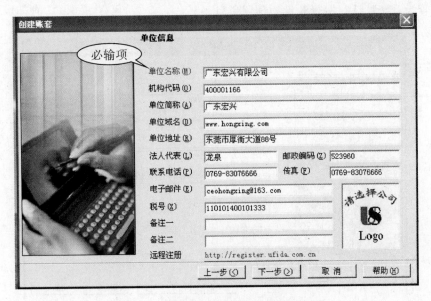

图2-4 创建账套之单位信息设置对话框

(1) 单位名称：广东宏兴有限公司。
(2) 机构代码：400001166。
(3) 单位简称：广东宏兴。
(4) 单位网址：www.hongxing.com。
(5) 单位地址：东莞市厚街大道88号。
(6) 法人代表：龙泉。
(7) 邮政编码：523960。
(8) 联系电话：0769-83076666。传真：0769-83076666。
(9) 电子邮件：ceohongxing@163.com。
(10) 税号：110101400101333。

3. 核算类型

单位信息设置完毕，单击【下一步】即进入如图2-5所示的"核算类型"设置对话框，需要输入的信息主要包括：

(1) 本币代码。新账套所用的本位币代码，系统默认为人民币代码"RMB"。
(2) 本币名称。新账套所用的本位币名称，系统默认为"人民币"。
(3) 企业类型。系统提供了工业、商业两种类型，从下拉框中选择。
(4) 行业性质。从下拉框中选择，选择结果将决定预置科目的范围。
(5) 账套主管。用户必须从下拉框中选择账套主管的姓名。
(6) 是否按行业预置科目。选中该框系统将按照行业性质预置一级科目，否则由用户自行设置所有级次的会计科目。

【例2-3】设置核算类型。在图2-5所示的对话框中按以下信息设置：该企业的记账本位币为人民币（RMB）；企业类型为工业；行业性质为2007新会计制度科目；账套主管为系统默认；按行业性质预置科目。

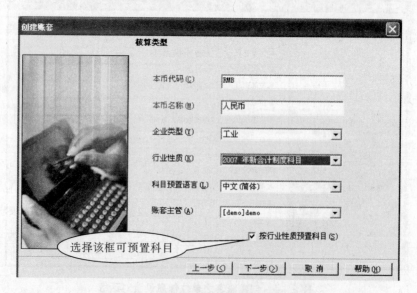

图2-5 创建账套之核算类型设置对话框

4. 基础信息

核算类型设置完毕，单击【下一步】即进入如图2-6所示的"基础信息"设置对话框。基础信息主要用于确定是否需要对存货、客户、供应商进行分类，以及是否有外币核算。这需要根据企业的实际情况进行设置，但如果选择需要分类，则在输入客户、供应商、存货档案之前，要先设置分类。此外，如果企业有外币交易，则需要选择外币核算。

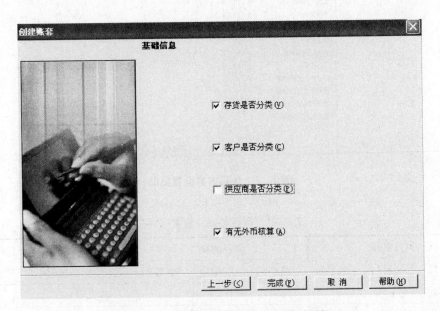

图2-6 创建账套之基础信息设置对话框

【例2-4】设置基础信息。打开如图2-6所示的"基础信息"设置对话框，按以下要求设置：存货分类、客户分类、供应商不分类、有外币核算。

基础信息设置完毕单击"完成"按钮，系统提示"可以创建账套了么？"，此时单击【是】按钮则开始建立内部账套。

5. 编码方案

账套建立过程结束后，系统自动打开如图2-7所示的对话框设置编码方案。系统为了便于对经济业务进行分级核算、统计和管理，一般对会计科目、客户、存货、部门等进行编码处理。而为了设置编码就需要先设定编码规则，即编码方案。编码方案的主要任务是确定各种编码的最大级数、最大长度、单级最大长度和各级编码的长度。例如，科目编码方案若设置为4-2-2，则表示科目代码设为三级，其中一级科目编码为4位，二级、三级科目编码均为2位，具体如表2-1所示。

编码方案设置完毕，先后单击【确定】、【取消】按钮则进入数据精度设置。

【例2-5】设置编码方案：科目编码为4-2-2-2，客户分类编码为13，其他采用默认值。

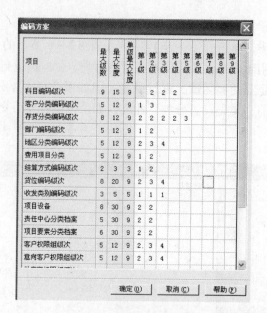

图2-7 编码方案设置窗口

表2-1 科目编码方案4-2-2

科目名称			科目编码			编码方案		
一级科目	二级科目	三级科目	一级编码	二级编码	三级编码	一级码长	二级码长	三级码长
银行存款			1002			4		
银行存款	工商银行		1002	01		4	2	
银行存款	工商银行	人民币	1002	01	01	4	2	2

6. 数据精度

数据精度指数据的小数位数。用户应根据数量、单价等核算精度的不同要求,定义其小数位数。数据精度设置窗口如图2-8所示。

【例2-6】全部按2位小数设置数据精度。如图2-8所示设置后单击【确定】即可。

图2-8 数据精度设置窗口

7. 系统启用设置

数据精度设置完毕，单击"确定"按钮则系统提示"[×××]建立成功您现在可以进行系统启用设置，或以后从[企业门户_基础信息]进入[系统启用]功能，现在进行系统启用的设置?"，选择【是】则进入如图2-9所示的系统启用设置界面。所谓系统启用就是确定企业需要启用哪些功能子系统，必须审慎选择，不得有误。注意，如提示所言，可以在此时选择启用的子系统，也可以在建立账套之后，以账套主管的身份进入系统管理，再根据需要启用相应的子系统。

用户根据企业的实际情况，在图2-9所示的系统启用设置窗口选择需要启用的功能系统，即在需要启用的子系统左侧的小方框中打勾√，并根据提示确定启用会计期间等信息。系统启用选择完毕后单击【退出】，系统弹出图2-10所示的提示框，提示"请进入企业应用平台进行业务操作"，用户单击【确定】即返回系统管理主界面，整个建账过程至此结束。

【例2-7】启用总账、应收、应付、固定资产、UFO报表，启用日期为2013年12月1日。即在如图2-9所示的系统启用设置界面中，选择总账，并在弹出的"日期"窗口设置启用日期，最后单击【确定】即可。其他功能的启用方法类似。

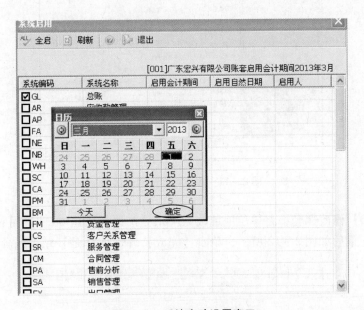

图2-9 系统启动设置窗口

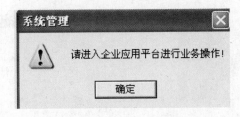

图2-10 创建账套结束提示框

二、账套的修改

用户启用系统后,如需要修改账套中的某些信息,可以通过修改账套功能来完成。但系统规定只有账套主管才有权修改年度账信息,系统管理员(admin)也无权修改。

操作流程:

(1)账套主管登录。即在"系统管理"窗口单击【系统】|【注册】命令,打开"登录"对话框,在【操作员】文本框中输入账套主管demo,在【密码】文本框中输入密码demo(如密码有误,则先修改密码,详见本章第四节),在【账套】下拉框中选择所要修改的账套号如【666××公司】选项,点击【确定】按钮。

(2)选择【账套】|【修改】命令,系统弹出"修改账套"向导首页供修改。

(3)账套主管根据实际情况对账套进行修改或补充信息。注意灰色区域表示不可修改。账套主管可以单击【上一步】或者【下一步】逐个进行修改,如图2-11所示。

(4)修改完毕单击【完成】按钮保存修改,或单击【取消】放弃所做的修改。

图2-11 修改账套—单位信息

【例2-8】修改账套,将单位地址改为:东莞市厚街大道68号。可按以上流程练习修改操作,最后如图2-12所示,单击【完成】并确认【是】结束账套修改。

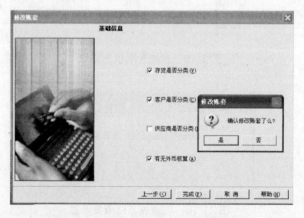

图2-12 单击【完成】结束账套修改

三、账套输出

输出账套就是将系统的账套数据备份到硬盘等存储介质,以便在发生意外事故造成数据丢失或破坏时,利用备份账套恢复到故障前的状态。

1. 输出账套的操作流程

(1) 以系统管理员(admin)的身份进入系统管理,选择【账套】菜单下的【输出】命令,系统弹出如图2-13所示的"账套输出"对话框。

(2) 在【账套号】下拉框中选择需要备份的账套,单击【确定】按钮。

(3) 系统弹出选择备份目标对话框,在此选择输出账套的存放路径后单击【确定】。

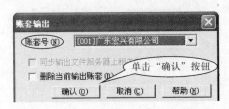

图2-13 "账套输出"对话框

2. 账套删除

删除账套的操作方法与输出账套的操作方法基本一样,只需在"账套输出"对话框中选中【删除当前账套】选项即可。

【例2-9】在E盘新建001文件夹,将账套"001广东宏兴有限公司"保存在E盘001文件夹中。操作流程如下:

(1) 在E盘新建001文件夹。

(2) 系统管理员(admin)登录系统管理,选择【账套】|【输出】命令,弹出如图2-13所示的"账套输出"对话框。

(3) 在【账套号】下拉列表中选择001号账套,单击【确定】按钮。

(4) 在弹出的选择账套备份路径对话框(如图2-14)中,选择文件夹E:\001后单击【确定】即完成输出操作。

四、账套引入

账套引入是将备份数据引入到本系统中,从而对业务进行后续操作。备份账套可以是本系统或者其他计算机的ERP-U8系统的备份账套。

账套引入操作流程:

(1) 以系统管理员(admin)的身份

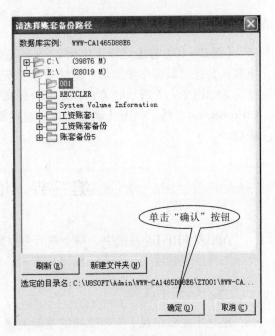

图2-14 选择账套备份路径对话框

登录系统管理,选择【账套】|【引入】命令,系统弹出如图 2-15 所示的"选择账套备份文件"窗口。

(2) 选择需要引入账套的所在路径与备份文件名。

(3) 单击【确定】按钮后,系统提示用户选择引入账套的存放路径和文件夹。

(4) 单击【确定】执行账套引入。

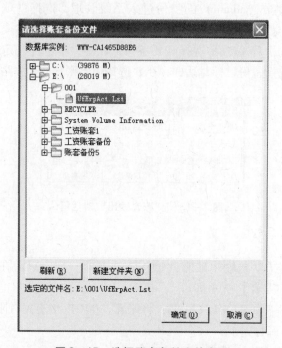

图 2-15 选择账套备份文件窗口

【例 2-10】按上述步骤将例 2-9 的备份账套(001 广东宏兴有限公司)引入到系统默认路径。其操作步骤是:系统管理员先登录系统管理,选择【账套】|【引入】命令进入如图 2-15 所示的"选择账套备份文件"窗口,选择路径 E:\001 和备份文件 UfErpAct.Lst,然后单击【确定】按系统提示选择默认路径,最后单击【确定】并引入账套。

第三节 年度账管理

在用友 ERP-U8 系统中,每个账套可以保存不同年度的会计数据,称为年度账。年度账的管理包括建立、引入、输出年度账、结转上年数据以及清空年度数据等。

一、建立年度账

建立年度账是在上年年度账的基础上建立的,即将上年年度账的基本档案信息结转到新的年度账中,上年度的余额等信息则需要在年度账结转操作完成后,才由上年自动装入下年的新年度账中。建立年度账的操作流程：

(1) 以账套主管的身份进入"系统管理"窗口，选择【账套】|【年度账】|【建立】命令，系统自动弹出"建立年度账"对话框。

(2) 在对话框中显示用户进入时所选账套和会计年度，单击【确定】按钮即建立新的年度账。

二、输出和引入年度账

年度账的输出和引入与账套的输出、引入操作基本一致，所不同的是年度账的输出、引入不是针对某个账套，而是针对账套中的某一年的年度账。输出和引入年度账的具体操作步骤可参阅账套的输出和引入操作。

三、结转上年数据

由于企业是持续经营的，其会计也必然是一个连续性的工作。因此，年末启用新年度账时，就需要将上年度中的相关账户的余额及其他信息结转到新年度账中。

结转上年数据的操作流程：以账套主管的身份进入"系统管理"窗口，选择【账套】|【年度账】|【结转上年数据】命令，系统进入结转上年数据的功能。

注意：

(1) 结转上年数据之前，首先要建立新的年度账。

(2) 结转上年数据时各子系统应遵循如下顺序：首先结转购销存系统（采购、销售、库存）、固定资产系统、工资系统，然后结转应收系统、应付系统等核算系统，最后结转总账系统。

四、清空年度数据

若用户发现某年度账中错误太多，或不希望将上年度的余额或其他信息全部转到下一年度，则可清空年度数据。清空并不是将年度账的数据全部清空，而是要保留基础信息、系统预置的科目和报表等信息。保留这些信息主要是为了方便用户使用清空后的年度账重新做账。清空年度数据操作流程是：

(1) 以账套主管的身份注册并选定账套，进入"系统管理"窗口。

(2) 在"系统管理"窗口单击【账套】|【年度账】|【清空年度数据】命令。

(3) 在"清空年度数据库"界面选择要清空的年度，单击【确定】按钮。

第四节　用户与权限管理

为了保证账套数据的安全与保密，系统对用户提供权限管理功能。系统管理员（admin）和账套主管通过对操作员设置与授权管理，一方面可避免与业务无关人员对系统的操作，另一方面可以对系统所含的各个子系统的操作进行协调。权限管理包括两方面：一是角色和用户的设置，二是功能权限的分配。

一、用户和角色设置

用友 U8 系统提供用户和角色两个不同概念,用户是指有权登录系统并对系统进行操作的人员,角色可以理解为一个职务,如出纳、会计等。角色和用户是一种多对多的关系,即一个角色可以拥有多个用户,一个用户也可以分属于不同的角色。显然,同属一个角色的用户都具有该角色的权限。

1. 用户管理

用户管理主要包括用户的增加、删除、修改等工作,但只有系统管理员才有权管理用户。

操作流程:

(1) 以系统管理员(admin)的身份登录系统管理,单击【权限】|【用户】命令,打开如图 2-16 所示的"用户管理"界面。

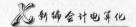

图 2-16 "用户管理"界面

(2) 增加用户。在"用户管理"窗口单击【增加】按钮,打开如图 2-17 所示的"操作员详细情况"对话框,输入用户编号、姓名、口令等内容,并在"所属角色"列表中选择新增用户的角色,最后单击【增加】按钮保存新用户。

(3) 修改用户。在"用户管理"窗口单击【修改】按钮,进入用户编辑界面,可对所选用户的信息进行修改,但用户编号不能修改。

(4) 删除用户。在"用户管理"窗口单击【删除】按钮,系统提示信息要求确认,用户确认后即可删除用户。但如果该用户已赋予角色,则在对应角色复选框中去掉"√",再删除用户。

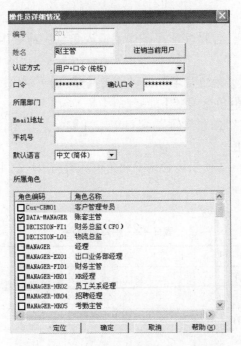

图 2-17 "操作员详细情况"对话框

2. 角色管理

角色管理包括角色的增加、删除、修改等工作,但只有系统管理员才有权管理角色。

操作流程:

(1) 以系统管理员(admin)的身份登录系统管理,单击【权限】|【角色】命令,打开如图 2-18 所示的"角色管理"对话框。

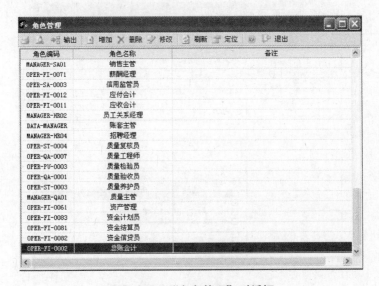

图 2-18 "角色管理"对话框

(2) 增加角色。在"角色管理"窗口单击【增加】按钮,系统显示"增加角色"对话框,输入角色编号、名称以及在备注中输入角色注释等内容,最后单击【增加】按钮保存新角色。

(3) 修改角色。在"角色管理"窗口单击【修改】按钮,进入角色编辑界面,可对所选角色进行修改,但角色编号不能修改。

(4) 删除角色。在"角色管理"窗口单击【删除】按钮,可以删除选中的角色,但不能删除有用户的角色。

【例2-11】按表2-2所示设置用户和角色。增加用户赵主管的操作界面如图2-19所示。

表2-2 用户和角色

编号	用户	角色	口令
201	赵主管	会计主管(兼审核记账)	201
202	钱会计	总账会计	202
203	孙出纳	出纳	203
204	李应收	应收会计	204
205	周应付	应付会计	205
206	吴存货	存货核算员	206
301	郑销售	销售主管	301
401	王采购	采购主管	401
601	冯仓库	仓库主管	601

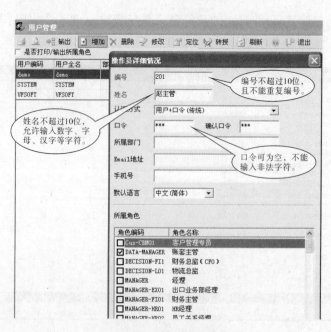

图2-19 添加用户赵主管

二、权限设置

用友 U8 提供三个层次的权限管理：

(1) 功能级权限管理。系统提供按功能划分的权限管理，功能权限在系统管理的【权限】中设置。

(2) 数据级权限管理。系统提供字段级和记录级两种权限控制。

(3) 金额级权限管理。用于实施内部金额控制，允许对不同的操作员授予不同的金额级别，限制他们制单时可以使用的金额数量。

数据和金额权限在【企业应用平台】|【系统服务】|【权限】中进行分配，而且必须在功能权限分配之后才能进行设置。此外，只有系统管理员才有权进行功能权限分配。

1. 功能权限设置

(1) 以系统管理员（admin）的身份登录系统管理，单击【权限】|【权限】，系统将弹出如图 2-20 所示的"操作员权限"窗口。

(2) 在"操作员权限"窗口，首先在下拉选择框中选择账套和年度，系统在左边列示所选账套的所有角色和用户信息，右边显示功能目录。

(3) 在窗口左侧选定需要授予权限的角色或操作员，单击【修改】按钮进入分配功能状态。

(4) 单击子系统前的【+】号图标，展开各子系统的详细功能，然后逐一选择（打勾√）授予的详细功能。如果选中子系统前的复选框，则其下级功能全部选中。

(5) 分配完毕单击【保存】按钮保存设置结果。

【例 2-12】按表 2-3 设置操作员功能权限。即在"系统管理"界面单击【权限】|【权限】命令，弹出如图 2-20 所示的操作员权限设置窗口，然后按以上方法设置。

表 2-3 操作员的功能权限

编号	用户	权限
201	赵主管	账套主管
202	钱会计	在总账系统中除了出纳之外具有全部权限
203	孙出纳	在总账系统中只有出纳的全部权限

三、安全策略设置

系统管理员登录"系统管理"后，单击【系统】|【安全策略】，可打开如图 2-21 所示的"安全策略"窗口，在此窗口可以设置密码最小长度、密码最长和最小使用天数、登录时密码的最多输入次数、记忆密码的个数，以及选择是否拒绝客户端用户修改密码和登录口令的安全级别等。

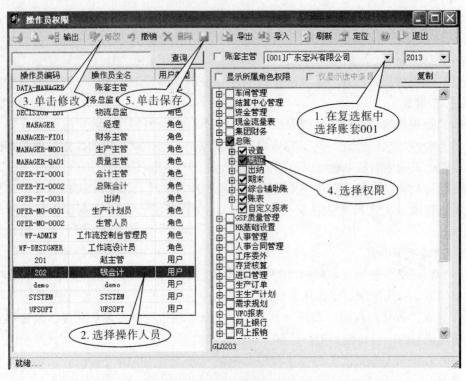

图2-20 操作员权限设置窗口

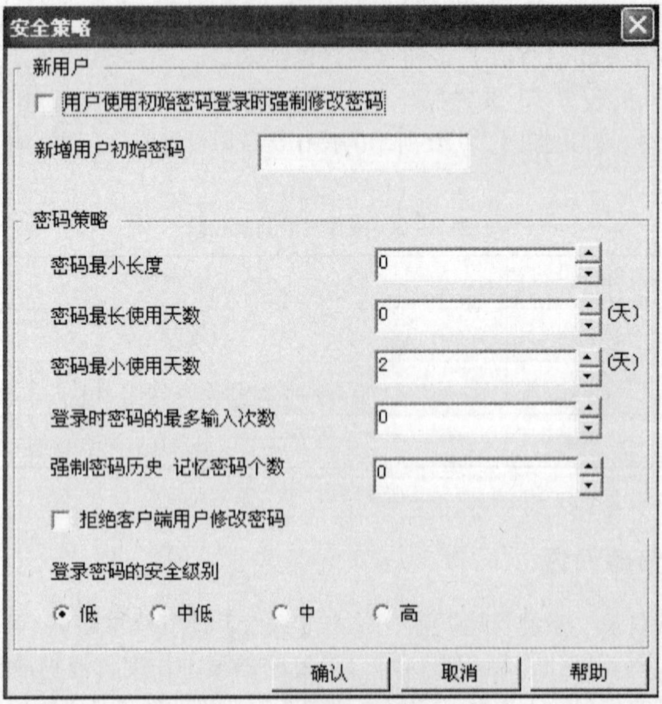

图2-21 安全策略设置窗口

本 章 小 结

本章在介绍系统管理的启动方法、用户注册方法的基础上，主要介绍了账套的建立、修改、输出、引入方法，年度账的建立、输出和引入、结转期末数、清空数据的方法，以及角色、用户及其权限的设置方法。

在会计软件或 ERP 系统中，系统管理是一个独立的功能模块，其设置是整个应用的基础，将影响各个子系统的应用。

基 本 概 念

系统管理、账套、年度账、编码方案、账套输出与引入、角色、用户、权限、系统管理员、账套主管。

练 习 题

一、单项选择题

1. 会计主管在系统管理中，对账套可进行的操作是_____。
   A. 建立　　　　　B. 修改　　　　　C. 输出　　　　　D. 引入
2. 可作为区分不同账套数据的唯一标识的是_____。
   A. 账套主管　　　B. 单位名称　　　C. 账套号　　　　D. 账套名称
3. 操作员初始密码由_____指定。
   A. 账套主管　　　B. 单位领导　　　C. 操作员本人　　D. 系统管理员
4. 有权在系统中建立账套的是_____。
   A. 销售总监　　　B. 账套主管　　　C. 系统管理员　　D. 企业老总
5. 清空年度数据是指_____。
   A. 将年度数据全部删除　　　　　　B. 将账套全部删除
   C. 删除年度账的发生额，保留余额　D. 保留某些信息，如账套基本信息
6. 下列选项中不属于年度账管理的功能是_____。
   A. 建立年度账　　　　　　　　　　B. 年度账的引入和输出
   C. 结转上年度账　　　　　　　　　D. 查询年度凭证
7. 下列选项中不属于用户管理的功能是_____。
   A. 增加操作人员　　　　　　　　　B. 修改操作人员
   C. 删除操作人员　　　　　　　　　D. 复制人员编码

8. _____模块的主要功能是对各子系统进行统一操作管理和数据维护。
   A. 总账　　　　　B. 系统初始化　　　C. 系统管理　　　　D. UFO 报表
9. 系统最多可以建立_____套账。
   A. 998　　　　　B. 9999　　　　　　C. 999　　　　　　D. 1000
10. 建立账套时需要以_____的身份注册系统管理。
    A. admin　　　　B. 财务主管　　　　C. 账套主管　　　　D. 财务总监

二、多项选择题

1. 为防止账簿数据混乱，系统正式使用后不能修改的内容有_____。
   A. 科目编码规则　　B. 单位名称　　　C. 账套号　　　　　D. 启用日期
2. 建立账套时需设置的信息包括_____。
   A. 设置账套信息　　　　　　　　　B. 设置凭证类别
   C. 设置启用日期　　　　　　　　　D. 输入期初余额
3. 下列各项中，属于系统管理员的操作权限是_____。
   A. 建立账套　　　　　　　　　　　B. 分配操作员权限
   C. 设置账套主管　　　　　　　　　D. 年度账结转
4. 在用友软件中系统管理的功能包括_____。
   A. 账套管理　　　　　　　　　　　B. 年度账管理
   C. 操作员及权限管理　　　　　　　D. 凭证管理
5. 设置基础档案主要包括_____。
   A. 设置职员档案　　　　　　　　　B. 设置客户档案
   C. 设置供应商档案　　　　　　　　D. 设置部门档案
6. 下列操作会计主管在年度账可执行的是_____。
   A. 结转上年度　　B. 删除年度　　　C. 输出　　　　　　D. 引入
7. 关于用户与角色，下列选项中说法正确的是_____。
   A. 为了保证系统安全，必须为用户和角色设置密码
   B. 用户和角色的设置可以不分先后顺序
   C. 一个角色可以拥有多个用户
   D. 一个用户可以分属于多个不同的角色
8. 下列选项中属于建账的一般内容的是_____。
   A. 编码规则　　　B. 核算类型　　　C. 单位基本信息　　D. 操作人员
9. 下列选项中在权限管理中设置的是_____。
   A. 角色设置　　　B. 用户设置　　　C. 权限设置　　　　D. 人员档案设置
10. 下列选项中属于权限管理功能的是_____。
    A. 功能级权限管理　　　　　　　　B. 数据级权限管理
    C. 金额级权限管理　　　　　　　　D. 系统级权限管理

三、判断题

1. 操作权限由电算主管设置，一般操作员无权也无法进行更改。
2. 密码是操作员进入系统的通行证，它一般由电算主管设置和更改。
3. 账套编号范围限于001～999之间。
4. 账套基本信息包括凭证类型、会计科目、核算项目。
5. 系统管理员有权修改年度账套中的信息。
6. 设置核算类型中的行业性质必须选择预置会计科目。
7. 账套语言必须选择简体中文。
8. 账套是用于存放核算单位会计数据的实体，一个账套代表一个核算单位，一个会计软件通常允许同时建立多套账。
9. 账套的备份与恢复分别用账套的输出与引入功能实现。
10. 年度账管理必须由主管来完成，包括年度账的建立、引入和输出、结转上年度数据、清空年度数据等。

实训一　基础档案设置

一、实训目的

通过实训操作练习掌握用友建立账套、设置操作员和分配权限的方法。

二、实训内容

（1）根据资料建立公司账套并启用相应系统。
（2）设置用户和角色权限，将账套数据备份。

三、实训资料

【提示】为了确定账套主管，可以先设置用户再建立账套。

1. 账套信息
（1）账套号：001。
（2）账套名称：广东宏兴有限公司。
（3）账套语言：选择简体中文。
（4）账套路径：采用默认账套路径。
（5）启用日期：2013年12月1日。
2. 单位信息
（1）单位名称：广东宏兴有限公司。
（2）机构代码：400001166。
（3）单位简称：广东宏兴。

（4）单位网址：www.hongxing.com。
（5）单位地址：东莞市厚街大道 88 号。
（6）法人代表：龙泉。
（7）邮政编码：523960。
（8）联系电话：0769-83076666。传真：0769-83076666。
（9）电子邮件：ceohongxing@163.com。
（10）税号：110101400101333。

3. 核算类型

（1）本币代码：RMB。
（2）本币名称：人民币。
（3）企业类型：工业。
（4）行业性质：2007 新会计制度科目。
（5）账套主管：赵主管。
（6）是否按行业预置科目：按行业性质预置科目。

4. 基础信息

存货分类、客户分类、供应商不分类、有外币核算。

5. 分类编码方案

科目编码级次为 4-2-2-2，客户分类编码级次为 13，其他采用默认值。

6. 数据精度

全部保留 2 位小数。

7. 系统启用

启用总账，启用日期为 2013 年 12 月 1 日。

8. 操作员及权限设置资料

编号	用户	密码	角色	权限
201	赵主管	201	会计主管（兼审核记账）	账套主管
202	钱会计	202	总账会计	在总账系统中除了出纳之外具有全部权限 公用目录中财务的会计科目设置权限
203	孙出纳	203	出纳	在总账系统中只有出纳的全部权限，出纳签字
204	李应收	204	应收会计	
205	周应付	205	应付会计	
206	吴存货	206	存货核算员	
301	郑销售	301	销售主管	
401	王采购	401	采购主管	
601	冯仓库	601	仓库主管	

第三章 基础设置

学习目标

1. 掌握企业应用平台的启动方法与主要功能。
2. 掌握用友ERP-U8系统基本信息的设置内容与方法。
3. 掌握数据权限与金额权限的设置方法。

能力培养目标

1. 能够使用企业应用平台的功能。
2. 学会基础设置的操作方法。

基础设置包括基本信息和基础档案的设置,基本信息内容包括系统启用、编码方案、数据精度等,此内容在建立账套过程中设置;基础档案内容包括部门档案、职员档案、客户和供应商档案等,可以在登录企业应用平台后选择【基础设置】|【基础档案】命令设置,其中有些档案也可以在各个子系统中设置。

第一节 企业应用平台

用友ERP-U8系统包括多个子系统,它们之间共用基础档案信息,因此,用友ERP-U8系统提供了一个集成的操作与管理平台,即企业应用平台或称企业用户。

一、企业应用平台的启动

(1) 单击【开始】|【程序】|【ERP-U8】|【系统服务】|【企业应用平台】,进入用友ERP-U8登录窗口。

(2) 输入操作员的代码和密码,选择账套、语言区域、操作日期,在第一次登录时还需要选择服务端的服务器名称。

(3) 单击【确定】即启动如图3-1所示的ERP-U8企业应用平台。

二、企业应用平台的主要功能

企业应用平台集中管理U8的所有应用功能,如图3-1所示,平台左边为业务导航视图,通过控制台的形式展示可以操作的功能选项。左下方有三个选择按钮,分别是

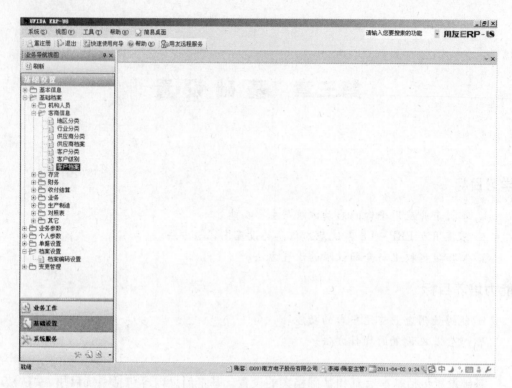

图 3-1 用友 U8 企业应用平台

业务工作、基础设置和系统服务，单击其中一个按钮，即显示相应的业务导航视图供选择。

1. 业务工作

业务工作是企业应用平台提供的主要功能，并以用户为中心列示登录的用户有权操作的子系统以及各个功能模块，供用户选择使用。

2. 基础设置

基础设置主要包括基础信息、基础档案、业务参数、个人参数、单据设置、档案设置、变更管理等内容。其中，档案设置项目繁多，工作量最大，但如果不全面启用系统，则选择相关项目设置即可。例如，财务会计有关的设置主要包括机构人员设置（部门档案、人员档案）、财务（会计科目、凭证类别、外币设置、项目目录、备查科目）等等。

3. 系统服务

系统服务提供的功能主要包括：

（1）系统管理。从此可以进入系统管理主界面。

（2）服务器配置。包括应用服务器配置和远程配置。

（3）工具。包括财务、决策、数据传输、集团应用、多语言、预警和定时任务。

（4）权限。包括数据权限控制设置、数据权限分配、金额权限分配、功能权限转授、工作任务委托等。

第二节 基本信息设置

基本信息设置包括系统启动、编码方案、数据精度三方面内容。这些设置可以在建立账套过程中由系统管理员操作完成(详见第二章的账套管理),也可以以账套主管的身份登录企业应用平台进行设置或修改。

1. 系统启用

以主管的身份登录企业应用平台,单击导航条【基础设置】选择【基本信息】|【系统启用】命令进行系统启用。

2. 编码方案

以主管的身份登录企业应用平台,单击导航条【基础设置】选择【基本信息】|【编码方案】命令设置编码方案。

3. 数据精确

以主管的身份登录企业应用平台,单击导航条【基础设置】选择【基本信息】|【数据精确】命令设置数据精度。

第三节 基础档案设置

基础档案主要包括机构人员、客商信息、存货、财务、收付结算等档案信息,登录企业应用平台后单击导航条【基础设置】|【基础档案】即可进行设置(如图3-2所示)。

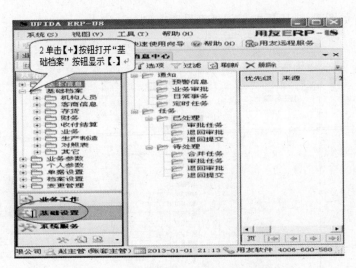

图3-2 在企业应用平台中设置基础档案

一、机构人员

1. 部门档案设置

在会计核算中经常需要按部门进行统计、汇总、分析,因此企业设置部门档案具有重要的意义。部门档案用于设置部门相关信息,包括部门编码、部门名称、负责人、部门属性等。部门档案设置的一般方法是:

(1) 在企业应用平台选择【基础设置】|【基础档案】|【机构人员】|【部门档案】命令,打开如图3-3所示的"部门档案"界面。

(2) 单击工具栏的【增加】按钮,即可输入新的部门档案信息,内容包括部门编码、部门名称、负责人、部门属性、电话、地址、备注、信用额度、信用等级、信用天数等等。

(3) 输入完毕单击【保存】按钮保存,并进入下一个部门的设置。

【例3-1】设置001号账套的部门档案,其信息如表3-1所示。设置过程是:

表3-1 部门档案信息

部门编码	部门名称	部门属性
1	总经理办公室	综合管理
2	财务部	财务管理
3	销售部	市场营销
4	采购部	采购供应
5	制造部	生产制造
6	仓储部	库存管理

(1) 打开如图3-3所示的部门档案设置窗口。

图3-3 部门档案设置对话框

(2) 在设置窗口中单击【增加】按钮,输入部门1的编码、名称、属性等信息。

(3) 输入完毕单击【保存】按钮保存输入信息,并进入部门2的设置,同理输入其他部门信息。

【提示】

(1) 部门编码和名称必须输入。

(2) 在新增部门窗口提示有"编码规则:＊ ＊＊",意为在编码方案设置的部门编码分2级,分别为1位和2位,输入编码必须符合此要求。

(3) 负责人从职员中选择输入,如果还未建立职员档案,可暂缺。

(4) 部门一经使用则不能删除。

2. 职员档案设置

职员即企业各个部门的员工,职员档案主要记录企业员工的信息资料,进行个人往来核算和业务管理。具体设置方法是:

(1) 选择【基础设置】|【基础档案】|【机构人员】|【人员档案】命令,打开如图3-4所示的"人员列表"界面。

(2) 在"人员列表"界面单击工具栏的【增加】按钮,打开"人员档案"设置窗口,在此输入新的职员档案信息,如果是业务员则在【是否业务员】处选择打勾。

(3) 输入完毕单击【保存】按钮保存,并进入下一个职员的设置。

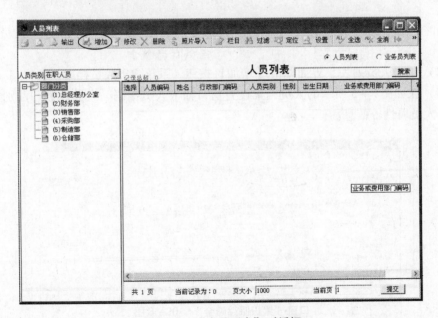

图3-4 "人员列表"对话框

【例3-2】设置001号账套的人员档案,其人员信息如表3-2所示。设置过程是:

表3-2 人员档案信息

职员编号	职员名称	人员类别	性别	行政部门	人员属性	是否是业务员
101	龙泉	无分类	男	总经理办公室	总经理	
201	赵主管	无分类	男	财务部	会计主管	
202	钱会计	无分类	女	财务部	总账会计	
203	孙出纳	无分类	女	财务部	出纳	
204	李应收	无分类	男	财务部	应收会计	
205	周应付	无分类	女	财务部	应付会计	
206	吴存货	无分类	男	财务部	存货会计	
301	郑销售	无分类	男	销售部	销售主管	
302	陈销售	无分类	男	销售部	营销员	是
303	高山	无分类	男	销售部	营销员	是
304	游鱼	无分类	男	销售部	营销员	是
401	王采购	无分类	女	采购部	采购主管	
402	刘云	无分类	女	采购部	采购员	是
501	杨制造	无分类	男	制造部	生产主管	
601	冯仓库	无分类	男	仓储部	仓库主管	

（1）选择【机构人员】|【人员档案】命令打开如图3-4所示的"人员列表"界面。

（2）在"人员列表"界面单击【增加】按钮，系统弹出人员档案设置窗口。

（3）在如图3-5所示的人员档案设置窗口输入人员编码、人员姓名、性别、人员类别、人员属性等信息。

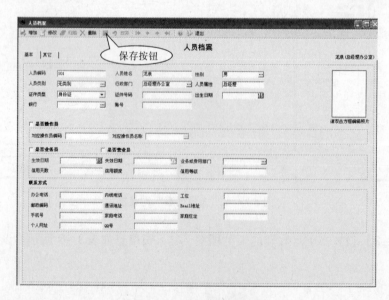

图3-5 人员档案设置窗口

(4) 输入完毕点击【保存】按钮。重复 (3) 继续录入其他人员，最后单击【退出】按钮结束。

二、客商信息

1. 客户分类设置

企业可以从自身管理要求对客户所属行业、地区进行相应的分类，以便对数据进行统计和分析。例如，按客户所属地区进行分类，分为：区、省、市或省、市、县。

因此，如果在创建账套过程中或在【基本信息】|【编码方案】中选择了客户分类管理，则在建立档案之前必须设置客户分类。设置客户分类的方法为：

(1) 选择【基础设置】|【基本档案】|【客商信息】|【客户分类】命令，打开"客户分类"界面。

(2) 单击【增加】按钮，输入分类编码、分类名称，单击【保存】。

(3) 全部分类设置完毕，单击【退出】结束。

【例3-3】将001号账套的客户分为以下四类：1 广州、2 珠海、3 深圳、4 其他。分类设置步骤为：

(1) 在企业应用平台选择【基础档案】|【客商信息】|【客户分类】命令，打开如图3-6所示的"客户分类"窗口。

(2) 在窗口中单击【增加】按钮，即可输入类别编码1、类别名称广州，单击【保存】。

(3) 重复 (2) 的操作，继续设置其他分类信息，最后单击【退出】结束。

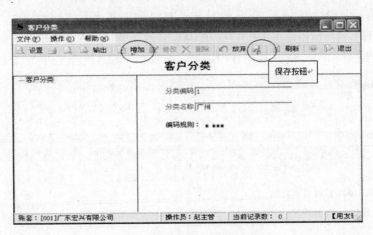

图3-6 客户分类设置窗口

2. 客户档案设置

客户档案指往来客户的档案资料，用于对客户及业务数据进行统计和分析。其设置方法是：

(1) 选择【基础设置】|【基本档案】|【客商信息】|【客户档案】命令，打开"客户档案"窗口。

(2) 在"客户档案"窗口工具栏上单击【增加】按钮，打开如图3-7所示的"增加客户档案"界面，其左侧中部有基本、联系、信用、其他四个输入范围选项，分别表示输入基本信息、联系地址、信用额度以及其他信息。

　　(3) 输入客户信息，其中客户编码、客户简称、所属分类、币种等是必须输入项。输入完毕单击【保存】，并开始另一客户的输入。

　　(4) 增加完毕单击【退出】返回"客户档案"窗口。

【例3-4】设置001号账套客户档案，资料如表3-3所示。设置步骤为：

表3-3　设置客户档案

客户编码	客户名称	简称	税号	信用额度	电话	开户银行	银行账号
1001	广州中信集团	中信集团	110102567038121	100 000	82968345	中国建设银行	8908189
1002	广州天马公司	天马公司	110186456888785	150 000	86534244	中国建设银行	4302658
2001	珠海发达公司	发达公司	120389121618062	200 000	86947856	中国建设银行	8428825
3001	深圳实力集团	实力集团	310763241567289	200 000	22804369	中国建设银行	6032682

　　(1) 在企业应用平台选择【基础档案】|【客商信息】|【客户档案】命令打开"客户档案"设置窗口。

　　(2) 在客户档案窗口单击【增加】按钮，显示如图3-7所示的"增加客户档案"界面。

　　(3) 输入1001号客户信息，方法是：①选择【基本】可输入1001号客户基本信息，如编码、名称、开户行银行等。②选择【联系】可输入客户电话82968345等信息。③选择【信用】输入客户信用额度100 000。④1001号客户信息输入完毕单击【保存】。

　　(4) 反复执行(3) 输入其他客户信息，全部档案输入完毕，单击【退出】即可。

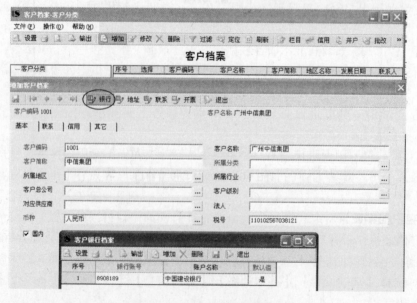

图3-7　录入客户档案信息

3. 供应商分类设置

企业对供应商也可以按行业、地区进行分类管理，以便对数据进行统计、分析。供应商分类的设置与客户分类设置方法相似。

4. 供应商档案设置

供应商档案的设置与客户档案设置方法相似，这里仅举例说明。

【例3-5】按表3-4提供的资料设置001号账套供应商档案（不分类）。设置步骤为：

表3-4 设置供应商档案

供应商编码	供应商名称	简称	税号	电话	开户银行	银行账号
001	南京泰得公司	泰得公司	250152384162456	68923456	中国建设银行	8664321
002	青岛海台公司	海台公司	370245687921442	84528987	中国建设银行	3568725
003	哈尔滨冰山集团	冰山集团	231856700345218	6854365	中国建设银行	4267972
004	杭州西湖公司	西湖公司	330691256786543	55498022	中国建设银行	5487642

（1）单击导航条【基础设置】选择【基础档案】|【客商信息】|【供应商档案】命令，打开"供应商档案"窗口。

（2）在"供应商档案"窗口工具栏上单击【增加】按钮，打开如图3-8所示的"增加供应商档案"界面。

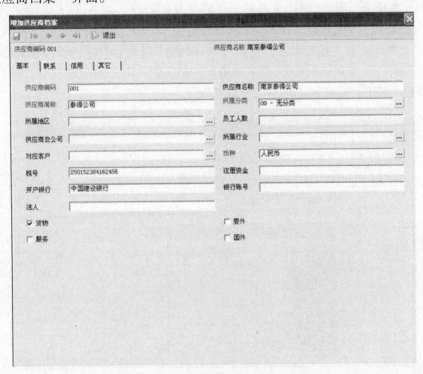

图3-8 "增加供应商档案"界面

（3）输入001号供应商信息，其中：①选择【基本】可输入001号供应商的基本信息，如编码001、名称南京泰得公司、简称泰得公司、开户银行中国建设银行等。②选择【联系】可输入供应商地址及电话68923456等相关信息。③选择【信用】可输入供应商信用额度及相关信息。④选择【其他】输入供应商其他相关信息。

（4）反复执行（3）输入其他供应商信息，全部档案输入完毕，单击【退出】即可。

三、外币设置

如果企业有外币业务，则必须进行外币与汇率设置。外币设置有两个切入点，一是从"会计科目—新增"界面选择外币核算后，单击【…】按钮进入外币设置窗口，另一个是选择【基础档案】|【财务】|【外币设置】进入外币设置窗口。

增加外币的具体操作方法是：

（1）单击导航条【基础设置】选择【基础档案】|【财务】|【外币设置】命令，打开如图3-9所示的"外币设置"窗口。

（2）单击【增加】按钮进入外币设置状态，输入信息除了给出货币币符、币名、汇率小数位、最大误差、折算方式之外，还应选定是固定汇率还是浮动汇率，并至少给出本期记账汇率。

（3）一种外币设置完毕，单击【确认】按钮保存。

【例3-6】假设001账套有美元业务，按以下信息设置外币。

币符为USD，币名为美元，汇率小数位为2位，最大误差为0.01，折算方式为外币*汇率=本位币，固定汇率，3月份记账汇率为6.25。

操作流程：

（1）单击导航条【基础设置】选择【基础档案】|【财务】|【外币设置】命令。

（2）在外币设置对话框中单击【增加】按钮，输入美元的货币符号、币名、汇率小数位及最大误差，选择固定汇率以及折算方式。

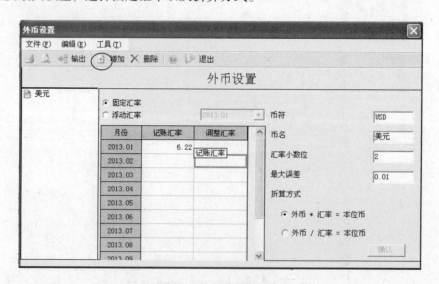

图3-9 "外币设置"窗口

(3) 单击左边所设置的币名输入3月份记账汇率6.25。
(4) 单击【确定】按钮保存。

四、会计科目设置

会计科目是对会计对象具体内容进行分类核算的项目,是填制凭证、登记账簿、编制会计报告的基础。会计科目设置要求完整,同时还应根据企业会计核算的详细程度设置明细科目,以确保会计核算过程顺利实施。

企业建立账套时如果选择"按行业预置科目",系统会根据用户所选择的行业,自动调用符合会计制度的一套标准科目,因此科目设置的任务主要是增加明细科目和设置有关的核算信息。

选择【基础设置】|【基础档案】|【财务】|【会计科目】,即进入如图3-10所示的会计科目设置界面,用户在此可以根据业务的需要增加、删除、查询、修改、打印会计科目以及执行相关的操作。

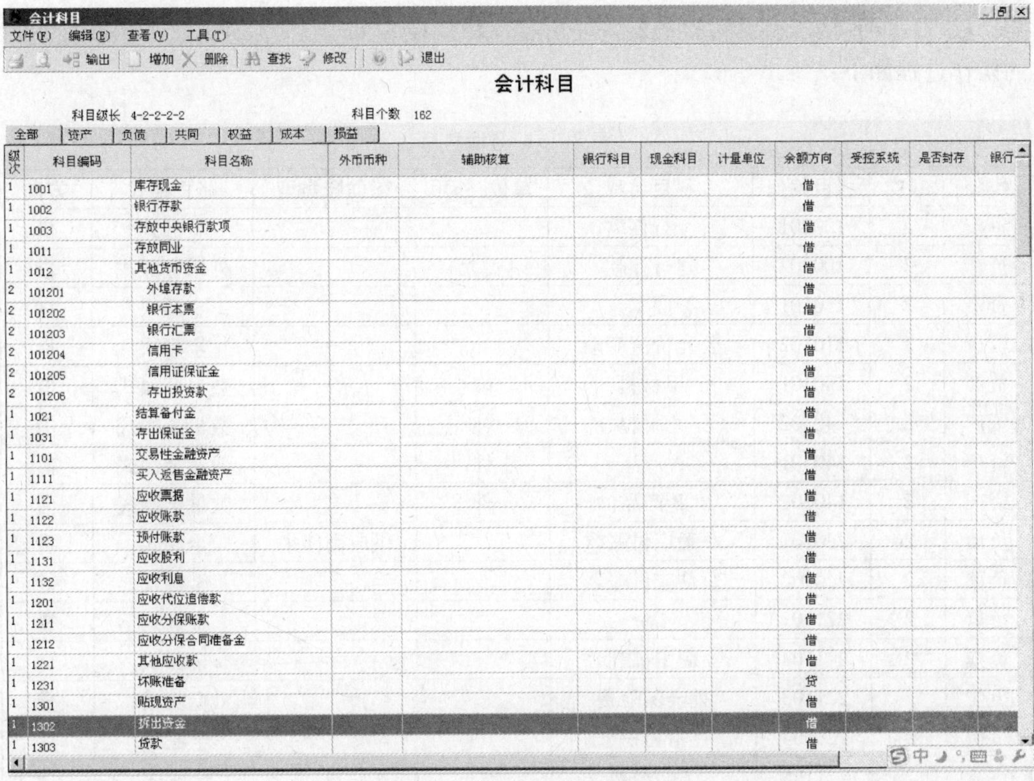

图3-10 会计科目设置界面

1. 增加会计科目

在会计科目设置界面单击【增加】按钮或在键盘上按F5,打开"新增会计科目"窗口,用户在此可输入科目编码、名称,在账页格式下拉列表中选择账页格式,如属辅助核算科目可以选择辅助核算选项。全部输入完毕,单击【确定】按钮。

增加会计科目的注意事项:

(1)会计科目与名称:会计科目编码必须符合编码方案设置,且同级明细科目编码与名称都必须是唯一的,而且一个最明细的科目如果已输入余额或凭证,则不能为其增设下级科目。

(2)外币核算:科目需外币核算时,可在复选框中勾选"外币核算"项,并在下拉列表中选择或单击【…】选择其核算的币种。

(3)辅助核算:指定是否进行部门、个人往来、客户往来、供应商往来、项目或自定义项等辅助核算,单击【…】可以设置具体的核算项目。

(4)其他信息:科目是否需要输出日记账或银行账。一般情况下,现金科目要设为日记账,银行存款科目设为银行账和日记账。

(5)受控系统:如果该科目只允许指定的系统(应收系统、应付系统、存货核算)使用,其他系统不得使用(包括在总账管理系统中填制凭证),则可以在此将科目设置为所指定系统的受控科目。

【例3-7】增加会计科目。宏兴公司会计科目设置如表3-5所示。本例新增科目的操作过程如下:

表3-5 新增科目

类型	级次	科目编码	科目名称	单位/外币	辅助账类型	账页格式	方向
资产	2	100201	工行存款			金额式	借
资产	2	100202	建行存款	美元		外币金额式	借
资产	2	110101	成本			金额式	借
资产	2	110102	公允价值变动			金额式	借
资产	2	140301	甲材料	吨		数量金额式	借
资产	2	140302	乙材料	吨		数量金额式	借
资产	2	140501	A产品	件		数量金额式	借
资产	2	140502	B产品	件		数量金额式	借
负债	2	220201	一般应付账款		供应商往来	金额式	贷
负债	2	220202	暂估应付账款			金额式	贷
负债	2	221101	工资			金额式	贷
负债	2	221102	职工福利			金额式	贷
负债	2	221103	社会保险费			金额式	贷
负债	2	221104	住房公积金			金额式	贷
负债	2	221105	工会经费			金额式	贷

(1)单击导航条【基础设置】选择【基础档案】|【财务】|【会计科目】命令,打开如图3-10所示的"会计科目"界面。

(2)在界面上单击【增加】按钮,弹出如图3-11所示的"新增会计科目"对话框。

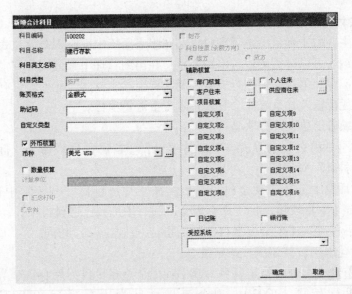

图3-11 "新增会计科目"对话框

(3) 输入新增科目100201、工行存款等信息,然后单击【确定】按钮。
(4) 重复执行(3)输入其他新增科目。

2. 复制会计科目

为了快速和准确建立会计科目体系,【编辑】菜单提供【复制】和【成批复制】科目的功能,其中利用成批复制功能复制下级科目最为有效。例如,应付账款和预付账款科目常常有相同的下级,在应付账款下级科目全部设置完毕后,即可以使用成批复制功能快速而又准确地为预付账款科目增加全部明细科目。

【例3-8】将应付账款科目2202的下级科目成批复制到预付账款科目1123,操作流程是:

(1) 在"会计科目"设置窗口选择被复制的科目后,单击【编辑】|【成批复制】命令。

(2) 系统弹出如图3-12所示的"成批复制"对话框,分别输入源科目和目标科目编码,如科目需要复制辅助核算、外币核算、数量核算可在复选框中勾选。

(3) 设置完毕后单击【确定】按钮即可实现成批复制。

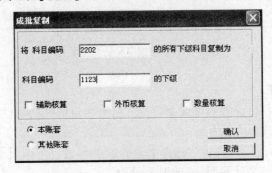

图3-12 成批复制科目对话框

3. 指定会计科目

指定科目主要用于确定出纳管理科目和在报表系统中编制现金流量表的科目。只有经过指定，出纳才可以对凭证进行出纳签字、在出纳管理中查询现金和银行日记账以及进行银行对账、在制单过程中进行支票控制和资金赤字控制。此外，只有指定为现金流量的科目，在凭证输入时系统才会要求指定现金流量项目。

指定科目操作简单，其方法是：

(1) 在"会计科目"设置窗口单击【编辑】|【指定科目】命令，打开如图3-13所示的"指定科目"对话框。

(2) 在对话框中选择"现金科目"后，在"待选科目"列表框中选择"库存现金"，然后单击【>】按钮，将"库存现金"科目添加到已选科目中。

(3) "银行科目"、"现金流量科目"的指定方法与(2)相同。

(4) 单击【确定】按钮完成指定科目。

【例3-9】账套号001指定科目，其中：现金总账科目为库存现金(1001)，银行总账科目为银行存款(1002)，现金流量科目为库存现金(1001)、工行存款(100201)、建行存款(100202)、其他货币资金(1012)。读者按上述方法可轻易实现，不再赘述。

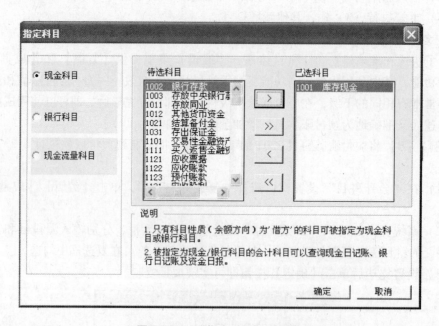

图3-13 "指定科目"对话框

4. 修改会计科目

如果已经存在的科目设置有误或需要改变已有科目的某些属性，可以使用科目修改功能。修改会计科目操作方法是：

(1) 在"会计科目"设置窗口选择需要修改的科目，单击【修改】命令，系统弹出如图3-14所示的"会计科目_修改"对话框。

(2) 修改科目相关内容后,单击【确定】按钮即可。

注意事项:

(1) 已有下级科目者不能修改其编码,如要修改则必须先删除其下级科目。

(2) 已有余额的科目也不能修改其编码,如要修改则必须先删除其下级科目的余额。

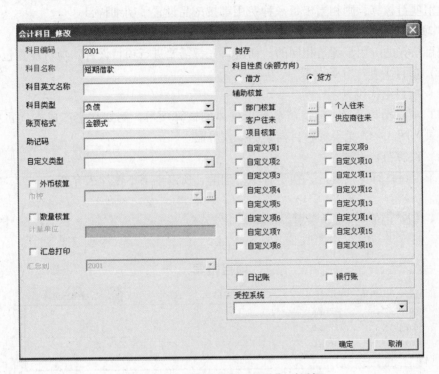

图 3-14 "会计科目—修改"对话框

5. 删除会计科目

如果会计科目不需要再使用,可以将其删除。具体删除方法是:

(1) 在"会计科目"设置窗口选择需要删除的科目,单击【删除】按钮。

(2) 在弹出的对话框中,单击【确定】按钮即可删除科目。

注意事项:

(1) 会计科目已制单或已录入期初余额的不能删除。

(2) 科目被指定为现金或银行存款科目的不能删除。

五、项目档案设置

1. 关于项目核算

项目核算是总账系统为实现更广泛的账务处理而引入的一种核算功能,一般用于对某一类项目进行专门的反映与管理。常见的部门核算、个人往来、客户往来、供应商往来,其实都是一种项目核算,而且企业对需要单独统计与核算的内容都可以设置为一种项目核算,例如现金流量、生产成本、在建工程、新产品开发、科研费用都可以设置为项目核算。

项目核算一般通过核算项目来实现。核算项目是会计科目的一种延伸,设置某科目有某类项目核算就相当于设置了该科目按核算项目进行更为明细的核算。例如,在产品成本核算中,每一种产品的成本主要由直接材料、直接人工、制造费用构成,如果引入产品成本项目核算,则相当于每一种费用都按产品设置了明细科目。

2. 项目核算的应用

项目核算的应用步骤是相同的,而且首先都需要进行项目设置。项目设置包括:

(1) 项目大类与分类设置。

(2) 项目结构设置。

(3) 项目档案设置。项目档案是指具体的核算项目,例如在生产成本项目中就是产品目录。图3-15是设置项目档案的操作界面。

(4) 核算科目设置。

由于项目核算比较复杂,初学者不易理解,所以本书不作深入介绍。

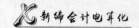

图3-15 "项目目录维护"窗口

六、凭证类别设置

系统提供有凭证类别的设置功能,企业据此可以对凭证进行分类管理。系统一般提供常用的凭证分类方法供选择,例如:记账凭证(即不分类)、收款、付款、转账凭证,现金收款、现金付款、银行收款、银行付款、转账凭证、自定义凭证,等等。企业还可以对各类凭证设置一些限制条件,例如要求收款凭证借方必须有现金或银行存款科目。

凭证类别的设置方法是:
(1) 选择【基础设置】|【基础档案】|【财务】|【凭证类别】命令,打开"凭证类别预置"窗口。
(2) 在预置窗口选择凭证类别,例如选择"记账凭证"后单击【确定】按钮,进入如图3-16所示的"凭证类别"设置窗口。
(3) 用户在此可以在预置的基础上进行增加、修改、删除操作,并可对各类凭证设置一些限制条件,操作完毕单击【退出】按钮返回。

【例3-10】设置凭证类别。假设宏兴公司对凭证分类,即统称为记账凭证。设置方法:
(1) 单击导航条【基础设置】|【基础档案】|【财务】|【凭证类别】按钮。
(2) 系统弹出"凭证类别预置"对话框,从中选择"记账凭证"之后,单击【确定】按钮,系统弹出如图3-16所示的对话框。
(3) 在图3-16所示的对话框中可以设置限制条件,但对"记账凭证"一般难以设置条件,所以单击【退出】按钮结束即可。

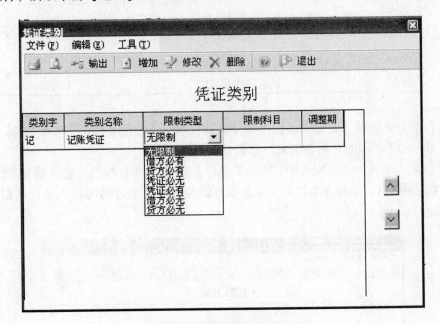

图3-16 凭证类别设置对话框

七、收付结算设置

为了便于管理和提高银行对账的效率,系统提供款项收付结算的功能。收付结算设置包括结算方式、付款条件、银行档案、本单位开户银行、收付款协议档案等内容,其中,结算方式主要有现金结算、支票结算、本票结算等等。结算方式的设置内容主要包括结算方式编码、名称、是否票据管理等。后者用于确定是否需要进行票据管理,即是否需要类似手工系统的支票登记簿那样进行管理。

下面通过实例介绍收付结算方式的设置方法。

【例3-11】根据表3-6设置001号账套的结算方式。具体设置方法是：

表3-6　结算方式

结算方式编码	结算方式名称	票据管理标志
1	现金结算	
2	支票	
201	现金支票	√
202	转账支票	√
3	商业汇票	
301	商业承兑汇票	
302	银行承兑汇票	
4	银行汇票	
5	委托收款	
6	托收承付	
7	汇兑	
8	现金交款单	

（1）单击导航条【基础设置】选择【基础档案】|【收付结算】|【结算方式】命令，打开如图3-17所示的"结算方式"设置窗口。

（2）在"结算方式"窗口中，单击工具栏上的【增加】按钮，输入结算方式1的信息，包括编码1、名称现金结算。注意如有票据管理要求，则勾选"是否票据管理"复选框。

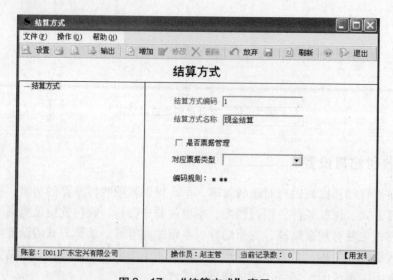

图3-17　"结算方式"窗口

(3) 输入完毕，单击【保存】按钮。
(4) 重复（2）、（3）步，设置其他结算方式。

第四节　数据与金额权限设置

U8系统采用了集中权限管理方式，并提供三个层次的权限管理功能，即功能级权限管理、数据级权限管理、金额级权限管理。其中，功能级权限管理在"系统管理"中设置（参阅第二章第四节），数据和金额级的权限设置在"企业应用平台"中设置，且数据和金额级权限必须在功能权限分配之后才能设置。

一、数据权限设置

数据权限控制设置是数据权限分配的前提，因此，在分配之前必须确定哪些业务对象需要进行数据权限控制。一般的设置方法是，根据需要先在数据权限默认设置表中选择需要进行权限控制的对象（包括记录级和字段级），系统将根据选择在数据权限设置中显示所选对象。具体操作方法是：

(1) 单击导航条【系统服务】选择【权限】|【数据权限控制设置】命令，进入如图3-18所示的"数据权限控制设置"对话框。

(2) 在对话框中分别对记录级和字段级选择需要控制的业务对象。

(3) 选择完毕单击【确定】按钮完成设置。

注意，系统预置了3个敏感业务对象：存货、供应商、客户，另外只有账套主管才有权进行数据权限控制设置和数据权限分配。

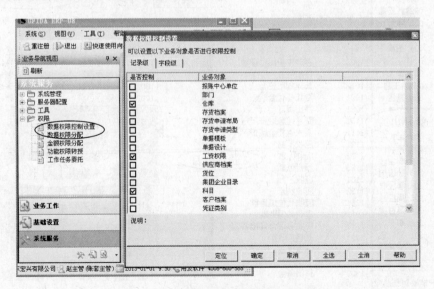

图3-18　"数据权限控制设置"窗口

二、数据权限分配

数据权限分记录级和字段级两种权限。其中，记录权限是指对具体业务对象的操作权限，而字段权限是对单据中包含的字段进行操作的权限。

记录权限分配的具体操作方法是：

(1) 单击导航条【系统服务】选择【权限】|【数据权限分配】命令，进入"权限浏览"窗口。

(2) 在"权限浏览"窗口先选择要分配权限的角色或用户（例如选择孙出纳），再选择"记录"级权限页签，然后单击【授权】按钮，进入如图 3-19 所示的"记录权限设置"对话框。

(3) 在"记录权限设置"对话框中选择业务对象（例如选择"科目"）。

(4) 根据需要选择"查账"、"制单"等权限。

(5) 根据需要从禁用区中选择科目 1001、1002、100201、100202，单击【>】按钮将所选择的科目移入可用区。

(6) 分配完单击【保存】按钮保存并返回"权限浏览"界面。

【例 3-11】 为 001 号账套孙出纳分配查账、制单权限，业务对象为科目，可操作科目为 1001 库存现金、1002 银行存款、100201 工行存款、100202 建行存款。

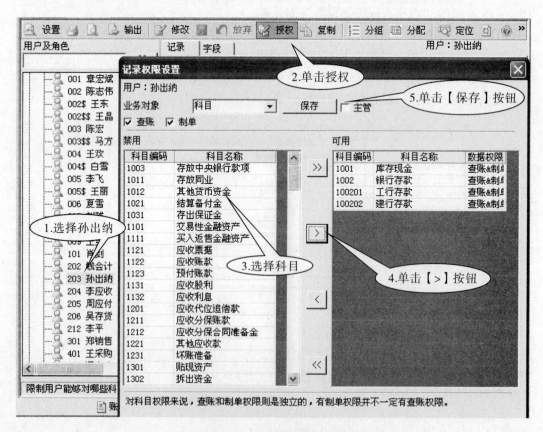

图 3-19 数据权限分配设置

三、金额权限分配

金额权限分配是用于完善内部金额控制,实现对具体金额数量划分级别,对不同岗位和职位的操作员进行不同的金额控制,限制制单时可以使用的金额数量。但系统只对科目金额和采购订单金额上限进行权限管理。

1. 金额级别设置

在分配金额权限之前需要先设置金额权限级别,即分别规定每一级别可操作金额的上限。具体操作步骤是:

(1) 单击导航条【系统服务】选择【权限】|【金额权限分配】命令,进入"金额权限设置"窗口。

(2) 在"金额权限设置"窗口选择"科目级别"或"采购订单级别"后,单击【级别】按钮,进入"金额级别设置"对话框。

(3) 在"金额级别设置"对话框中单击【增加】按钮,例如输入科目编码"1001",输入金额一级"10 000",二级"20 000",三级"30 000",四级"40 000"(如图3-20所示)。

(4) 单击【保存】按钮,返回"金额权限设置"界面。

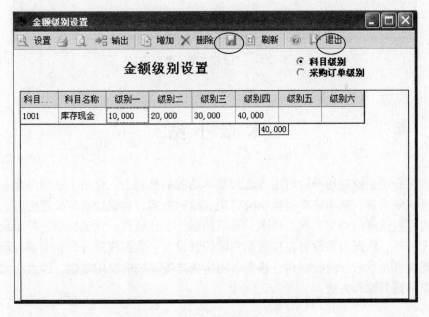

图3-20 "金额级别设置"窗口

2. 金额权限设置

(1) 单击导航条【系统服务】选择【权限】|【金额权限分配】命令,打开如图3-21所示的"金额权限设置"窗口。

(2) 单击【增加】按钮增加一空白行,在"用户编码"栏参照选入用户编码,在

"级别"栏参照选入金额级别。

(3) 反复执行第（2）步为其他用户设置金额权限直至设置完毕。

(4) 单击【保存】和【退出】按钮结束。

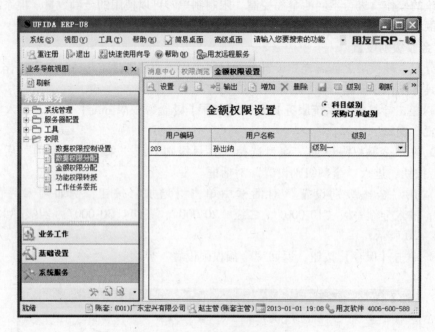

图3-21 "金额权限设置"窗口

本章小结

本章在介绍企业应用平台启用方法和基本功能的基础上，介绍了基本信息、基础档案和数据权限设置。基本信息包括系统启用、编码方案、数据精确等设置内容；基础档案设置内容包括部门档案、职员档案、客商档案、会计科目、凭证类别、外币设置、收付结算设置等；数据权限设置包括数据权限控制设置、数据权限分配和金额权限分配。

基础设置是总账、应收应付、薪资、固定资产等系统的应用基础，读者必须在理解的基础上掌握其操作方法。

主要概念

企业应用平台、基础设置、基础档案、凭证类别、收付结算、数据权限控制设置、数据权限设置、金额权限设置。

练 习 题

一、单项选择题

1. 下列不属于企业应用平台基本功能的是_____。
   A. 业务工作　　　B. 基础设置　　　C. 系统服务　　　D. 用户设置
2. 下列不属于会计科目设置内容的是_____。
   A. 科目余额　　　　　　　　　　　B. 是否核算数量
   C. 是否核算现金流量　　　　　　　D. 是否辅助核算
3. 辅助核算一般通过设置_____来实现。
   A. 核算项目　　　B. 会计科目　　　C. 会计报表　　　D. 会计账簿
4. 若会计科目编码方案为4-2-2，则下列不正确的编码为_____。
   A. 10010101　　B. 100202　　C. 101101　　D. 1020201
5. 部门设置操作是在_____功能模块中进行的。
   A. 基础设置　　　　　　　　　　　B. 建立工资核算账套
   C. 日常工资业务处理　　　　　　　D. 月末工资业务处理
6. 对于收款凭证，通常选择_____限制类型。
   A. 借方必有　　　B. 贷方必有　　　C. 凭证必有　　　D. 凭证必无
7. 辅助核算的设置主要包括两个方面，一是_____，二是具体的核算项目。
   A. 辅助科目种类　　　　　　　　　B. 辅助核算种类
   C. 核算项目性质　　　　　　　　　D. 核算项目的内容
8. 用户设置的每一种外币，除了给出货币代码、名称、折算方式、小数位数之外，还应选定是固定汇率还是浮动汇率，并至少给出本期_____。
   A. 期末汇率　　　B. 期末余额　　　C. 期初汇率　　　D. 期初余额
9. 由于科目的修改所造成的影响不只限于科目本身，所以修改必须受到限制，例如_____一般是不能修改的。
   A. 科目名称　　　B. 科目类别　　　C. 助记忆码　　　D. 科目代码
10. 下列科目可以删除的是_____。
    A. 无发生额与余额的明细科目　　　B. 年内有发生额的科目
    C. 有明细科目的科目　　　　　　　D. 余额不为零的科目

二、多项选择题

1. 设置基础档案主要包括_____。
   A. 设置职员档案　　　　　　　　　B. 设置客户档案
   C. 设置供应商档案　　　　　　　　D. 设置部门档案
2. 下列属于基础设置的主要功能是_____。

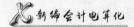

　　A. 基础信息　　　　B. 基础档案　　　　C. 业务参数
　　D. 个人参数　　　　E. 单据设置　　　　F. 档案设置
3. 下列属于基本信息设置的功能是_____。
　　A. 系统启用　　B. 编码方案　　C. 数据精确度　　D. 个人选项
4. 会计科目的设置一般涉及以下内容_____。
　　A. 科目代码与助记码　B. 科目名称　　　　C. 科目类别
　　D. 余额方向　　　　E. 辅助核算种类　　F. 现金流量
5. 往来核算辅助账初始化的主要内容包括_____。
　　A. 设置往来核算项目　　　　B. 输入期初余额和未结清的往来业务
　　C. 输入本期发生的往来业务　　D. 输入期末余额和已结清的往采业务
6. 在财务软件中，建立会计科目时输入的基本内容包括_____。
　　A. 科目编码　　B. 科目名称　　C. 科目类型　　D. 账页格式
7. 下列关于会计科目的描述中，错误的有_____。
　　A. 要修改和删除某个会计科目，应先选中该会计科目
　　B. 科目一经使用，即已经输入凭证，则不允许修改或删除该科目
　　C. 有余额的会计科目可直接修改
　　D. 删除会计科目应从一级科目开始
8. 在账务处理系统进行科目设置时，设置的会计科目编码应_____。
　　A. 符合会计制度规定　　　　B. 编码必须唯一
　　C. 符合级次级长要求　　　　D. 编码只有两位

三、判断题

1. 科目编码规则是指代码共有多少个以及各级代码的长度。
2. 如果科目编码规则设置为4－2－1－1，则设8级科目，科目代码的最大长度为4位。
3. 科目编码规则一经设定，在账套正式启用之后即不允许修改。
4. 系统初始化的作用是通过对系统进行设置，将一个通用账务处理系统转化为满足企业需求的专用系统。
5. 凭证审核控制规定凭证是否需要审核、是否允许成批审核、出纳是否需要签字等。
6. 科目名称一般用汉字或英文字符表示，系统只在输出时使用。
7. 客户档案用于存放客户基本信息以及按客户统计的应收账款数据，系统正式启用之后对客户档案不能增删客户。
8. 余额方向用于指定科目余额的计算方法，其中，贷方余额＝期初余额－本期借方发生额＋本期贷方发生额。
9. 辅助核算项目是会计科目的一种延伸，所以核算项目与明细科目是完全相同的。
10. 会计科目代码一般使用数字进行编码。

实训二 基础档案设置

一、实训目的

掌握用友软件有关基础档案设置的相关内容,理解基础档案设置在整个系统中的作用,理解基础设置对整个业务处理的影响。

二、实训内容

(1)机构人员设置(包括部门档案、人员档案设置)。
(2)客商档案设置(包括客户档案、供应商档案设置)。
(3)存货档案设置(包括存货分类、存货档案设置)。
(4)会计科目设置(包括会计科目的增加、修改、删除、复制、指定等)。
(5)凭证类别、外币、核算项目、结算方式等设置。

三、实训资料

以赵主管(201)口令为201的身份进行基础档案设置。
广东宏兴有限公司资料如下:

1. 部门档案信息

部门编码	部门名称	部门属性
1	总经理办公室	综合管理
2	财务部	财务管理
3	销售部	市场营销
4	采购部	采购供应
5	制造部	生产制造
6	仓储部	库存管理

2. 人员档案信息

职员编号	职员名称	人员类别	性别	行政部门	人员属性	是否是业务员
101	龙泉	在职人员	男	总经理办公室	总经理	
201	赵主管	在职人员	男	财务部	会计主管	
202	钱会计	在职人员	女	财务部	总账会计	
203	孙出纳	在职人员	女	财务部	出纳	
204	李应收	在职人员	男	财务部	应收会计	
205	周应付	在职人员	女	财务部	应付会计	

续上表

职员编号	职员名称	人员类别	性别	行政部门	人员属性	是否是业务员
206	吴存货	在职人员	男	财务部	存货会计	
301	郑销售	在职人员	男	销售部	销售主管	
302	陈销售	在职人员	男	销售部	营销员	是
303	高 山	在职人员	男	销售部	营销员	是
304	游 鱼	在职人员	男	销售部	营销员	是
401	王采购	在职人员	女	采购部	采购主管	
402	刘 云	在职人员	女	采购部	采购员	是
501	杨制造	在职人员	男	制造部	生产主管	
601	冯仓库	在职人员	男	仓储部	仓库主管	

3. 设置客户/供应商档案

(1) 客户分类：1 广州、2 珠海、3 深圳、4 其他。

(2) 客户档案。

客户编码	客户名称	简称	税 号	信用额度	电 话	开户银行	银行账号
1001	广州中信集团	中信集团	110102567038121	100 000	82968345	中国建设银行	8908189
1002	广州天马公司	天马公司	110186456888785	150 000	86534244	中国建设银行	4302658
2001	珠海发达公司	发达公司	120389121618062	200 000	86947856	中国建设银行	8428825
3001	深圳实力集团	实力集团	310763241567289	200 000	22804369	中国建设银行	6032682

注：银行账号都是各客户默认账号。

(3) 供应商档案（不分类）。

供应商编码	供应商名称	简称	税号	电话	开户银行	银行账号
001	南京泰得公司	泰得公司	250152384162456	68923456	中国建设银行	8664321
002	青岛海台公司	海台公司	370245687921442	84528987	中国建设银行	3568725
003	哈尔滨冰山集团	冰山集团	231856700345218	6854365	中国建设银行	4267972
004	杭州西湖公司	西湖公司	330691256786543	55498022	中国建设银行	5487642

注：银行账号都是各供应商默认账号。

4. 定义外币及汇率

币符为 USD，币名为美元，汇率小数位为 2 位，最大误差为 0.01，折算方式为外币 * 汇率 = 本位币，固定汇率，1月份记账汇率为 6.25。

5. 科目设置

(1) 宏兴公司新增如下会计科目：

类型	级次	科目编码	科目名称	单位/外币	辅助账类型	账页格式	方向
资产	2	100201	工行存款			金额式	借
资产	2	100202	建行存款	美元		外币金额式	借
资产	2	110101	成本			金额式	借
资产	2	110102	公允价值变动			金额式	借
资产	1	1121	应收票据		客户往来	金额式	借
资产	1	1122	应收账款		客户往来	金额式	借
资产	1	1123	预付账款		供应商往来	金额式	借
资产	1	1221	其他应收款		个人往来	金额式	借
资产	2	140301	甲材料	吨	数量核算	数量金额式	借
资产	2	140302	乙材料	吨	数量核算	数量金额式	借
资产	2	140501	A产品	件	数量核算	数量金额式	借
资产	2	140502	B产品	件	数量核算	数量金额式	借
负债	1	2201	应付票据		供应商往来	金额式	贷
负债	2	220201	一般应付账款		供应商往来	金额式	贷
负债	2	220202	暂估应付账款			金额式	贷
负债	1	2203	预收账款		客户往来	金额式	贷
负债	2	221101	工资			金额式	贷
负债	2	221102	职工福利			金额式	贷
负债	2	221103	社会保险费			金额式	贷
负债	2	221104	住房公积金			金额式	贷
负债	2	221105	工会经费			金额式	贷
负债	2	221106	职工教育经费			金额式	贷
负债	2	221107	非货币性福利			金额式	贷
负债	2	21108	辞退福利			金额式	贷
负债	2	221109	股份支付			金额式	贷
负债	2	222101	应交增值税			金额式	贷
负债	3	22210101	进项税额			金额式	贷
负债	3	22210102	已交税金			金额式	贷
负债	3	22210105	销项税额			金额式	贷
负债	3	22210106	出口退税			金额式	贷
负债	3	22210107	进项税额转出			金额式	贷
负债	2	222102	未交增值税			金额式	贷
负债	2	222106	应交所得税			金额式	贷

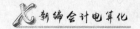

续上表

类型	级次	科目编码	科目名称	单位/外币	辅助账类型	账页格式	方向
负债	2	222108	应交城市维护建设税			金额式	贷
负债	2	222109	应交教育费附加			金额式	贷
权益	2	410401	提取法定盈余公积			金额式	贷
权益	2	410402	提取任意盈余公积			金额式	贷
权益	2	410403	应付现金股利或利润			金额式	贷
权益	2	410404	转作股本的股利			金额式	贷
权益	2	410405	盈余公积补亏			金额式	贷
权益	2	410415	未分配利润			金额式	贷
成本	2	500101	A产品			金额式	借
成本	2	500102	B产品			金额式	借
损益	2	600101	A产品	件	数量核算	数量金额式	贷
损益	2	600102	B产品	件	数量核算	数量金额式	贷
损益	2	640101	A产品	件	数量核算	数量金额式	借
损益	2	640102	B产品	件	数量核算	数量金额式	借
损益	2	660101	广告费			金额式	借
损益	2	660102	其他			金额式	借
损益	2	660103	差旅费			金额式	借
损益	2	660104	工资			金额式	借
损益	2	660105	折旧费			金额式	借
损益	2	660201	招待费		部门	金额式	借
损益	2	660202	折旧费		部门	金额式	借
损益	2	660203	办公费		部门	金额式	借
损益	2	660204	其他		部门	金额式	借
损益	2	660205	工资		部门	金额式	借
损益	2	660301	利息			金额式	借
损益	2	660302	其他			金额式	借

（2）指定科目。现金总账科目：库存现金（1001）。银行总账科目：银行存款（1002）。现金流量科目：库存现金（1001）、工行存款（100201）、建行存款（100202）、其他货币资金（1012）。

6. 设置凭证类别

宏兴公司采用的凭证类别为记账凭证。

7. 设置结算方式

结算方式编码	结算方式名称	票据管理标志
1	现金结算	
2	支票	
201	现金支票	√
202	转账支票	√
3	商业汇票	
301	商业承兑汇票	
302	银行承兑汇票	
4	银行汇票	
5	委托收款	
6	托收承付	
7	汇兑	
8	现金交款单	

第四章 总账系统

学习目标

1. 了解总账系统的主要特点、功能和应用流程。
2. 掌握总账系统的初始设置方法。
3. 掌握总账系统的凭证处理方法。
4. 了解出纳管理与辅助核算功能的应用方法。
5. 掌握期末处理与主要的账表管理。

能力目标

1. 掌握总账系统初始设置的方法。
2. 掌握总账系统日常账务处理的方法。
3. 掌握出纳管理、期末处理、账表管理的方法。

第一节 总账系统概述

总账系统又称账务处理系统,是会计信息系统的核心。总账系统通过凭证录入、审核、记账、对账、结账的方式将会计信息保存在计算机中,形成全面、系统、完整的数据资料,可供其他业务系统共享以及会计信息使用者使用。

一、总账系统的基本功能

总账系统的主要任务是利用建立的会计科目体系,进行凭证录入、对账、转账、结账、账表输出的工作,并提供个人、客户、供应商、部门等辅助核算,充分满足会计信息使用者的要求。总账系统基本功能一般包括:初始设置、凭证处理、出纳管理、辅助核算、期末处理、账表管理。总账系统的功能如图4-1。

1. 初始设置

在开始使用总账系统前,必须先进行初始设置,包括会计科目、外币设置、期初余额、凭证类别、结算方式、分类定义、编码档案等,但许多设置已经在系统管理和基础设置中完成,在总账系统设置中只需进行选项、期初余额录入等内容。

2. 凭证处理

凭证处理提供输入、修改、删除、审核、查询、打印、汇总、输入输出凭证。再根据已经审核的记账凭证登记明细账、日记账和总分类账。

3. 出纳管理

出纳管理提供支票登记簿功能，用来登记支票的领用情况；可完成现金、银行日记账的登记工作，可完成将企业银行日记账与银行对账单进行核对，并编制银行存款余额调节表。

4. 辅助核算

辅助核算是辅助实现对会计数据多元分类核算，主要提供个人往来核算、单位往来核算、部门核算、项目核算功能。

5. 期末处理

期末处理自动完成月末分摊、计提、汇兑损益、期间损益结转，并完成试算平衡、对账、结账等月末工作。

6. 账表管理

总账系统提供账表种类较多，主要提供总账、明细账、日记账、余额表、部门辅助账、往来辅助账等多种账表的查询、输出、打印功能。

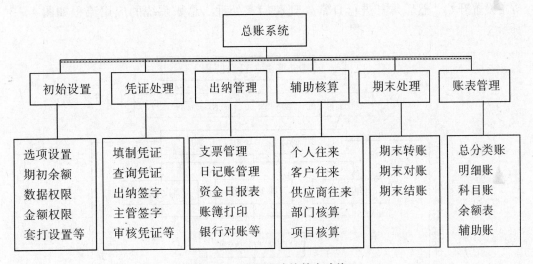

图 4-1　总账系统的基本功能

二、总账系统与其他系统的主要关系

总账系统与其他系统的主要关系如图 4-2 所示，其中：

（1）总账系统是会计信息系统的一个子系统，处于核心地位。

（2）薪资、固定资产、应收应付、存货等子系统都需要将会计数据以记账凭证的方式传递到总账系统，而报表、财务分析等系统则需要读取总账系统会计数据进行处理。

（3）总账系统与其他子系统共享编码方案、存货档案、往来单位档案、部门档案等基础数据。

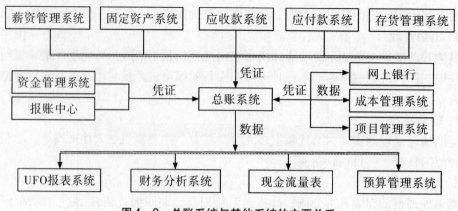

图4-2 总账系统与其他系统的主要关系

三、总账系统的应用流程

总账系统应用的基本流程包括初始设置、日常处理和期末处理三部分，而且必须从初始设置开始，然后每月进行日常处理和期末处理。总账系统的应用流程如图4-3所示。

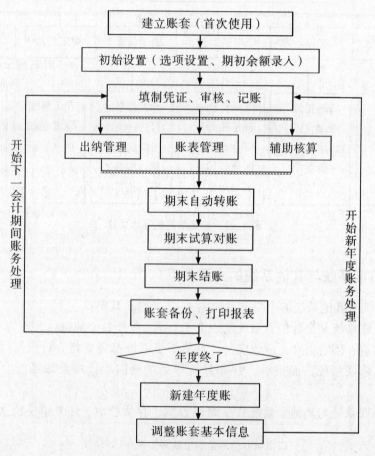

图4-3 总账系统的应用流程

1. 初始设置

首次使用总账系统和次年使用总账系统的初始设置有所不同。

(1) 第一次使用总账系统，首先建立新账套，对账套进行初始设置，如选项设置、期初余额录入等，初始设置好后，才可以进行日常业务处理。

(2) 次年使用前一年度账套数据，在系统管理中建立新的年度账，并根据企业情况对账套基本信息进行相应的调整和设置。当基本信息均调整和设置完毕，就可以进行新年度账的日常处理。

2. 日常处理

每月进行的日常业务，包括填制凭证、审核凭证、记账、出纳管理、账表管理、辅助核算管理。

3. 期末处理

期末处理包括月末转账、对账、结账，以及对账套备份等。

第二节 总账系统的初始设置

总账系统初始化是使用会计软件的一项基础性工作，只有完成了初始设置，才能进行日常的会计处理。总账系统初始设置主要包括系统参数设置以及会计科目、外币、凭证类别、结算方式、期初余额、分类定义、编码档案等设置。由于许多设置已经在系统管理和基础设置中完成，本节只介绍总账系统参数设置和期初余额的录入。

一、设置系统参数

总账系统是个通用系统，首次启动总账系统时，需要确定反映总账系统核算要求的各种参数，使得该总账系统适用于本单位的具体核算要求。总账系统的业务参数将决定总账系统的输入控制、处理方式、数据流向、输出格式等，而且设定后一般不能随意更改，所以必须正确设置。

参数设置由账套主管在企业应用平台中选择【业务工作】|【财务会计】|【总账】|【设置】|【选项】命令，打开"选项"窗口进行设置。"选项"窗口有凭证、账簿、凭证打印、预算控制、权限、会计日历、其他以及自定义项核算等标签页，而且一般是以选项的形式设置系统参数。每个核算单位需根据核算的要求确定总账系统的参数，但如果没有特别要求，可采用系统默认参数。

1. 凭证选项

凭证选项主要用于"制单控制"、"凭证控制"、"凭证编号方式"相关参数的设置。

(1) 制单控制：主要设置在填制凭证时，系统应对哪些操作进行控制。

(2) 凭证控制：主要设置处理凭证时，系统应对哪些操作进行控制。这里面的选择，对后面的凭证处理将有重大影响。例如，若选择"凭证录入时结算方式及票据号是否必录"，则在填制凭证时必须录入结算方式及票据号。

(3) 凭证编号方式：主要设置填制会计凭证时，凭证编号是系统编号还是手动编号。

【例4-1】设置001账套总账系统参数，凭证要求进行支票控制，可以使用应收、应付、存货受控科目，现金流量表科目必录流量项目，其他采用默认设置。

本例以及以下各例均以账套主管（即操作员201，密码201）身份、2013年1月1日登录广东宏兴有限公司系统、在企业应用平台进行设置参数。

操作方法：

(1) 选择【财务会计】|【总账】|【设置】|【选项】命令，打开"选项"对话框。

(2) 单击【编辑】按钮。

(3) 如图4-4所示，在【凭证】选项卡中选中"支票控制"、"可以使用应收、应付、存货受控科目"、"现金流量科目必录现金流量项目"的复选框，单击【确定】。

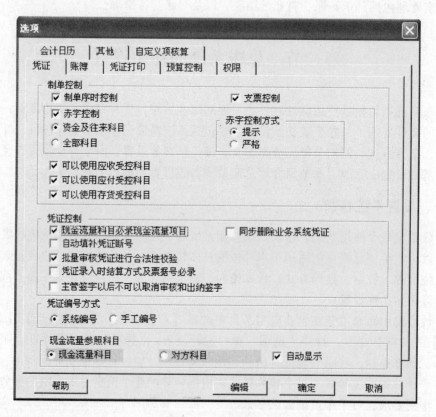

图4-4 凭证选项

2. 账簿选项

账簿选项主要用于账簿显示、打印格式和方式的设置。

(1) 打印位数宽度，用于定义账簿打印时各栏目的宽度。

(2) 凭证、账簿是否套打。

(3) 明细账打印输出方式，确定打印账簿时，按年排页还是按月排页。

3. 凭证打印选项

凭证打印选项主要设置凭证打印显示的格式、打印凭证相关人员的姓名及打印凭证的其他具体内容。

4. 预算控制选项

预算控制选项主要设置专家财务评估和预算财务管理系统的具体内容。

5. 权限选项

(1) 权限控制：设置制单权限是否控制到科目、制单权限是否控制到凭证类别、操作员的金额权限是否控制、出纳凭证是否必须由出纳签字、凭证是否必须经由主管会计签字。

(2) 操作他人凭证权限：设置是否可查询他人凭证，是否允许修改、作废他人填制的凭证等。

(3) 查询权限。

【例 4-2】设置 001 账套总账系统参数，要求出纳凭证必须经由出纳签字，不允许修改、作废他人填制的凭证，其他采用默认设置。

操作方法：

(1) 选择【财务会计】|【总账】|【设置】|【选项】命令，打开"选项"对话框。

(2) 单击【编辑】按钮。

(3) 在【权限】选项卡中，选中"出纳凭证必须经由出纳签字"，取消选中"允许修改、作废他人填制的凭证"的复选框，如图 4-5 所示。

(4) 单击【确定】按钮保存返回。其他选项的设置方法参照以上操作方法进行。

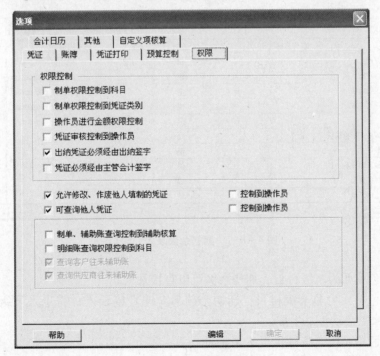

图 4-5 权限选项

6. 会计日历选项

会计日历用于查看启用会计年度和启用日期，以及各会计期间的起始日期与结束日期及数量小数位、单价小数位、本位币精度的设置。

7. 其他选项

其他选项主要设置部门排序方式、个人排序方式、项目排序方式、打印设置按客户端保存等项目。

提示：

总账系统的参数设置决定总账系统的输入控制、处理方式等，设定后一般不能随意改变。

二、期初余额录入

为保证系统的数据能与手工会计的数据衔接，在应用总账系统前，需要将各账户的年初余额或启用月份的月初余额以及年初到该月的累计发生额计算清楚，然后输入到总账系统中。期初余额设置包括：第一步输入余额，第二步核对并进行试算平衡。

1. 输入余额

当第一次使用总账系统时，首先应将原系统的账户余额整理好，编制科目余额表，然后通过键盘输入到系统中。输入的内容主要包括科目及所设置的辅助核算项目的本位币、外币、数量的期初余额。期初余额录入窗口如图4-6所示，录入注意事项是：

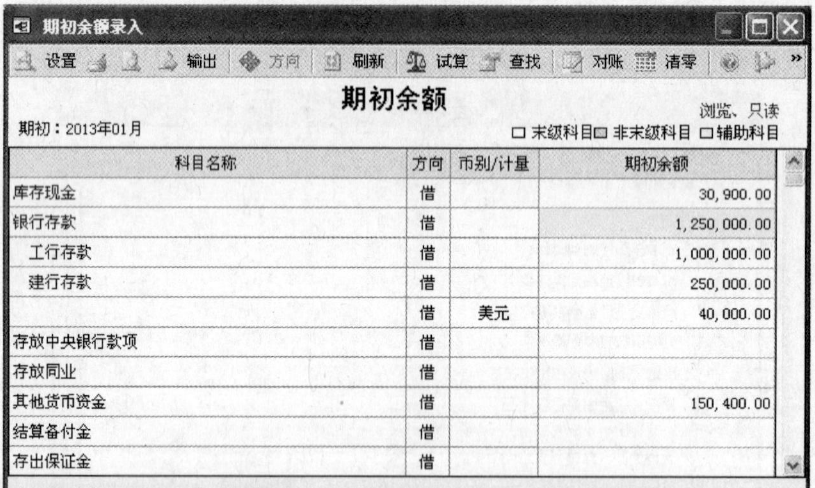

图4-6 "期初余额录入"窗口

（1）白色单元为末级科目，期初余额可以直接录入。

（2）灰色单元为非末级科目，期初余额不允许直接录入，需录入下级科目余额，由下级科目余额自动汇总生成。

（3）黄色单元代表该科目设置了辅助核算，不允许直接录入余额，必须双击该单元格进入"辅助期初余额"窗口进行设置。

(4) 如果要改变调整科目的余额方向，先要单击【方向】，改变了余额方向后，再录入期初余额。或者在建立科目时，对科目的方向进行更改，再录入余额。例如，累计折旧科目是资产类账户，软件会默认资产类科目方向在借方，如果需要更改其方向，可通过以上两个方法进行设置。

(5) 红字余额用负数形式录入即可。

(6) 输入外币核算科目的期初余额，需先录入本币余额，再录入外币余额。

(7) 输入数量核算科目的期初余额，需先录入本币余额，再录入数量余额。

(8) 输入其他辅助核算科目的期初余额，则需要进入"辅助期初余额"窗口进行设置。

(9) 凭证记账后，期初余额变为只读状态，不能再修改。

(10) 输入余额后不能对科目进行删改的操作。

【例4-3】按照表4-1、表4-2、表4-3的资料，录入广东宏兴有限公司001账套的期初余额。

表4-1 广东宏兴有限公司001账套科目余额表

科目名称	方向	计量单位	期初余额
库存现金（1001）	借		30 900.00
银行存款（1002）	借		1 250 000.00
工行存款（100201）	借		1 000 000.00
建行存款（100202）	借		250 000.00
		美元	USD 40 000.00
应收账款（1122）	借		234 000.00
原材料（1403）	借		452 400.00

表4-2 应收账款（1131）

日期	凭证号	客户名称	摘要	方向	期初余额	业务员	票号
2012.12.26	记-25	实力集团	销售	借	117 000.00	高山	080126
2012.12.27	记-26	发达公司	销售	借	117 000.00	游鱼	080127

表4-3 原材料（1403）

项目名称	方向	金额	数量	单位
甲材料	借	150 000.00	750	吨
乙材料	借	302 400.00	720	吨

操作方法：

(1) 在企业应用平台选择【财务会计】|【总账】|【设置】|【期初余额】命令，打

开【期初余额录入】窗口，录入各科目余额。

（2）在【期初余额录入】窗口，库存现金科目为末级科目，可直接单击库存现金期初余额单元格，录入"30 900"。

（3）在【期初余额录入】窗口，银行存款科目为非末级科目，且设置了外币辅助核算，不可直接录入期初余额。单击工行存款期初余额单元格，录入"1 000 000"；单击建行存款期初余额单元格，先录入人民币"250 000"，再录入外币"40 000"。银行存款科目期初余额会自动汇总为"1 250 000"。

（4）在【期初余额录入】窗口，原材料科目为非末级科目，且设置了数量辅助核算，不可直接录入期初余额。单击甲材料所在行期初余额栏，先录入金额150 000，再录入数量750，乙材料余额同理设置，系统自动汇总原材料余额452 400。

（5）在【期初余额录入】窗口，应收账款科目为非末级科目，且设置了往来辅助核算，不可直接录入期初余额。双击应收账款所在行期初余额栏，打开"辅助期初余额"窗口，单击【增行】，录入实力集团等信息，如图4-7所示。再单击【往来明细】按钮打开"期初往来明细"窗口，单击【增行】逐一录入实力集团等客户业务单据的日期、凭证号、业务员、摘要、方向、金额、票号、票据日期等信息，如图4-8所示。全部录入完成后，单击【退出】，返回"辅助期初余额"窗口，再单击【退出】返回"期初余额录入"窗口。

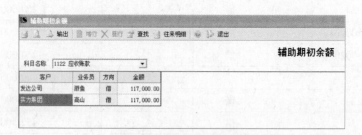

图4-7 "辅助期初余额"窗口

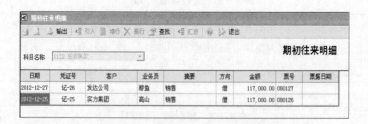

图4-8 "期初往来明细"窗口

2. 期初对账

期初余额录入完毕，在【期初余额录入】窗口，单击【对账】|【开始】可以进行对账，对账完毕系统给出提示，单击【取消】返回。

3. 试算平衡

期初余额输入后，必须进行上下级科目间余额的试算平衡，以保证初始数据的正确性，检验过程直接由计算机自动进行。在【期初余额录入】窗口，单击【试算】，试算平衡完毕，系统弹出如图4-9所示的期初试算平衡表。如果平衡，单击【确定】按钮退出，如果期初余额不平衡，则必须查找原因，改正错误数据。注意，试算不平衡虽然可以填制凭证，但不允许记账。

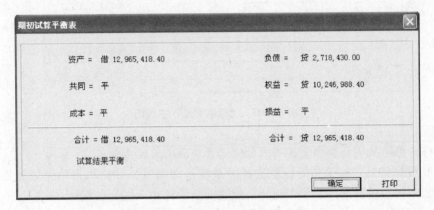

图4-9 "期初试算平衡表"窗口

第三节 凭证处理

凭证处理是总账系统业务处理的起点，是最基础的工作，其主要流程是凭证的输入、审核和记账，涉及凭证新增、签字、审核、修改、记账、查询、汇总等多种操作。而总账系统中记账凭证按其形成方式有几类：一是手工填制的记账凭证，二是内部转账生成的凭证，三是外部系统生成的凭证。手工填制的记账凭证是总账系统的主要数据源。

一、新增凭证

在企业应用平台选择【财务会计】|【总账】|【凭证】|【填制凭证】命令，即弹出如图4-10所示的"填制凭证"主界面。

记账凭证的内容一般包括两部分：一是凭证头部分，包括凭证类别、凭证编号、凭证日期和附件张数等；二是凭证正文部分，主要包括摘要、会计科目和金额。录入凭证时，应先输入凭证头部分，然后输入凭证正文部分。如果输入的会计科目有辅助核算要求，则还要输入辅助核算内容。

1. 新增凭证的内容

如图4-10所示，凭证输入信息较多，其中：
（1）凭证类别。即初始设置过程中所确定的凭证类别。可以直接输入凭证类别代

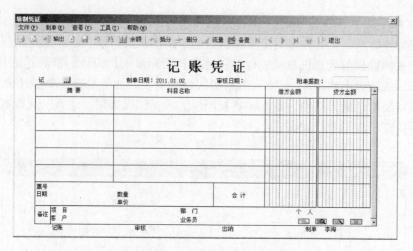

图4-10 "填制凭证"主界面

码或名称,也可从凭证类型下拉列表框中选择所需的凭证类型。

(2)凭证编号。如果初始设置选择了系统自动编号,计算机自动对凭证进行顺序编号,如果初始设置选择了手工编号,那就需要手工录入凭证的编号。

(3)凭证日期。凭证日期会影响到经济业务在账簿中的顺序,所以日期应随凭证号递增而递增。系统自动取当前业务日期为凭证填制的日期,可修改。凭证日期应大于系统启用日期,但不能超过业务日期。

(4)附件张数。即本张凭证所附的原始凭证张数。

(5)摘要。即对本张凭证所反映的经济业务内容的简要说明。凭证每行必须有摘要内容,上行的摘要可以自动带入下一行。摘要可以直接录入,如果设置了常用摘要,可以参照录入。常用摘要设置方法:账套主管登录企业应用平台,选择【基础设置】|【基础档案】|【其他】|【常用摘要】,打开如图4-11所示的"常用摘要"对话框,单击【增加】按钮即可录入常用摘要。

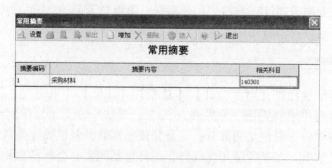

图4-11 常用摘要操作窗口

(6)科目。科目可直接输入科目编码,但必须是最末级科目的编码,输入后计算机将自动查找并显示出对应的科目名称。科目也可以单击【…】参照输入,如图4-12所示。

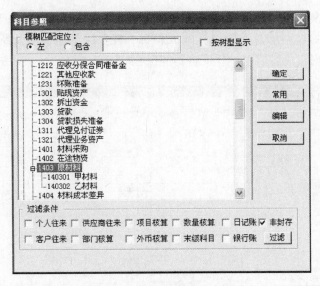

图4-12 科目参照输入窗口

(7) 金额。即借方金额或贷方金额，红字金额以负数表示。借贷金额栏的底部有金额合计，自动累计已输入的借贷方金额的合计数。

(8) 结算方式与支票登记簿。如果将银行存款科目设置了"银行账"属性，在录入凭证时，系统会弹出如图4-13所示的"辅助项"窗口，提示输入结算方式、票号以及发生日期，其中结算方式可以单击【…】参照选入。如果在"选项"中选择了"支票控制"，而结算方式使用支票登记簿，则在输入支票号后，系统会自动勾销支票登记簿中未报销的支票。

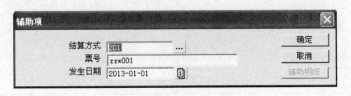

图4-13 "辅助项"窗口

(9) 外币核算数据的录入。如果填制凭证时，科目涉及外币核算科目，系统自动将凭证格式更改为如图4-14所示的外币式记账凭证，其中需先录入外币金额，汇率可参照录入，本位币的金额按折算公式自动计算。操作方法：移动光标到借方或贷方金额栏，然后按【F11】键，系统则自动将本位币计算结果录入金额栏。

(10) 辅助核算信息的录入。如果录入的会计科目设置了部门、数量、供应商、客户等辅助核算要求，在录入科目后系统会弹出辅助项窗口，要求输入辅助核算内容。如果跳过辅助信息，凭证处理能继续进行，也不显示出错信息，但有可能导致辅助核算对账不符，因此，应认真输入辅助核算内容。

(11) 现金流量信息的录入。如果凭证中有现金流量科目，必须确定具体的现金流量项目及相应金额。在凭证界面单击【流量】按钮后,弹出如图4-15所示的"现金流量录入修改"窗口,单击【增加】输入科目、现金流量项目以及所对应的金额。注意,如果不录入现金流量信息,凭证将不能保存。

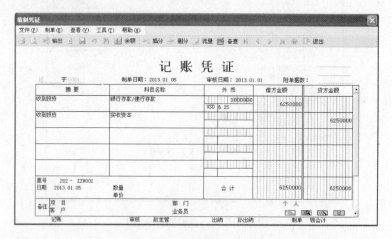

图4-14 外币式记账凭证

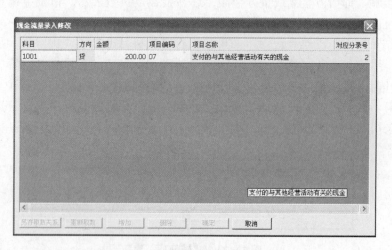

图4-15 "现金流量录入修改"窗口

2. 新增凭证的操作方法

【例4-4】2013年1月2日,总经理办公室购买了200元的办公用品,以库存现金支付。

借:管理费用—其他　　　　　　　200
　　贷:库存现金　　　　　　　　　　200

操作方法:

(1) 以202总账会计身份(密码202)登录广东宏兴有限公司的001账套,进入企业应用平台。

(2) 选择【财务会计】|【总账】|【凭证】|【填制凭证】命令,打开"填制凭证"

窗口。

(3) 单击"增加"按钮或者按"F5"键,显示一张新的空白凭证。

(4) 单击凭证类别的参照按钮,选择凭证类别,凭证自动编号,修改凭证日期为2013年1月2日。

(5) 直接录入摘要或在摘要栏参照输入常用摘要。

(6) 单击科目名称栏的参照按钮(或按F2键),选择损益类科目"660204 管理费用—其他",或在科目名称栏直接录入"660204",单击回车键,录入辅助核算部门信息"总经理办公室"。

(7) 单击"借方金额"栏,录入借方金额200。

(8) 按回车键复制上一行摘要,或单击第二行科目名称栏,选择资产类科目"1001 库存现金"或在科目名称栏直接录入"1001"。

(9) 单击"贷方金额"栏,录入贷方金额"200",再单击【流量】录入现金流量信息,如图4-15所示,选择项目编码、项目名称。然后单击【确定】按钮返回"填制凭证"窗口。最后单击【保存】,屏幕将显示"凭证已成功保存"。

【例4-5】2013年1月5日,收到兴盛集团投资资金10 000美元,存入建行,汇率1:6.25,附单据1张,转账支票号为ZZW002。

  借:银行存款—建行存款   62 500
   贷:实收资本—兴盛集团   62 500

操作方法:

(1) 按例4-4方法录入凭证类别、编号、凭证日期、附单据数、摘要、会计科目。

(2) 在"辅助项"窗口录入结算方式"转账支票"或"202",票号"ZZW002"。

(3) 在"银行存款—建行存款"科目的"外币"列录入外币金额10 000,单击【…】按钮弹出汇率参照窗口,选择汇率6.25后单击【确定】返回。

(4) 单击借方金额栏或按【F11】键,系统自动将本位币计算结果62 500录入金额栏,如图4-14所示。

(5) 录入贷方科目、金额后,按【保存】结束。

【例4-6】2013年1月8日,采购部采购甲材料150吨,每吨200元,材料直接入库,货款以银行存款支付,转账支票号ZZR005,附单据2张。

  借:原材料—甲材料   30 000
    应交税费—应交增值税(进项税额)(22210101) 5 100
   贷:银行存款—工行存款   35 100

操作方法:

(1) 按例4-4方法录入凭证类别、编号、凭证日期、附单据数、摘要、会计科目。

(2) 在"原材料—甲材料"辅助项窗口录入数量"150"、单价"200",单击【确定】按钮返回,系统根据录入的数量和单价,自动计算出金额"30 000"。

(3) 参照录入"应交税费—应交增值税(进项税额)"科目或直接录入"22210101",录入金额"5 100",参照录入"银行存款—工行存款"或直接录入

"100201",录入结算方式"202",票号"ZZR005",录入贷方金额"35 100"(或按=号键),最后单击【保存】完成。

提示:
● 如果录入科目表中没有的会计科目,首先需要新增该科目。
● 如果使用设置有辅助核算内容的会计科目,则必须录入相应的辅助核算信息,否则将不能查询到辅助核算的相关资料。
● "="键(英文状态)每张凭证只能用一次,意为取借贷方的差额到当前光标位置。

二、凭证签字与审核

凭证签字与审核是指由具有签字与审核权限的操作员,对制单人填制的记账凭证进行的检查核对。特别是审核是必须的一个环节,只有经过审核的记账凭证才能进行记账处理。凭证签字与审核包括出纳签字、主管签字、审核凭证三方面工作。

1. 出纳签字

会计凭证填制完成后,如果该凭证是出纳凭证,且在总账系统"选项"中选择了"出纳凭证必须经由出纳签字",则必须由出纳核对签字。出纳主要核对凭证科目和金额是否正确,审查发现有错误的凭证,应交由填制人员修改后再核对,审查无误后方可签字。

【例 4-7】孙出纳(用户名 203,密码 203)对凭证进行出纳签字。

操作方法:
(1)用户 203(密码 203)登录 001 账套,进入企业应用平台。
(2)选择【财务会计】|【总账】|【凭证】|【出纳签字】命令,打开"出纳签字"窗口。
(3)在"出纳签字"窗口输入凭证的日期、凭证号、操作员等查询条件,或直接单击【确定】按钮,打开"出纳签字"列表窗口,单击【确定】打开如图 4-16 所示的待签字的第一张凭证。

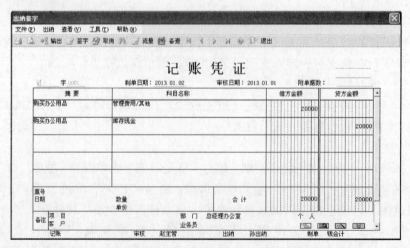

图 4-16 "出纳签字"窗口

(4) 单击【签字】完成一张凭证的签字处理。出纳签字可逐一进行,但为了提高工作效率,也可单击【出纳】|【成批出纳签字】命令成批签字。如果需要取消签字,单击【取消】或【成批取消签字】。

2. 主管签字

会计凭证填制完成后,如果在总账系统"选项"中选择了"凭证必须经由主管会计签字",则凭证必须由主管审核无误并签字后方可进行记账处理。主管签字的操作方法与出纳签字方法相仿。

3. 审核凭证

无论是手工填制或自动生成的记账凭证,都必须严格审核,只有经过审核方可进行记账处理。下面以实例简要说明凭证审核的方法。

【例4-8】赵主管审核已填制的会计凭证。操作方法是:

(1) 赵主管(用户名201,密码201)登录001账套,进入企业应用平台。

(2) 选择【凭证】|【审核凭证】命令,打开"凭证审核"对话框。

(3) 在窗口输入查询条件后单击【确定】或直接单击【确定】,进入如图4-17所示的"凭证审核"列表窗口。

(4) 单击【确定】打开待审核的第一张凭证,审核无误后单击【审核】按钮则在"审核"栏自动签上赵主管的姓名。

(5) 第一张凭证审核完成后,系统自动翻到第二张待审核的凭证,或单击【首张】/【上张】/【下张】/【末张】按钮,查找需要审核的凭证,直到凭证全部审核签字。为了提高效率,也可单击【审核】|【成批审核】进行成批审核签字。如果需要取消审核,则单击【取消】或【成批取消审核】。

(6) 审核完毕后单击【退出】返回。

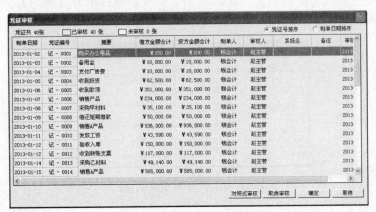

图4-17 凭证审核列表

提示:
- 签字、审核人与凭证制单人不能为同一人。
- 出纳签字、主管签字、审核凭证三项操作没有先后之分。
- 如果系统选项设置了出纳签字、主管签字,那么只有签字和审核完成后,才可记账。如果选项中没设置签字要求，则审核后即可记账。

三、修改与删除凭证

1. 修改凭证与冲销

（1）对已经输入但未签字、未审核的记账凭证，可在"填制凭证"窗口直接进行修改。

（2）对已经签字、审核尚未记账的错误凭证，不允许直接修改，需取消签字、取消审核后可以按（1）的方法进行修改。

【例4-9】修改第1号凭证，将"660204 管理费用—其他"，更改为"660203 管理费用—办公费"。操作方法为：①由孙出纳（203）对第1号凭证取消签字。方法是，选择【出纳签字】命令打开出纳签字对话框，录入月份、凭证编号信息，单击【确定】进入第1号凭证显示窗口，单击【取消签字】，退出窗口。②重新注册，更换操作员，由"201 赵主管"对1号凭证取消审核，操作方法与①类同。③重新注册，更换操作员，由"202 钱会计"执行【凭证】|【填制凭证】命令，进入"填制凭证"窗口，找到1号凭证，将"660204 管理费用—其他"科目，更改为"660203 管理费用—办公费"，录入相应的辅助信息，单击【保存】按钮。④再更换操作员，由"203 孙出纳"对第1号凭证进行出纳签字，由"201 赵主管"对1号凭证进行审核。

（3）对已经记账的错误凭证，不允许直接修改。可以采用"红字冲销法"或者"补充登记法"进行更正。必要时，可以执行反记账、取消签字、取消审核之后，再修改凭证。

红字冲销凭证的编制方法：在"填制凭证"窗口，找到已记账的错误凭证，选择【制单】|【冲销凭证】命令，系统弹出如图4-18所示的"冲销凭证"对话框。在对话框中录入红字冲销凭证的日期、凭证类别、凭证号，最后单击【确定】即自动生成一张红字凭证。注意被冲销的凭证仍然存在，冲销不等于删除。

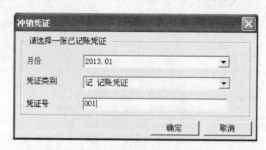

图4-18 "冲销凭证"窗口

提示：

● 未审核的凭证可以直接修改，但凭证类别、凭证号不能修改。

● 如果选项中选中"允许修改、作废他人填制的凭证"，则原制单人和非原制单人都可以对凭证进行修改和作废，否则不能修改、作废他人填制的凭证。

● 如果凭证已经签字、审核，首先原签字人和原审核人要分别取消签字、取消审核，取消之后方可对凭证进行修改。

●如果凭证已经记账，要么填制红字冲销凭证，要么进行反记账、取消审核等功能后再对凭证修改，反记账方法在凭证记账中介绍。

2. 作废与删除凭证

（1）作废凭证。如果凭证需要作废，可在"填制凭证"窗口中单击【制单】|【作废/恢复】命令，将凭证作废。对于已作废的凭证，可再次单击【制单】|【作废/恢复】命令取消"作废"标志，将其恢复为有效的凭证。

（2）删除凭证。删除凭证必须在作废凭证的基础上进行。操作方法是：①在"填制凭证"窗口单击【制单】|【整理凭证】命令。②选择要整理的月份后单击【确定】按钮，系统弹出"作废凭证表"窗口，列出已作废的凭证。③选择要删除的作废凭证单击【确定】按钮，系统弹出"提示"窗口，征求删除后重新排序的方式。④单击【是】按钮，系统将删除选中的凭证，并对剩下的凭证重新排号。如果单击"否"，将会出现凭证断号的情况。

四、凭证记账

记账即登记账簿，记账凭证经审核签字后即可登记总账和明细账、日记账、部门账、往来账、项目账以及备查账。记账是由有记账权限的操作员发出记账命令，由系统按照预先设定的记账程序自动进行。

1. 记账处理

系统采用向导方式处理记账操作，使记账过程更加明确。只要单击【凭证】|【记账】命令，即可进入记账向导，依次经过选择范围、显示记账报告、记账等环节。

【例4-10】由赵主管（201）对凭证进行记账。

操作方法：

（1）赵主管打开001账套，登录企业应用平台。

（2）选择【凭证】|【记账】命令，进入如图4-19所示的"记账"对话框，选择记账期间和范围。记账范围可为"全选"或输入凭证编号范围。

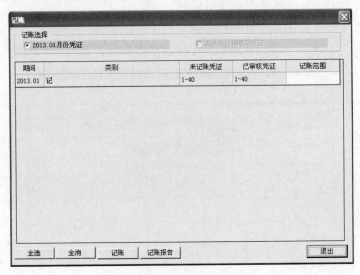

图4-19 "记账"窗口

（3）单击【记账报告】，屏幕如图4-20所示，显示所选凭证的汇总表及凭证总数，供用户核对。

（4）核对无误后单击【记账】按钮，系统即进行试算，若试算结果平衡则开始登记总账和有关账簿。

（5）记账完成后单击【确定】。

图4-20 记账报告

2. 取消记账操作

由于某种原因，记账后发现记账凭证有错误需进行修改，可调用"恢复记账前状态"功能（即反记账），将数据恢复到记账前状态，待修改后再重新记账。

系统提供两种恢复记账前状态方式：一是将系统恢复到最后一次记账前状态，一是将系统恢复到本月月初状态。具体操作方法是：

（1）以账套主管身份登录企业应用平台。

（2）选择【财务会计】|【总账】|【期末】|【对账】命令，进入"对账"窗口，在对账状态下按"Ctrl+H"键，激活恢复记账前状态功能，如图4-21所示。

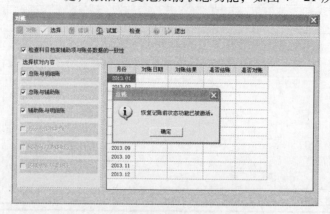

图4-21 激活恢复记账前状态功能窗口

(3) 单击【凭证】|【恢复记账前状态】命令,打开如图4-22所示的"恢复记账前状态"对话框。

(4) 选择恢复方式,有最近一次记账前状态、最近记账月的月初状态、选择凭证范围恢复记账、恢复调整期凭证四种选择。

(5) 选择"不恢复的科目"或"待恢复的科目",即只恢复指定的科目。

(6) 单击【确定】按钮,即可恢复记账前状态。

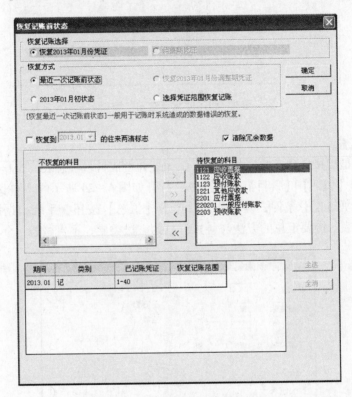

图4-22 "恢复记账前状态"窗口

提示:

● 期初余额试算不平衡,不允许记账;未审核凭证,不允许记账;上月未记账、未结账,本月都不能记账。

● 已记账的凭证不能在"填制凭证"中查询,只能在"查询凭证"窗口查询。

● 已结账月份不能恢复记账前状态,只有账套主管反结账后才能执行"恢复到月初状态"命令。

五、凭证查询和汇总

1. 查询凭证

凭证查询方法较简单,操作过程是:

(1) 选择【凭证】|【查询凭证】命令,打开如图4-23所示的"凭证查询"窗口。

（2）根据需要输入查询条件，单击【确定】后，系统显示符合条件的凭证。

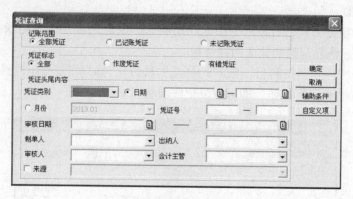

图4-23 "凭证查询"窗口

2. 凭证汇总

汇总凭证是指按科目或按摘要汇总记账凭证并生成科目汇总表。操作方法：

（1）选择【凭证】|【科目汇总】命令，打开如图4-24所示的"科目汇总"窗口。

（2）输入凭证汇总条件，确认条件后单击【汇总】按钮，系统根据汇总条件自动生成科目汇总表。摘要汇总的方法与科目汇总的方法类同，不再赘述。

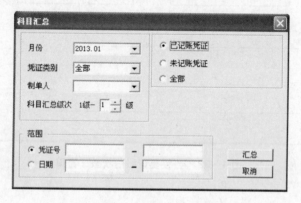

图4-24 "科目汇总"窗口

第四节 出纳管理

出纳管理功能是出纳人员进行管理工作的工具，内容包括现金、银行存款日记账和资金日报表的输出，支票登记簿的管理以及银行对账等功能。

一、查询账表

出纳管理中的查询账表功能主要提供现金日记账、银行存款日记账、资金日报表的查询。账表查询方法类同，下面以现金日记账为例介绍账表查询方法：

（1）操作员登录企业应用平台。

（2）选择【财务会计】|【总账】|【出纳】|【现金日记账】命令，打开如图4-25所示的"现金日记账查询条件"对话框。

（3）在条件窗口中选择科目范围、查询月或日等查询条件。

（4）单击【确定】按钮，系统显示现金日记账的查询结果。

（5）查询结果窗口提供打印、还原、凭证、总账等多个操作功能，可选择操作。

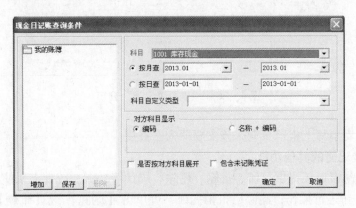

图4-25 "现金日记账查询条件"窗口

二、支票管理

支票管理主要包括支票的购置管理和领用管理，企业通常建立"支票登记簿"，详细登记支票领用人、领用日期、支票用途、是否报销等情况。

1. 支票登记簿的使用条件

（1）在总账系统的【选项】中已选择"支票控制"。

（2）相应的结算方式设置中已设置"票据管理"标志。

（3）在"会计科目"中已指定银行科目。

2. 支票登记簿登记方法

（1）领用支票时，出纳人员登录企业应用平台。

（2）选择【财务会计】|【总账】|【出纳】|【支票登记簿】命令，打开"银行科目选择"对话框。

（3）选择某银行科目后单击【确定】按钮，进入如图4-26所示的"支票登记簿"窗口。

（4）单击【增加】按钮，录入或选择领用支票日期、领用部门、领用人、支票号、支票用途、预计金额等信息。

（5）单击【保存】按钮保存，单击【退出】按钮。

3. 支票的报销登记

当支票支出后，在填制凭证时输入该支票的结算方式和结算号，系统会自动在支票

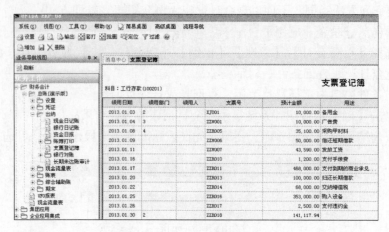

图 4-26 "支票登记簿"窗口

登记簿中将该支票写上报销日期,该支票即为已报销。

4. 支票登记簿的其他功能

支票登记簿窗口还提供打印、批删、删除、统计等功能。统计支票使用情况,可单击【过滤】按钮进行操作;删除已报销凭证,可单击【删除】或【批删】删除已报销的支票。

三、银行对账

银行对账是出纳人员的基本工作之一。由于企业与银行的账务处理和入账时间不一致,双方均可能产生所谓未达账项,导致双方账面不一致。企业必须定期将银行存款日记账与银行出具的对账单进行核对以找出未达账项。对账可由计算机自动完成,并自动编制银行存款余额调节表。

1. 录入银行对账期初数据

为了保证银行对账的正确性,在使用银行对账功能之前,必须月初先将日记账、银行对账单期初余额及期初未达账项录入系统中。

【例 4-11】企业日记账、工行对账单期初余额均为 1 000 000 元,均没有期初未达账项。操作方法:

(1) 出纳人员登录企业应用平台。

(2) 选择【财务会计】|【总账】|【出纳】|【银行对账】|【银行对账期初录入】命令,弹出"银行科目选择"对话框。

(3) 选择"工行存款"科目后,单击【确定】按钮,打开如图 4-27 所示的"银行对账期初"窗口。

(4) 在"启用日期"处参照输入银行对账的启用日期,输入单位日记账与银行对账单的调整前余额 1 000 000。

(5) 单击【对账单期初未达项】按钮,单击【增加】按钮,录入银行对账单期初未达账项,内容包括日期、结算方式、票号、借方金额、贷方金额,如果没有期初未达账项则不需要录入。

(6) 单击【日记账期初未达项】按钮,进入企业方期初窗口,单击【增加】按钮,录入日记账期初未达账项,内容包括凭证日期、凭证类别、结算方式、票号、借方金额、贷方金额等,如果没有期初未达账项则不需要录入。

(7) 单击【保存】按钮,单击【退出】按钮。

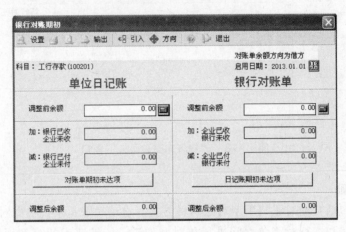

图4-27 "银行对账期初"窗口

2. 录入银行对账单

录入银行对账单指平时录入或引入银行对账单,但注意,此处的对账单为启用日期之后的对账单。

【例4-12】录入2013年1月份工行存款账户对账单(如表4-4)。

表4-4 工行存款账户对账单

日期	摘 要	结算方式	票 号	借方金额	贷方金额
1/3	提现	现金支票	XJ001		10 000
1/4	支付广告费	转账支票	ZZW001		10 000
1/6	汇票到期	转账支票	ZZW003	351 000	
1/7	销售商品	转账支票	ZZR004	234 000	

操作方法:

(1) 出纳人员登录企业应用平台。

(2) 选择【财务会计】|【总账】|【出纳】|【银行对账】|【银行对账单】命令,弹出"银行科目选择"对话框。

(3) 选择"工行存款"科目和对账月份后,单击【确定】按钮打开"银行对账单"窗口。

(4) 单击【增加】,如图4-28所示,录入新增对账单。内容包括日期、结算方式、票号、借方金额、贷方金额等。

（5）单击【保存】按钮，单击【退出】按钮。

图4-28 "银行对账单录入"窗口

3. 银行对账

银行对账包括自动对账与手工对账两种方式。自动对账是系统根据对账依据自动在银行存款日记账和银行对账单之间进行核对和勾销，能够匹配的写上两清标志"○"，视为已达账项，对于在两清栏未写上两清符号的记录，系统则视其为未达账项。手工对账是对自动对账的一种补充，采用自动对账后，如果有特殊的已达账尚未勾对出来，为了保证对账正确，可通过手工对账来进行调整，手工对账的两清标志为"Y"。

（1）自动对账。操作方法为：①出纳人员登录企业应用平台。②选择【财务会计】|【总账】|【出纳】|【银行对账】|【银行对账】命令，弹出"银行科目选择"对话框。③选择某一银行科目和对账月份后，单击【确定】按钮，打开"银行对账"窗口。左边为单位日记账，右边为银行对账单。④单击【对账】按钮，打开如图4-29所示的"自动对账"对话框，录入对账条件，系统默认的自动对账的对账条件为日期相差12天、结算方式相同、结算票号相同，单击对账条件前的复选框可以取消相应的对账条件，即在对账时不考虑相应的对账条件。⑤单击【确定】按钮之后，单击【对账】按钮，出现如图4-30所示的对账结果。⑥单击【退出】按钮。

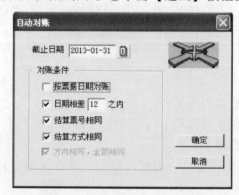

图4-29 "自动对账"窗口

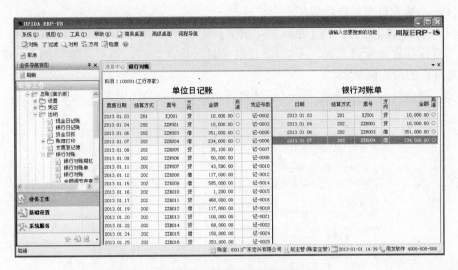

图 4-30 自动对账结果窗口

(2) 手工对账。

方法一：在"银行对账"窗口的单位日记账中，选择一个要进行勾对的记录，单击【对照】按钮，系统即在右边列示银行对账单，用户可参照勾对。

方法二：在可以匹配的双方记录，分别双击"两清"栏，直接进行手工勾对，如图 4-31 所示。

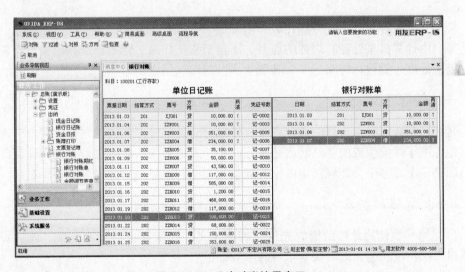

图 4-31 手动对账结果窗口

4. 输出银行余额调节表

在对银行账进行两清勾对后，便可输出"银行存款余额调节表"。银行余额调节表分总表和分表，总表列出各银行对账前双方的账面余额和对账后的调整存款余额，分表用于反映某一个银行的存款余额调节表。输出银行余额调节表的具体操作方法是：

101

(1) 出纳人员登录企业应用平台。

(2) 选择【财务会计】|【总账】|【出纳】|【银行对账】|【余额调节表查询】命令，弹出"银行存款余额调节表"（总表），双击某银行存款栏，则可浏览如图4-32所示的所选银行的余额调节表。

(3) 单击【详细】按钮，可显示该银行余额调节表的详细未达账项记录。

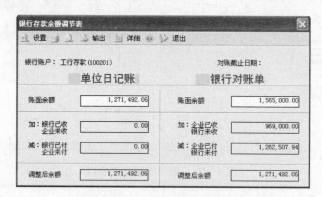

图4-32　工行存款余额调节表

第五节　期末处理

期末会计业务与日常业务相比较，数量不多，具有较强的规律性，如计提、分摊、结转等。由计算机来处理有规律的业务，不但节省工作量，也可以增强财务核算的规范性。期末处理主要包括转账定义、转账生成、对账和结账。

一、转账定义

转账是结账前必须执行的固定业务，转账分为外部转账和内部转账。外部转账是指将其他专项子系统生成的凭证转入总账系统中；总账系统的转账一般是内部科目间的转账，即将一个或多个会计科目中的余额或发生额结转到另一个或多个会计科目中。

（一）转账的特点

(1) 第一次使用总账系统应先进行转账定义，即设置自动转账分录。此后每月只需通过转账生成功能，即可快速生成转账凭证。

(2) 设置自动转账分录就是将转账凭证的摘要、会计科目、借贷方向以及金额计算方法存入系统，其中设计金额的计算公式是自动转账的关键。

(3) 转账凭证一般在会计账簿取数生成，这要求转账前所有业务都要填制凭证并记账。

(4) 转账业务有严格的先后顺序，有些转账依赖于其他转账业务产生的数据，所以转账应按顺序进行，否则将生成错误凭证。

(5) 自动转账凭证必须审核才能记账,一般不允许修改或删除。

(二) 转账凭证的定义

转账凭证的定义内容主要包括转账序号、凭证类型、转账类型、摘要、科目代码、借贷、金额计算公式等等。U8 提供八种转账功能的定义:自定义转账、对应结转、销售成本结转、售价(计划价)销售成本结转、汇兑损益结转设置、期间损益结转设置、自定义比例结转、费用摊销和预提设置。

1. 自定义转账设置

由于各个企业业务处理的计算方法各不相同,特别是对各类成本费用分摊结转方式的差异,用户可以自行定义自动转账凭证。自定义转账设置的基本内容包括:凭证的摘要、会计科目、借贷方向、金额公式等。

【例 4-13】定义结转制造费用凭证。其中 A 产品分摊 60%,B 产品分摊 40%。

操作方法:

(1) "202 钱会计"登录企业应用平台。

(2) 选择【财务会计】|【总账】|【期末】|【转账定义】|【自定义转账】命令,进入如图 4-33 所示的"自定义转账设置"窗口。

(3) 单击【增加】按钮,打开"转账目录"设置对话框。

(4) 输入转账序号"0001",转账说明"分摊制造费用",选择凭证类别"记账凭证"。然后单击【确定】按钮开始定义凭证分录。

(5) 单击【增行】录入转账分录,内容包括摘要、科目、借贷方向、金额公式。选择科目编码"500101",方向"借",在金额公式栏单击【…】,弹出公式向导,选择"借方发生额"公式,选中"JE( )",单击【下一步】,录入科目"5101",期间"月",单击完成,回到"金额公式栏",继续输入"*0.6",则自动生成金额公式。

(6) 单击【增行】参照以上方法,继续录入"500102"会计科目,方向"借",在金额公式栏单击【…】,弹出公式向导,选择"借方发生额"公式,选中"JE( )",单击【下一步】,录入科目"5101",期间"月",单击完成,回到"金额公式栏",继续输入"*0.4",则自动生成金额公式。

(7) 单击【增行】参照以上方法,录入"5101"会计科目,方向"贷",金额公式选择"取对方科目计算结果",单击【下一步】|【完成】。

(8) 单击【保存】结束设置。

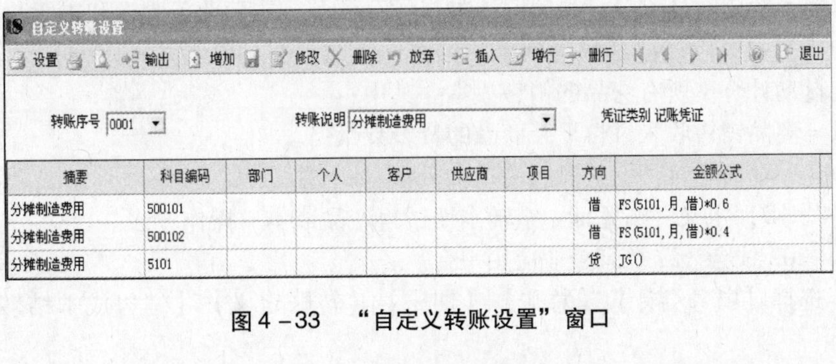

图 4-33 "自定义转账设置"窗口

2. 对应结转设置

对应结转是将两个或多个科目进行一一对应结转。对应结转的科目可为非末级科目，但其下级科目的科目结构必须一致（具有相同明细科目），如有辅助核算，也必须一一对应。对应结转不仅可以进行两个科目一对一结转，也可以进行一对多个科目的结转。本功能只结转期末余额。

【例4-14】定义转账凭证。将所得税费用结转本年利润。操作方法：

（1）"202 钱会计"登录企业应用平台。

（2）选择【财务会计】|【总账】|【期末】|【转账定义】|【对应结转】命令，进入"对应结转"窗口。

（3）单击【增加】按钮开始对应结转设置，如图4-34所示，输入这张转账凭证的编号"0001"，凭证类别"记账凭证"，摘要"结转所得税费用"，转出科目编码"6801"，转出科目名称"所得税费用"。

（4）单击【增行】按钮，输入转入科目编码"4103"，转入科目名称"本年利润"，结转系数"1"。结转系数反映转出金额的比例，即转入科目取数 = 转出科目取值 × 结转系数，系统默认为"1"。

（5）单击【保存】按钮保存设置。

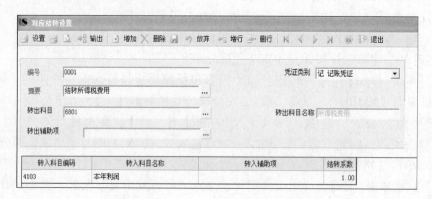

图4-34 "对应结转设置"窗口

3. 销售成本结转设置

销售成本结转是指将月末商品销售数量乘以商品单价计算各类商品销售成本并进行结转。

在总账系统中，建立会计科目时，如果库存商品、主营业务收入和主营业务成本等科目下的所有明细科目都有数量核算，且他们下级科目的结构均一一对应，输入完成后，系统自动计算出所有商品的销售成本。其中：

数量 = 商品销售收入科目下某商品的贷方数量

单价 = 库存商品科目下某商品的月末金额/月末数量

【例4-15】定义转账凭证：结转本期销售产品成本。操作方法：

（1）"202 钱会计"登录企业应用平台。

（2）选择【财务会计】|【总账】|【期末】|【转账定义】|【销售成本结转】命令，

进入如图4-35所示的"销售成本结转设置"窗口。

(3) 输入库存商品科目"1405",商品销售收入科目"6001",销售成本科目"6401"。输入完毕后,系统自动计算出所有商品的销售成本。

(4) 单击【保存】按钮保存设置。

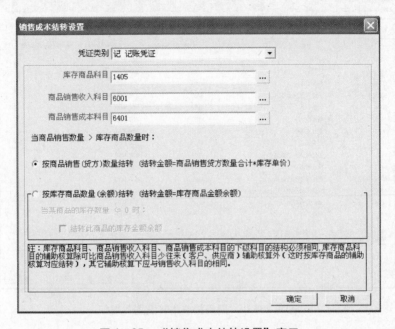

图4-35 "销售成本结转设置"窗口

4. 期间损益结转设置

期间损益结转是指在一个会计期间终了时,将损益类科目的余额结转到本年利润科目中,及时反映企业利润的盈亏情况。

【例4-16】定义转账凭证:将损益类科目结转本年利润。操作方法:

(1) 以"202 钱会计"注册进入总账系统。

(2) 选择【财务会计】|【总账】|【期末】|【转账定义】|【期间损益】命令,进入"期间损益结转设置"窗口。

(3) 单击"凭证类别"栏的下三角按钮,选择"记账凭证",在"本年利润科目"栏录入"4103"或单击参照选择"4103 本年利润",如图4-36所示。

(4) 单击【确定】按钮。

5. 汇兑损益结转设置

汇兑损益结转用于计算期末资产类外币账户发生的汇兑损益,并自动生成汇兑损益转账凭证。汇兑损益结转的操作方法是:

(1) 选择【财务会计】|【总账】|【期末】|【转账定义】|【汇兑损益】命令,进入如图4-37所示的"汇兑损益结转设置"窗口。

(2) 输入凭证类别,在"汇兑损益入账科目"处输入汇兑损益计入科目的编码,也可参照科目录入。

（3）双击要计算汇兑损益的外币科目，选择完毕后，"是否计算汇兑损益处"显示"Y"。

（4）单击【确定】按钮。

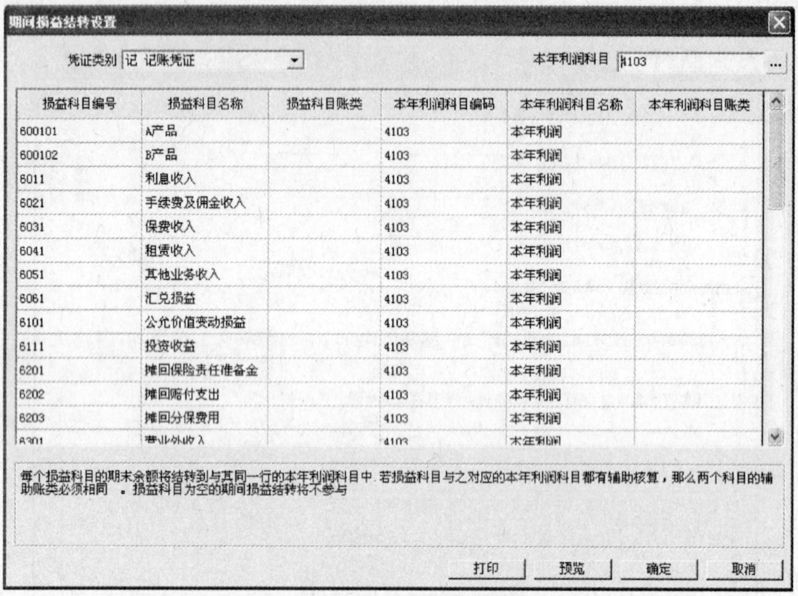

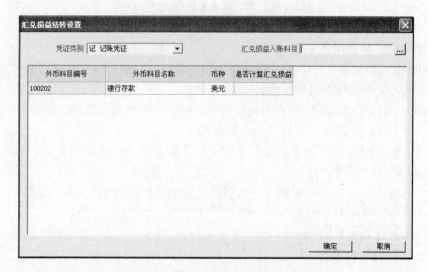

图4-36 "期间损益结转设置"窗口

图4-37 "汇兑损益结转设置"窗口

6. 自定义比例结转设置

当两个或多个科目及辅助项有一一对应关系时，可将余额按一定比例系数进行对应结转，可以一对一结转，也可以多对多结转和多对一结转。本功能只结转期末余额，自定义比例结转设置方法与对应结转设置方法类同，不再赘述。

二、转账凭证的生成

在定义转账凭证后,每月月末只需执行"转账生成"功能,即可自动生成转账凭证。但在此生成的转账凭证,需经审核、记账后才真正完成结转工作。八种转账凭证生成的方法类同,下面以对应结转为例讲解转账凭证生成的操作方法。

(1)选择【财务会计】|【总账】|【期末】|【转账生成】命令,进入如图4-38所示的"转账生成"窗口,选择结转的月份。

(2)"转账生成"窗口的左侧列出8种转账,用户从中选择需要转账的一种,如选"对应结转",并双击对应结转凭证,选中的凭证背景变为黄色,"是否结转"栏显示"Y"。如果需要全部结转,也可单击【全选】按钮选择全部结转。

(3)单击【确定】按钮,即可生成结转凭证。

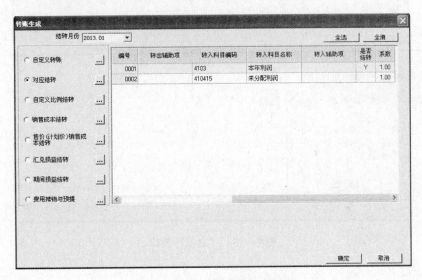

图4-38 "转账生成"窗口

提示:

●由于转账是按照已记账的数据进行计算的,所以在月末执行转账生成之前,必须将所有未记账凭证记账,否则生成的转账凭证数据可能有误。

●如果有多个转账凭证,一定要注意转账的先后次序。先转账的凭证要完成转账生成、审核、记账,才能进行下一个转账凭证的生成。

三、期末对账

对账是对账簿数据进行核对,以检查记账是否正确,以及账簿是否平衡。一般说来,记账凭证正确输入是关键,只要凭证录入没问题,计算机自动记账后各种账簿都应是正确、平衡的,但由于某些原因有时也可能造成某些数据被破坏,引起账账不符。因此,月末结账前至少要对账一次。

对账的操作方法是:

(1) 选择【财务会计】|【总账】|【期末】|【对账】命令，进入如图4-39所示"对账"窗口。

(2) 选择是否"检查科目档案辅助项与账务数据的一致性"，再选择核对内容。

(3) 选择对账月份，方法是，双击需要对账的月份的"是否对账栏"，或者光标移动到对账月份并单击【选择】命令。

(4) 单击【对账】命令，系统开始自动对账，并在核对结束时分别在"对账结果"栏显示"正确"或"错误"信息。

(5) 如果对账正确，单击【退出】按钮，完成对账工作。如果对账错误，可以在对账窗口单击【错误】命令查找引起账账不符的原因。

图4-39 "对账"窗口

四、期末结账

总账系统月底都需要进行结账处理，结账实际上就是计算和结转各账簿的本期发生额和期末余额，主要是终止本期的账务处理工作和对下月账簿的初始化。

1. 结账操作方法

(1) 选择【财务会计】|【总账】|【期末】|【结转】命令，进入如图4-40所示的"结账"窗口，进入结账向导首页。

(2) 选择结账月份，单击【下一步】，屏幕显示"核对账簿"。

(3) 单击下方【对账】按钮，系统自动进行本月账账核对。

(4) 单击【下一步】，屏幕显示月度工作报告。若需要打印，则单击【打印月度工作报告】。

(5) 查看工作报告后，如果满足结账条件，单击【下一步】。

(6) 单击【结账】，完成结账。

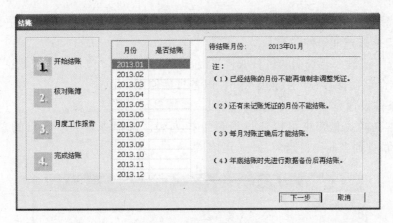

图4-40 结账向导窗口

2. 反结账操作方法

结账后,如果出现由于非法操作或计算机病毒等原因造成数据被破坏的情况,可使用反结账功能,取消结账。反结账的操作方法是:账套主管在如图4-40所示的"结账—开始结账"对话框中,选择要反结账的月份,然后按"Ctrl + Shift + F6"键即可取消结账。

提示:
- 上月未结账则本月不能记账,但可以填制凭证、审核凭证。
- 如果本月有未记账的凭证,那么本月不能结账,结账后不能再填制凭证。
- 如与其他子系统联合使用,子系统本月未结账,则本月总账系统不能结账。
- 年末结账前,必须先备份数据。
- 反结账功能,只能由账套主管执行。

第六节 账表管理

账表管理主要是指对存放在计算机内的总账、明细账、日记账、余额表等账簿的输出管理。账表的输出一般以查询为基础,即先按用户要求找到数据,然后输出。这一节主要介绍基本核算账簿及各种辅助核算账簿的查询输出,此外现金流量表也在此介绍。

一、基本核算账表

基本会计核算账表主要包括总账、日记账、明细账、余额表、日报表。由于现金、银行存款日记账、日报表的查询在出纳管理中已介绍,此处不再重复。

1. 总账的查询

总账查询不但可以查询各总账科目的年初余额、各月发生额合计和月末余额,而且还可查询各明细科目的年初余额、各月发生额合计和月末余额。

总账的查询方法:

(1) 选择【财务会计】|【总账】|【账表】|【科目账】|【总账】命令,进入如图4-41所示的"总账查询条件"窗口。

(2) 选择或输入要查询的科目或科目级次,确定是否"包含未记账凭证"。所设置的条件可以命名后保存在"我的账簿",以备日后使用。

(3) 条件设置完毕单击【确定】按钮,系统显示三栏式总账。

(4) 在三栏式总账中可以通过科目下拉列表,选择查看某个科目的总账。单击【明细】可联查到当前科目当前月份的明细账。

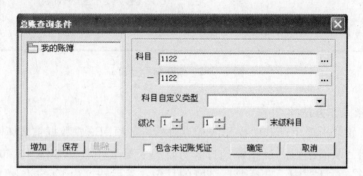

图4-41 "总账查询条件"窗口

2. 明细账的查询

总账系统提供有三种明细账的查询功能,即:普通三栏式明细账、按科目排序明细账、月份综合明细账。其中,普通三栏式明细账按科目查询,按发生日期排序;按科目排序明细账是按非末级科目查询,按其有发生的末级科目排序;月份综合明细账是按非末级科目查询,包含非末级科目总账数据及末级科目明细数据。

操作方法:

(1) 选择【财务会计】|【总账】|【账表】|【科目账】|【明细账】命令,进入如图4-42所示的"明细账查询条件"窗口。

(2) 在条件窗口选择或输入要查询的科目范围、月份范围,并确定是否"包含未记账凭证"。

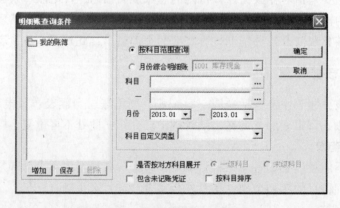

图4-42 "明细账查询条件"窗口

(3) 选择排序方式，明细账可以不同的排序方式显示输出。

(4) 单击【确定】按钮，系统显示查询结果。在明细账查询结果窗口可以执行多种操作，如单击【凭证】就可联查到光标所在行的对应凭证。

3. 多栏明细账的查询

在总账系统中多栏明细账必须先定义后查询，即系统根据定义由下级科目自动生成多栏明细账。下面通过实例介绍多栏明细账的定义与查询方法。

【例4-17】定义并查询2013年1月份"管理费用"明细账。操作方法：

(1) 选择【财务会计】|【总账】|【账表】|【科目账】|【多栏账】命令，进入"多栏账"窗口，在此定义和查询多栏账。

(2) 多栏账的定义。单击【增加】按钮，打开如图4-43所示的"多栏账定义"窗口。系统根据科目自动给出多栏账的名称（可以修改）。从下拉框中选择多栏账"核算科目"，选择"6602 管理费用"，单击【自动编制】按钮，系统自动编制多栏账分析栏目，分析方向与科目性质。如果采用手工编制，则单击【增加栏目】、【删除栏目】按钮增加、删除栏目。定义完毕单击【确定】按钮。

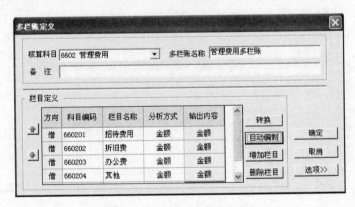

图4-43 "多栏账定义"窗口

(3) 多栏账的查询。在"多栏账"窗口，选择要查询的多栏账后单击【查询】。本例选择"管理费用多栏账"后单击【查询】，系统弹出"多栏账查询"条件设置窗口，设置条件后单击【确定】按钮，系统显示如图4-44所示的管理费用多栏账的查询结果。

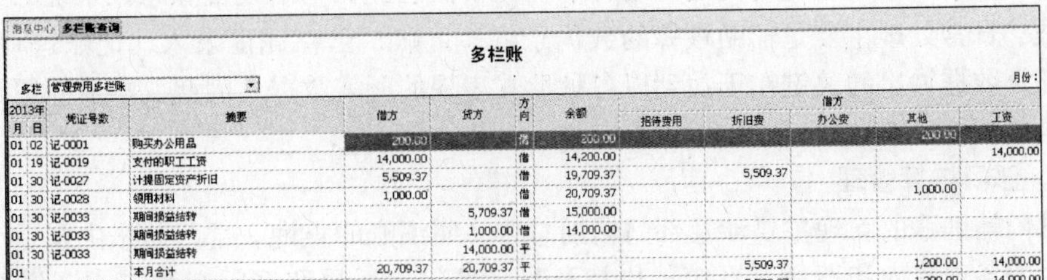

图4-44 多栏账查询结果窗口

4. 余额表的查询

余额表用于查询统计各级科目的本期发生额、累计发生额、余额等信息。

操作方法为：

（1）选择【财务会计】|【总账】|【账表】|【科目账】|【余额表】命令，进入"发生额及余额查询条件"设置窗口。

（2）设置查询条件后单击【确定】按钮，系统显示如图4-45所示的发生额及余额表。

（3）在余额表中单击【累计】按钮，系统将显示或取消累计发生额，也可单击屏幕右上方账页格式下拉框，以金额式、外币金额式、数量金额式或数量外币式显示账页。

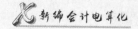

图4-45 发生额及余额表

二、辅助核算账簿

辅助核算是总账系统一个重要内容，主要包括部门、个人往来、客户往来、供应商往来和项目辅助核算。辅助核算的应用一般涉及初始设置、日常处理、账表输出三个环节。其中，各类辅助核算的代码、名称、初始余额已经在基础设置和总账系统的初始设置完成；日常处理主要是辅助核算的数据录入、记账，已在凭证录入、记账过程完成；辅助核算数据输出的关键在于找到以各种形式表现的所需数据，因此，本节介绍辅助核算数据的浏览、查询。

1. 部门核算管理

部门辅助账的管理主要涉及部门辅助总账、明细账的查询。部门总账主要是汇总部门发生的各项收入和费用。系统提供按科目、部门、科目和部门三种方式查询部门总账。例如以按科目查询部门总账的操作方法是：

（1）选择【财务会计】|【总账】|【账表】|【部门辅助账】|【部门总账】|【部门科

目总账】命令,进入如图 4-46 所示的"部门科目总账条件"设置窗口。

(2) 在条件设置窗口选择要查询的科目、部门和月份范围后,单击【确定】按钮,即可打开指定科目的总账列表。

(3) 在总账列表中可以单击【明细】,联查该科目的明细账。部门明细账与部门总账操作方法类同。系统提供按部门科目、部门、三栏式、多栏式明细账四种方式查询部门明细账。

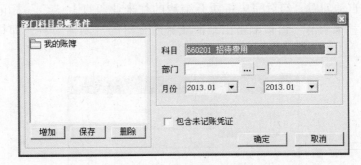

图 4-46 "部门科目总账条件"窗口

2. 个人往来辅助账管理

个人往来是指企业与单位内部职工发生的往来业务。个人往来核算功能可以完成个人往来余额查询、明细账查询、往来清理、往来对账、往来催款单、往来账龄分析表的打印输出。

(1) 个人往来余额表。个人往来余额表包括科目余额表、部门余额表、个人余额表、三栏式余额表。查询个人往来科目余额表的操作方法是:①选择【财务会计】|【总账】|【账表】|【个人往来账】|【个人往来余额表】|【个人科目余额表】命令,进入如图 4-47 所示的"个人往来科目余额表"查询条件设置窗口。②在查询条件设置窗口选择要查询的科目、起止月份、余额范围、统计方向,单击【确定】按钮,即可打开个人往来的科目余额表。

个人往来明细账、往来催款单、往来账龄分析的操作方法与往来余额表类同。

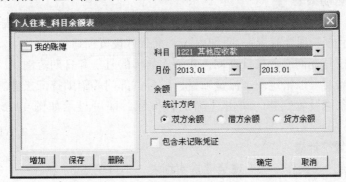

图 4-47 "个人往来科目余额表"窗口

(2) 个人往来清理。本功能用于清理个人借款和还款情况，通过勾对的方法结清往来账务。勾对分自动勾对和手工勾对。操作方法是：①选择【财务会计】|【总账】|【账表】|【个人往来账】|【个人往来清理】命令，进入如图4-48所示的"个人往来两清条件"设置窗口。②选择会计科目、部门、个人姓名、截止月份，勾选"显示已两清"后，单击【确定】按钮，即可打开"个人往来两清"窗口，列出该员工的所有借款和还款记录，供勾对清理。③自动勾对。在"个人往来两清"窗口，单击【勾对】按钮，系统将自动勾对，勾对完毕将所有结清的往来业务打上"○"标记。④手工勾对。在"个人往来两清"窗口双击已结清业务所在行的"两清"栏，即打上两清标记"Y"。

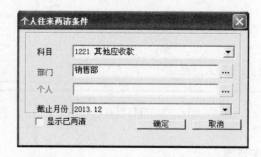

图4-48 "个人往来两清条件"窗口

3. 客户与供应商往来辅助账管理

客户与供应商往来辅助账管理，与个人往来辅助账管理类同，操作方法相似，故不再详述。

三、现金流量表

现金流量表有多种编制方法，如果总账系统中预置了现金流量表和附表项目，用户又在初始设置中指定了现金科目以及选择在凭证录入中必须对现金科目指定现金流量项目，则在总账系统中可以输出现金流量表。

1. 现金流量明细表

(1) 选择【财务会计】|【总账】|【现金流量表】|【现金流量明细表】命令，进入如图4-49所示的"现金流量表_明细表"查询条件设置窗口。

(2) 选择按月查询或者按日查询，并录入具体的月份和日期范围。

(3) 根据需要可以指定现金流量项目、科目、部门等辅助查询条件。

(4) 查询条件设置完毕，单击【确定】按钮，即可显示如图4-50所示的查询结果。

2. 现金流量统计表

现金流量统计表操作方法同现金流量明细表，不再论述。

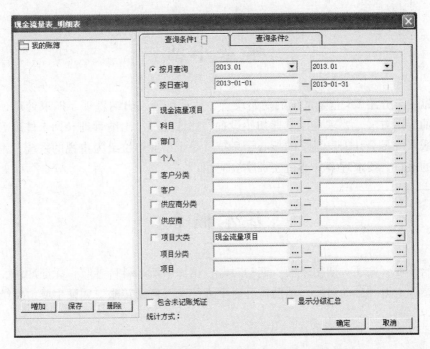

图4-49 "现金流量表_明细表"查询条件设置窗口

图4-50 现金流量明细表

本章小结

本章主要介绍 U8 总账系统的初始设置、凭证处理、出纳管理、期末处理、账表管理功能的应用方法，要求重点掌握初始设置、凭证处理、出纳管理和期末处理等功能。

总账系统是会计信息系统的核心子系统，是企事业单位最为重视的系统，因此本章是本书的重点，要求理解并通过实训学会应用。

基本概念

初始设置、选项、期初余额、期初对账、试算平衡、科目参照、凭证冲销、凭证审核、支票登记簿、自动对账、辅助核算、个人往来、自动转账、凭证生成、反结账、期末处理。

练 习 题

一、单项选择题

1. 总账系统输入科目初始数据时用户一般只需要输入_____的数据。
   A. 总账级科目　　B. 上级科目　　C. 下级科目　　D. 最明细级科目
2. 凭证处理的主要流程是_____。
   A. 凭证录入、审核、记账　　　　B. 凭证录入、查询、修改
   C. 凭证修改、汇总、记账　　　　D. 凭证审核、汇总、记账
3. 当凭证中有设置为现金流量的科目时，必须确定相应的_____与金额。
   A. 资产项目　　B. 现金流量表　　C. 负债项目　　D. 现金流量项目
4. 凭证一经审核就不能再修改或删除，若要修改或删除必须先取消审核签名才能进行，但取消审核签名只能由_____进行。
   A. 审核人自己　　B. 凭证输入人员　　C. 电算主管　　D. 电算维护人员
5. 总账系统初始数据录入之后一般要通过_____检验是否满足公式"资产 = 负债 + 所有者权益"，不符合等式者输入数据必然有错。
   A. 试算平衡　　B. 分析比较　　C. 报表　　D. 账簿
6. 在总账系统中建立常用摘要库的目的是为了_____。
   A. 提高凭证的输出速度　　　　B. 提高凭证的录入速度
   C. 提高凭证的记账速度　　　　D. 提高凭证的汇总速度
7. 在总账系统中记账凭证按其形成方式可以分几类，但其中不包括_____。

A. 手工填制的记账凭证 B. 内部转账生成的凭证
C. 报表系统生成的凭证 D. 由应收应付等系统生成的凭证
8. 下列功能不属于银行对账模块的是_____。
A. 输出银行存款日记账 B. 银行对账初始化
C. 输入银行对账单 D. 自动或手工对账
9. 转账凭证的定义内容主要包括转账序号、凭证类型、转账类型、摘要、科目代码、借贷、_____等等。
A. 金额 B. 金额计算公式 C. 余额计算公式 D. 余额
10. 账簿的输出一般以_____为基础，即先按用户要求找到数据，然后输出。
A. 传输 B. 显示 C. 查询 D. 打印

二、多项选择题

1. 在凭证输入过程中系统能够对之进行自动检验的数据包括_____。
A. 凭证日期 B. 凭证号 C. 凭证字 D. 业务摘要
2. 下列凭证可以由机器自动生成的有_____。
A. 总账系统内部待摊、预提、摊销等每月固定的转账凭证
C. 工资、固定资产业务核算系统转给总账系统的凭证
B. 成本、存货业务核算系统转给总账系统的凭证
D. 汇兑损益转账凭证
3. 用户可通过多栏明细账设置窗口去定义多栏明细账，主要设置_____。
A. 多栏式明细账的内容 B. 多栏式明细账的会计科目
C. 多栏式明细账的页面格式 D. 多栏式明细账的栏目格式
4. 总账系统提供的总账格式是_____。
A. 传统的三栏式总账 B. 科目发生额与余额表式总账
C. 数量金额式总账 D. 科目明细表式总账
5. 下列功能属于总账系统的是_____。
A. 系统设置 B. 出纳管理 C. 辅助核算 D. 账表管理
6. 记账后修改错误凭证的方法有_____。
A. 直接修改错误凭证 B. 补录红字冲消凭证和正确凭证
C. 补录一张差额凭证 D. 删除错误凭证后再输入正确凭证
7. 在凭证输入过程中系统对会计科目的检验内容可能包括_____。
A. 检查科目与借贷金额是否一致
B. 检查科目与凭证类型是否一致
C. 检查借贷科目是否非法对应科目
D. 检查科目是否存在和是否为最明细级
8. 计算机出纳管理的主要功能包括_____。
A. 凭证签字 B. 支票管理
C. 银行对账 D. 输出日记账和资金日报表

9. 结账要在本期所有业务处理完毕之后进行，所以系统在结账之前必须检查_____
_____。
   A. 本期是否还有未过账的凭证　　B. 是否已经进行银行对账
   C. 是否已经执行期末调汇　　　　D. 是否已经进行结转损益
10. 用户可定义多栏明细账，主要设置内容包括_____。
    A. 多栏式账科目　　　　　　　B. 明细账科目代码
    C. 栏目名称　　　　　　　　　D. 借或贷方

三、判断题

1. 总账系统的特点之一是部分凭证可以由机器自动生成，实现所谓的自动转账。
2. 总账系统允许本期结账之前输入下一期间的记账凭证。
3. 总账系统一般具有系统设置、凭证处理、期末处理、出纳管理、辅助核算、账表管理、系统维护等功能。
4. 发现凭证有误，可随时删除或修改。
5. 凭证记账又称登账或过账，主要是将已审核凭证的信息更新各种账簿文件。
6. 在总账系统中输入记账凭证时，会计科目可以不用代码而直接用汉字输入。
7. 冲销凭证功能用于自动制作一张与错误凭证科目相同、金额相反的凭证。
8. 银行对账可以采用自动对账与手工勾对相结合的方式去完成。
9. 银行对账的初始化主要是输入银行对账单。
10. 总账系统期末转账的特点之一是：转账凭证生成没有先后次序问题。

实训三　总账系统初始设置与业务处理

一、实训目的

通过实训演练掌握总账系统的初始设置与凭证处理方法。

二、实训内容

（1）总账系统初始设置，含参数设置、期初余额录入、试算平衡。
（2）凭证处理，包括凭证的填制、查询、修改、审核、出纳签字、记账、导入导出等多种操作。

三、实训资料

（一）总账系统选项设置

1. 凭证选项

进行支票控制，可以使用应收、应付、存货受控科目，现金流量表科目必录流量项目，其他采用默认设置。

2. 权限选项

出纳凭证必须经由出纳签字，不允许修改、作废他人填制的凭证，其他采用默认设置。

(二) 增加或修改科目，录入年初余额

1. 期初余额表

科目名称	方向	计量单位	期初余额
库存现金（1001）	借		30 900.00
银行存款（1002）	借		1 250 000.00
工行存款（100201）	借		1 000 000.00
建行存款（100202）	借		250 000.00
		美元	USD 40 000.00
其他货币资金（1012）	借		150 400.00
应收票据（1121）	借		351 000.00
应收账款（1122）	借		234 000.00
其他应收款（1221）	借		8 000.00
坏账准备（1231）	贷		1 170.00
在途物资（1402）	借		150 000.00
原材料（1403）	借		452 400.00
库存商品（1405）	借		1 750 000.00
固定资产（1601）	借		10 365 480.00
累计折旧（1602）	贷		2 102 131.60
无形资产（1701）	借		326 540.00
短期借款（2001）	贷		656 000.00
应付票据（2201）	贷		468 000.00
应付账款（2202）	贷		147 000.00
一般应付账款（220201）	贷		117 000.00
暂估应付账款（220202）	贷		30 000.00
应付职工薪酬（2211）	贷		43 590.00
工资（221101）	贷		43 590.00
应交税费（2221）	贷		354 360.00
未交增值税（222102）	贷		128 000.00
应交所得税（222106）	贷		213 560.00
应交城市维护建设税（222108）	贷		8 960.00
应交教育费附加（222109）	贷		3 840.00

续上表

科目名称	方向	计量单位	期初余额
应付利息（2231）	贷		2 680.00
其他应付款（2241）	贷		6 800.00
长期借款（2501）	贷		1 040 000.00
实收资本（4001）	贷		7 000 000.00
资本公积（4002）	贷		1 078 000.00
盈余公积（4101）	贷		885 600.00
利润分配（4104）	贷		1 283 388.40
未分配利润（410415）	贷		1 283 388.40

2. 辅助账期初余额表

（1）应收票据（1121）。

日期	凭证号	客户名称	摘要	方向	期初余额	业务员	票号
2012.12.25	记-24	中信集团	销售	借	351 000	高山	080125

（2）应收账款（1122）。

日期	凭证号	客户名称	摘要	方向	期初余额	业务员	票号
2012.12.26	记-25	实力集团	销售	借	117 000.00	高山	080126
2012.12.27	记-26	发达公司	销售	借	117 000.00	游鱼	080127

（3）其他应收款（1221）。

日期	凭证号	部门	个人	摘要	方向	金额
2012.12.20	记-18	销售部	高山	借差旅费	借	6 000.00
2012.12.22	记-19	销售部	游鱼	借差旅费	借	2 000.00

（4）原材料（1403）。

项目名称	方向	金额	数量	单位
甲材料	借	150 000.00	750	吨
乙材料	借	302 400.00	720	吨

（5）库存商品（1405）。

项目名称	方向	金额	数量	单位
A产品	借	1 500 000.00	2 500	件
B产品	借	250 000.00	5 000	件

(6) 应付票据（2201）。

日期	凭证号	供应商	摘要	方向	金额	业务员	票号
2012.12.16	记-15	海台公司	购进	贷	468 000.00	刘云	080116

(7) 一般应付账款（220201）。

日期	凭证号	供应商	摘要	方向	金额	业务员	票号
2012.12.16	记-16	西湖公司	购进	贷	117 000.00	刘云	080136

（三）日常业务分工

钱会计填制凭证，孙出纳对有关现金、银行存款的凭证签字，赵主管负责审核记账。

（四）宏兴公司 2013 年 1 月份经济业务

(1) 2 日，总经理办公室购买了 200 元的办公用品，以库存现金支付。

(2) 3 日，财务部孙出纳从工行提取库存现金 10 000 元，作为备用金。（现金支票号 XJ001）

(3) 4 日，广告费 10 000 元，已从工行账户支付。（转账支票号 ZZW001）

(4) 5 日，收到兴盛集团投资资金 10 000 美元，存入建行，汇率 1∶6.25。（转账支票号 ZZW002）

(5) 6 日，收到银行通知，中信集团支付到期的商业承兑汇票，款项存入工行账户。（转账支票号 ZZW003）

(6) 7 日，向实力集团销售 B 产品 2 000 件，单价 100 元，销项税率 17%，款项已存入工行。（转账支票号 ZZR004）

(7) 8 日，采购部采购甲材料 150 吨，每吨 200 元，材料直接入库，货款以银行存款支付。（转账支票号 ZZR005）

(8) 9 日，偿还短期借款 50 000，已从工行账户支付。（转账支票号 ZZW006）

(9) 10 日，向天马公司销售 A 产品 800 件，单价 1 000 元，销项税率 17%，尚未收到货款。

(10) 11 日，发放工资 43 590 元，已从工行转账支付。（转账支票号 ZZW007）

(11) 12 日，上月向冰山集团采购的甲材料验收入库，数量 750 吨，每吨 200 元。

(12) 12 日，收到某公司投资，金额 117 000 元。（转账支票号 ZZR008）

(13) 14 日，向海台公司采购乙材料 100 吨，每吨 420 元，材料直接入库，货款暂欠。

(14) 15 日，向发达公司销售 A 产品 500 件，单价 1 000 元，销项税率 17%，款项已存入工行。（转账支票号 ZZR009）

(15) 16 日，支付办理银行业务手续费 1 200 元。（转账支票号 ZZR010）

（16）17日，收到工行通知，用银行存款支付海台公司到期的商业承兑汇票468 000元。（转账支票号ZZR011）

（17）18日，销售部高山出差归来，报销差旅费5 800元，交回库存现金200元。

（18）19日，分配应支付的职工工资55 300元。其中生产工人工资28 300元（A产品18 000元，B产品10 300元），车间管理人员工资3 000元，销售部门人员工资10 000元，行政管理部门人员工资14 000元。

（19）20日，计提短期借款利息2 828.25元。

（20）20日，归还长期借款100 000元，款项已从工行账户转出。（转账支票号ZZR013）

（21）22日，用银行存款交纳增值税68 000元，款项从工行账户支付。（转账支票号ZZR014）

（22）24日，从银行借入5年期的长期借款150 000元，借款已存入工行，用于构建固定资产。（转账支票号ZZR015）

（23）30日，收到发达公司转账支票一张，金额117 000元，用以偿还前欠货款。（转账支票号ZZR012）

（24）30日，支付违约金2 500元。（转账支票号ZZR017）

（25）30日，计提固定资产折旧18 000元。其中计入制造费用10 000元，总经理办公室5 509.37元，销售部门2 490.63元。

（26）30日，本月领用材料汇总。

用　途	甲材料		乙材料		合计	
	数量（吨）	金额（元）	数量（吨）	金额（元）	数量（吨）	金额（元）
生产A产品	1 005	201 000	200	84 000	1 205	285 000
生产B产品			150	63 000	150	63 000
车间耗用	10	2 000			10	2 000
管理部门	5	1 000			5	1 000
合计	1 020	204 000	350	147 000	1 370	351 000

（27）31日，分摊制造费用。其中A产品分摊60%，B产品分摊40%。

（28）31日，本期生产的产品全部完工入库。其中A产品数量520件，单价600元，共312 000元；B产品数量1 586件，单价50元，共79 300元。

（29）31日，结转本期销售产品成本，A产品成本780 000元，B产品成本100 000元。

（30）31日，将各收入科目结转本年利润。

（31）31日，将成本费用科目结转本年利润。

（32）31日，计算应交所得税。

（33）31日，将所得税费用结转本年利润。

（34）31日，用银行存款交纳所得税141 117.94元，款项从工行账户支付。（转账

支票号ZZR018）

(35) 31 日，按净利润 10% 提取法定盈余公积。

(36) 31 日，分配普通现金股利 51 254.25 元。

(37) 31 日，将利润分配各明细科目余额转入"未分配利润"明细科目。

(38) 31 日，结转本年利润。

注意：

(1) 根据填制凭证需要，新增相应的明细科目。

(2) 部分凭证如第 27、28、29、30、31、32、33、35、37、38 号凭证可以通过"转账定义"功能生成。

(3) 如果使用工资系统，则第 18 号凭证可以由工资系统自动生成。

(4) 如果使用固定资产系统，则第 25 号凭证可以由固定资产系统自动生成。

(5) 如果使用应收款系统，则第 5、9、23 号凭证可以由应收账款系统自动生成。

(6) 如果使用应付款系统，第 13、16 号凭证可以由应付账款系统自动生成。

1 月份凭证清单

日期	摘要	会计分录			
		借方		贷方	
1/2	购办公用品	管理费用—办公费	200	库存现金	200
1/3	提取现金	库存现金	10 000	银行存款—工行存款	10 000
1/4	支付广告费	销售费用—广告费	10 000	银行存款—工行存款	10 000
1/5	收到投资款	银行存款—建行存款	62 500	实收资本	62 500
1/6	承兑汇票	银行存款—工行存款	351 000	应收票据—中信集团	351 000
1/7	销售商品	银行存款—工行存款	234 000	主营业务收入—B 产品 应交税费—应交增值税（销项税额）	200 000 34 000
1/8	采购材料	原材料—甲材料 应交税费—应交增值税（进项税额）	30 000 5 100	银行存款—工行存款	35 100
1/9	偿还借款	短期借款	50 000	银行存款—工行存款	50 000
1/10	销售产品	应收账款—天马公司	936 000	主营业务收入—A 产品 应交税费—应交增值税（销项税额）	800 000 136 000
1/11	发放工资	应付职工薪酬—工资	43 590	银行存款—工行存款	43 590
1/12	材料入库	原材料—甲材料	150 000	在途物资	150 000
1/12	收到投资款	银行存款—工行存款	117 000	实收资本	117 000
1/14	采购材料	原材料—乙材料 应交税费—应交增值税（进项税额）	42 000 7 140	应付账款—海台公司	49 140
1/15	销售商品	银行存款—工行存款	585 000	主营业务收入—A 产品 应交税费—应交增值税（销项税额）	500 000 85 000

续上表

日期	摘要	会计分录 借方		贷方	
1/16	支付手续费	财务费用—其他	1 200	银行存款—工行存款	1 200
1/17	承兑汇票	应付票据—海台公司	468 000	银行存款—工行存款	468 000
1/18	报销差旅费	销售费用—差旅费 库存现金	5 800 200	其他应收款（122102）—高山	6 000
1/19	计算工资	生产成本—A产品 　　　　—B产品 制造费用 销售费用—工资 管理费用—工资	18 000 10 300 3 000 10 000 14 000	应付职工薪酬—工资	55 300
1/20	计提利息	财务费用—利息	2 828.25	应付利息	2 828.25
1/20	偿还借款	长期借款	100 000	银行存款—工行存款	100 000
1/22	缴纳增值税	应交税费—应交增值税（已交税金）	68 000	银行存款—工行存款	68 000
1/24	借款	银行存款—工行存款	150 000	长期借款	150 000
1/30	收到货款	银行存款—工行存款	117 000	应收账款—发达公司	117 000
1/30	支付违约金	营业外支出	2 500	银行存款—工行存款	2 500
1/30	计提折旧	制造费用 管理费用—折旧费 销售费用—折旧费	10 000 5 509.37 2 490.63	累计折旧	18 000
1/30	领用材料	生产成本—A产品 　　　　—B产品 制造费用 管理费用—其他	285 000 63 000 2 000 1 000	原材料—甲材料 　　　—乙材料	204 000 147 000
1/31	分摊制造费用	生产成本—A产品 　　　　—B产品	9 000 6 000	制造费用	15 000
1/31	产品完工入库	库存商品—A产品 　　　　—B产品	312 000 79 300	生产成本—A产品 　　　　—B产品	312 000 79 300
1/31	结转销售成本	主营业务成本—A产品 　　　　　—B产品	780 000 100 000	库存商品—A产品 　　　　—B产品	780 000 100 000
1/31	结转收入	主营业务收入—A产品 　　　　　—B产品	1 300 000 200 000	本年利润	1 500 000

续上表

日期	摘要	会计分录			
		借方		贷方	
1/31	结转费用	本年利润	935 528.25	主营业务成本—A产品 —B产品 销售费用 管理费用 财务费用 营业外支出	780 000 100 000 28 290.63 20 709.37 4 028.25 2 500
1/31	计算所得税	所得税费用	141 117.94	应交税费—应交所得税	141 117.94
1/31	结转所得税	本年利润	141 117.94	所得税费用	141 117.94
1/31	缴纳所得税	应交税费—应交所得税	141 117.94	银行存款—工行存款	141 117.94
1/31	提取盈余公积	利润分配—提取法定盈余公积	42 335.38	盈余公积	42 335.38
1/31	分配股利	利润分配—应付现金股利或利	51 254.25	应付股利	51 254.25
1/31	结转利润分配	利润分配—未分配利润	93 589.63	利润分配—提取法定盈余公积 利润分配—应付现金股利或利	42 335.38 51 254.25
1/31	结转本年利润	本年利润	423 353.81	利润分配—未分配利润	423 353.81

实训四 出纳管理

一、实训目的

通过实训演练掌握出纳的业务处理方法。

二、实训内容

（1）输出现金日记账、银行存款日记账、资金日报表。
（2）银行对账。包括银行对账期初余额录入，录入银行对账单、银行对账、编制银行余额调节表、查询勾对情况。

三、实训资料

1. 在不同条件、不同格式查询日记账、资金日报表
2. 银行对账

本账套有两个银行账户，对账截止日期为每月月末。涉及银行对账的实训资料主要有：

（1）企业工行存款日记账、工行银行对账单期初余额均为 1 000 000 元，期初没有未达账项。

（2）1 月份工行银行对账单。

日期	摘　要	结算方式	票号	借方金额	贷方金额
1/3	提现	现金支票	XJ001		10 000
1/4	支付广告费	转账支票	ZZW001		10 000
1/6	汇票到期	转账支票	ZZW003	351 000	
1/7	销售商品	转账支票	ZZR004	234 000	
1/8	偿还借款	转账支票	ZZR006		50 000
1/11	发放工资	转账支票	ZZR007		43 590
1/12	收到投资款	转账支票	ZZR008	117 000	
1/12	销售产品	转账支票	ZZR009	585 000	
1/15	支付手续费	转账支票	ZZR010		1 200
1/17	兑付票据	转账支票	ZZR011		468 000
1/20	偿还借款	转账支票	ZZR013		100 000
1/22	缴纳增值税	转账支票	ZZR014		68 000
1/24	借款	转账支票	ZZR015	150 000	
1/30	缴纳所得税	转账支票	ZZR018		141 117.94
1/31	采购材料	托收承付	ZZR020		49 140
1/31	销售商品	托收承付	ZZR021	936 000	

实训五　总账系统期末处理与账表管理

一、实训目的

通过实训演练掌握总账系统的期末处理与账表管理的方法。

二、实训内容

（1）定义转账凭证。
（2）生成转账凭证。
（3）对账。
（4）结账。
（5）账表查询。

三、实训资料

1. 定义转账凭证

(1) 自定义转账。定义实训三中第 27、32、35 笔业务的转账凭证。
(2) 定义销售成本结转。定义实训三中第 29 笔业务的转账凭证。
(3) 定义期间损益结转。定义实训三中第 30、31 笔业务的转账凭证。
(4) 定义对应结转。定义实训三中第 33 笔业务的转账凭证。

2. 生成转账凭证

可以同时生成也可以逐一生成,注意生成转账凭证的顺序。

3. 执行对账与结账

4. 查询账表

(1) 按不同条件查询总账、明细账以及余额表、现金流量表。
(2) 设置和查询管理费用、应交税费多栏账。

第五章　报表处理系统

学习目标

1. 了解报表系统的基本概念、主要功能以及操作流程。
2. 掌握 UFO 报表系统的报表格式设计、公式编辑的方法。
3. 掌握报表模板的应用，编制不同会计报表。
4. 掌握 UFO 报表系统的数据处理的内容与方法。

能力培养目标

1. 具备编制自定义会计报表的能力。
2. 具备报表公式编辑和图表分析能力。
3. 具备利用报表模板编制资产负债表、利润表和现金流量表的能力。

会计报表综合反映某一特定日期的财务状况和某一会计期间的经营成果、现金流量等会计信息，所以编制报表是会计信息系统的一项重要功能。而且报表的设计和编制过程集中地体现了电算化会计快速、准确、方便的特点，也是用户的会计知识、计算机知识和电算化操作技能的一次综合应用的过程。

第一节　报表处理系统概述

一、报表的处理方式

用友 U8 与其他会计信息系统一样，报表按其设置和处理方式大体可以分为以下两类：

1. 预设报表

预设报表是指报表的格式由系统设定、报表的数据也按预先设定的途径或公式取得而生成的报表。由于使用方便，所有会计软件几乎无一例外地尽可能提供预设报表。例如，在总账系统中科目余额表、科目汇总表、试算平衡表、资金日报表都是预设报表，用户无需设计，只是在查询时提供若干需求信息，系统即可生成。

2. 自定义报表

自定义报表顾名思义是指由用户定义报表的格式以及数据公式，然后系统根据用户定义自动生成的报表。自定义报表由通用的报表处理系统编制。例如，资产负债表、利润表等对外报表，以及许多内部管理报表，一般都由报表处理系统生成。学习这一章的目的就是学会如何定义和生成报表。

二、报表系统的主要功能

通用报表系统一般具有文件管理、报表定义、数据处理、图形处理、报表输出等功能。在众多的报表软件中，用友 UFO 广受青睐。UFO 本质上是一个电子表格软件，具有制作表格、数据运算、图形制作、打印输出等功能。其中：

1. 文件管理功能

报表系统提供了各类文件管理功能，除能完成一般的文件管理外，报表的数据文件还能够转换为不同的文件格式，例如文本文件、*.MDB 文件、*.DBF 文件、EXCEL 文件、LOTUS1-2-3 文件。此外，通过报表系统提供的"导入"和"导出"功能，可以实现和其他流行财务软件之间的数据交换。

2. 格式设计功能

系统提供的格式设计功能，可以设置报表尺寸、组合单元、画表格线（包括斜线）、调整行高列宽、设置字体和颜色、设置显示比例等。同时，报表系统还内置了 11 种套用格式和 19 个行业的标准财务报表模板，包括最新的现金流量表，方便了用户标准报表的制作，对于用户单位内部常用的管理报表，报表系统还提供了自定义模板功能。

3. 数据处理功能

系统提供种类丰富的函数，可以从账务及其他子系统中提取数据，生成财务报表。数据处理的其他功能主要包括报表计算、表页管理、表页汇总、舍位平衡、报表排序、报表审核等功能。UFO 的每一个报表可以管理多达 99 999 张不同的表页，而且在每张表页之间建立有机的联系。

4. 图表处理功能

报表系统可以很方便地对数据进行图形组织和分析，制作包括直方图、立体图、圆饼图、折线图等多种分析图表，并能编辑图表的位置、大小、标题、字体、颜色、打印输出。"图文混排"使财务报表的数据更加直观。

5. 打印输出功能

报表系统提供"所见即所得"和"打印预览"功能，可以随时观看报表或图形的打印效果。报表打印时，可以打印格式或数据，可以设置表头和表尾，可以在 0.3～3 倍之间缩放打印，可以横向或纵向打印，等等。

6. 二次开发功能

报表系统提供二次开发功能。它提供了批命令和自定义菜单，自动记录命令窗中输入的多个命令，可将有规律性的操作过程编制成批命令文件，进一步利用自定义菜单可以开发出适合本企业的专用系统。

三、报表系统的基本概念

1. 报表结构

UFO 报表一般可划分为表头、表体和表尾三部分。

（1）表头是会计报表中描述报表整体性质的部分，位于每张报表的上端。

（2）表体是报表的主体，是由若干项目和相关数据组成，或者说是由若干单元格组成的数据和字符的集合。

（3）表尾是表体下面进行辅助说明的部分及编制人、审核人等内容。

2. 报表窗口

报表系统一般设计成一个集成操作界面，即报表窗口，其功能通过菜单或工具栏图标方式提供，主菜单一般有文件、编辑、视图、插入、格式、工具、数据、合并、窗口等项目。图 5-1 是启动 UFO 报表系统后的系统窗口。

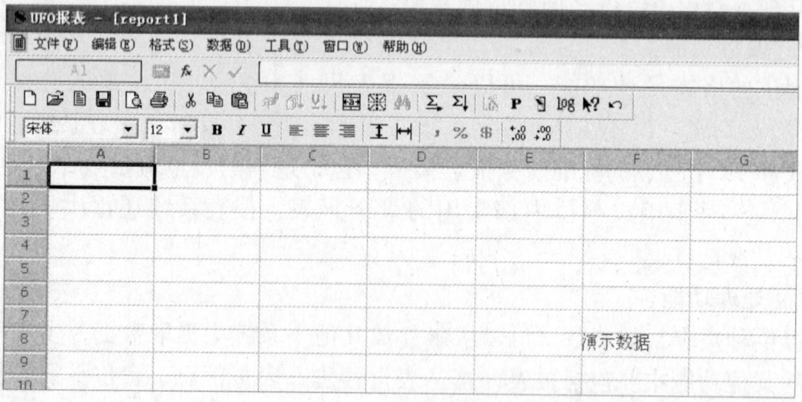

图 5-1 报表系统窗口

3. 报表单元

UFO 报表本质上是一个电子表，报表被表格线分为若干个小方格，每一个方格用于填写各种类型的数据，称为报表单元。单元是构成报表主体的基本元素。

（1）单元名称。单元是组成报表的最小单位，单元名称通常以行列坐标标识并遵照 Excel 的命名规则。其中，行号用数字 1～9 999 表示，列标用字母 A～Z 表示。例如，B5 表示第 2 列第 5 行的单元。

（2）单元类型。报表单元可以存放不同类型的数据，因而就有数值单元、字符单元、表样单元之分。其中，数值单元和字符单元用于存放报表的数据，在数据状态下输入；表样单元用于定义一个空表所需的所有文字、符号或数字，表样单元在格式状态下输入和修改。

（3）单元区域。区域由一组单元组成，自起点单元至终点单元是一个完整的长方形矩阵。最大区域是整个表的所有单元，最小区域是一个单元。

（4）组合单元。组合单元由相邻的两个或更多相同类型的单元组成，UFO 将组合单元视为一个单元。组合单元可用区域的名称或区域中的单元的名称来表示，例如，把

D4 和 D5 定义为一个组合单元，这个组合单元可以用 D4、D5 或 D4：D5 表示。

4. 表页与报表维度

（1）表页。UFO 提供多表页管理功能，即允许对一个报表设置多个表页。例如，对资产负债表可按月设置表页，每一个表页代表一个期间的资产负债表，从而保留多个期间的报表。但必须注意，一个报表中的所有表页具有相同的格式，而且只能有一套公式，只是由于表页的计算时机不同所生成的单元数据不同而已。表页在报表中的序号在表页的下方以标签的形式出现，称为页标。

（2）关键字。关键字是为表页设置的一个标记，目的是为了方便记忆和快速查找表页。例如，对资产负债表可以生成表页的年月日为关键字。

（3）报表的维度。从结构上看报表可以分为二维、三维和复合报表。其中，二维表通过行（横轴）和列（纵轴）确定某一数据的位置，三维表则由多个相同的二维表叠加组成，要从中找到某一个数据，则需要增加一个表页号（Z 轴）要素。UFO 报表一般都是三维表，因此，每一个报表数据的标识为〈表名〉、〈列〉、〈行〉、〈表页〉，如资产负债表第 3 页的 A5 单元，表示为："资产负债表" －＞A5@3。

5. 报表格式

报表格式包括整个报表的格式和每一个单元的格式，主要有报表尺寸、网格线、行高、列宽、关键字、组合单元、单元属性等，其中单元属性将决定单元数据的显示或打印输出的格式，主要有数据类型、字体图案、对齐方式、边框样式等。

6. 报表的格式状态与数据状态

报表处理主要包括报表定义与数据处理两大工作，为了区分这两种不同的工作环境，UFO 系统提供一个【格式/数据】状态转换按钮或菜单，分别处理不同的工作。

（1）格式状态。在格式状态下设计报表的格式，如表尺寸、行高列宽、单元属性、组合单元、关键字、可变区等；报表的三类公式——单元公式、审核公式、舍位平衡公式也在格式状态下定义。在格式状态下看到的是报表的格式，数据全部被隐藏而且不能输入数据。

（2）数据状态。在数据状态下管理报表的数据，如输入数据、增加或删除表页、审核、舍位平衡、编辑图形、汇总、合并报表等。在数据状态下看到的是报表的全部内容，包括格式和数据，但不能修改报表的格式。

第二节　报表的格式设计

报表的格式设计在格式状态下进行，格式对整个报表都有效。下面以利润表为例，说明会计报表格式设计的步骤。

一、启动 UFO 报表系统与建立新表

1. UFO 的启动

登录企业应用平台后选择【财务会计】|【UFO 报表】命令即启动 UFO 报表系统；

而单击屏幕右上角的【关闭窗口】按钮或选择【文件】|【退出】命令，都可以退出 UFO 系统。

2. 创建一张新表

选择【文件】|【新建】命令即自动创建一个空的报表文件，屏幕上显示一张如图 5-2 所示的空白报表，并在标题栏显示临时文件名"report1"，这时可以开始设计报表格式，但在保存文件时一般要正式给这张报表命名。

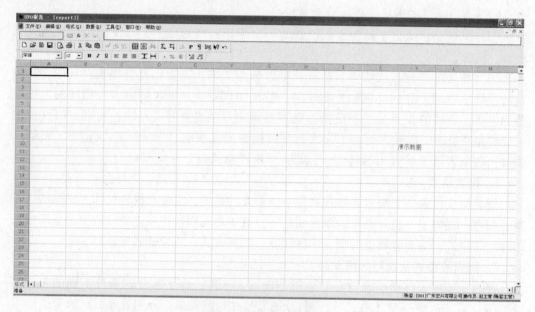

图 5-2 建立一张新表

二、设置报表尺寸

报表尺寸即报表的行数和列数。UFO 报表的最大行数是 9 999（缺省值为 50 行），最大列数是 255（缺省值为 7 列）。

【例 5-1】设置利润表尺寸，该表共有 30 行 4 列，包括表头 3 行、表体 25 行、表尾 2 行。定义方法是：

（1）单击【格式】|【表尺寸】，出现如图 5-3 所示的"表尺寸"对话框。

（2）将行数设为 30，列数设为 4，然后单击【确认】，屏幕报表即按设置的大小显示，本例只保留 30 行 4 列，其余部分皆为灰色。

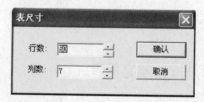

图 5-3 UFO 设置表尺寸界面

三、定义表头和关键字

1. 定义表头

表头是会计报表中描述报表整体性质的部分，位于每张报表的上端。

【例 5-2】设计利润表的表头，其方法是：

（1）在 A1 单元中输入表名"利润表"。

（2）将"利润表"三字居中放置。方法是选中 A1：D1 单元，选择【格式】|【组合单元】，再选择【整体组合】或【按行组合】，使 A1 到 D1 成为一个单元。

（3）单击工具栏的【居中】按钮，将报表标题居中。

（4）选择【格式】|【单元属性】和【字体图案】，如图 5-4 所示，在"单元格属性"对话框中将字体设为黑体，字型为粗体，字号为 16。

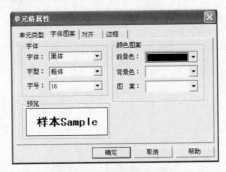

图 5-4　设置表头字体

（5）在 D2 单元输入"会企 02 表"，单击工具栏的【右对齐】按钮，将"会企 02 表"靠右对齐。同理，在 D3 单元输入"单位：元"字样，并单击工具栏的"右对齐"按钮。

2. 定义和设置关键字

关键字是为表页设置的一个标记，以便唯一标识一个表页。UFO 提供单位名称、单位编号、年、季、月、日六种关键字供选择，也可以自定义关键字。注意，关键字在格式状态设置，在数据状态录入；每个报表可以定义多个关键字，一个单元也可以设置多个关键字。关键字的一般定义方法是：

（1）单击【格式/数据】按钮，进入格式状态。

（2）选定一个用于设置关键字的单元。

（3）选择【数据】|【关键字】|【设置】命令，打开"设置关键字"对话框，从中选择一种关键字。

（4）单击【确定】按钮，即在选定的单元中设置了所选的关键字。

（5）可以改变关键字在单元中的左右位置，方法是选择【数据】|【关键字】|【偏移】命令，弹出"定义关键字偏移"对话框，在其中选择偏移量即可。偏移量的范围是【-300，300】，负数向左、正数向右偏移。

（6）如果要取消关键字，则选择【数据】|【关键字】|【取消】，弹出"取消关键字"对话框，选择要取消的关键字即可。

【例5-3】设置利润表的关键字。其定义方法是：选定 A3 单元，选择【数据】菜单下的【关键字】后的【设置】，默认设置"单位名称"关键字，单击【确认】，A3 单元中出现了红色的"单位名称：×××××××××××××××××××××××××××"。重复上述操作，选择 B3 单元，将"年"和"月"两个关键字加入，如图 5-5 所示。关键字"年"和"月"与"单位名称"重叠在一起，无法辨别。选择【数据】|【关键字】|【偏移】，设置"月"关键字偏移量为 40，单击【确认】后，"月"关键字位置向后移动一定距离。

图 5-5 设置关键字

四、制作表体

表体是报表的主体，是由若干单元格组成的数据和字符的集合，其中有些单元的数据（多数是字符数据）是固定不变的，有些单元的数据则由计算公式确定。

1. 输入表体数据

直接输入表体的大多是固定不变的数据，例如图 5-6 所示利润表的第 1、2 列的项目和行数。

图 5-6 输入表体内容

2. 调整行高和列宽

UFO 报表的最大行高为 160 毫米（缺省值为 5 毫米），最大列宽为 220 毫米（缺省值为 26 毫米）。调整行高的操作方法是：

（1）单击【格式/数据】按钮，进入格式状态。

（2）选定要调整的行（可一到多行），单击【格式】|【行高】命令，弹出"行高"设置对话框。

（3）在对话框中选择行高值后单击【确认】按钮即完成设置。

调整列宽与行高的方法类同，而且在数据状态下也可以用拖动鼠标的方法调整行高列宽。

【例 5-4】设定利润表的行高。

在利润表窗口，选择【格式】|【行高】，出现如图 5-7 所示的"行高"对话框，在对话框中输入希望的行高值（例如 8），单击【确定】。

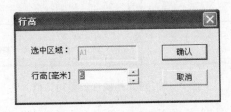

图 5-7 定义行高对话框

3. 区域画线

用户可以为单元和区域的周边绘制表格线，UFO 提供的画线类型有网线、框线、横线、竖线、正斜线、反斜线 6 种，而线条样式则有空线、细实线、虚线、粗实线等 8 种。表格区域画线的方法是：

（1）单击【格式/数据】按钮，进入格式状态。

（2）选择需要画线的区域。

（3）选择【格式】|【区域画线】命令，弹出如图 5-8 所示的"区域画线"对话框。

（4）在对话框中选择画线类型和样式后，单击【确认】则选定区域按所选类型和样式画线。如要删除表格线，选择线条样式为"空线"即可。

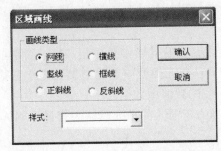

图 5-8 "区域画线"对话框

4. 设置单元属性

单元格式通过单元属性来设置。由于关系到数据显示的正确性以及为报表的美观增色，所以合理设置单元属性是必要的。单击【格式】|【单元属性】，弹出图 5-9 所示的"单元格属性"对话框，设置内容包括：

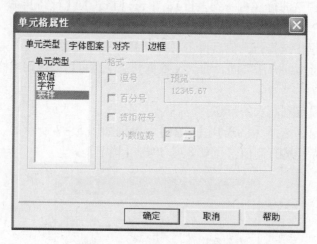

图 5-9　单元格属性设置对话框

（1）单元类型。单元类型有数值、字符、表样三种，其中表样指一个没有数据的空表所需的所有文字、符号或数字，例如资产负债表的所有列名都可以定义为表样单元。表样单元的内容对所有表页都有效。单元数值格式包括分节号、百分号、货币符号、小数位数。

（2）字体图案。字体图案的定义内容分字体和颜色两方面，前者包括字体、字型和字号，后者包括前景色、背景色和图案。其中，前景色指单元数据的显示颜色（缺省为黑色），背景色指单元填充的颜色（缺省为白色），图案指单元的背景图案。

（3）对齐方式。可以选择的对齐方式，水平方向有自动、居中、居左、居右，垂直方向有自动、居下、居中、居上，缺省为水平方向居右、垂直方向居下。

（4）边框线。单元边框线样式有空线、细实线、虚线、粗实线等 8 种，缺省线型为空（即没有边框线）。因此，删除边框线的方法是定义线型为空。

【例 5-5】设置利润表的单元格式。设置步骤是：

（1）单击【格式】|【单元属性】|【对齐】，选择 A4：D4 区域，单击工具栏的【居中】按钮，将表头栏目居中。

（2）选择 B 列，单击工具栏的【居中】按钮，将"行次"栏各项居中。

（3）选择 C5：D20，并从单元类型中选择数值，将小数设为 2 位，则将利润表的第 3、4 列设置为有 2 位小数的数值型数据。

注意，系统对在格式状态下录入的单元默认为表样，如 A4：D4 及 A5：A20 单元；其余单元均为"数值"。

5. 定义公式

定义计算公式是表体设计的关键，直接关系到报表数据的正确性。由于内容较复杂，所以留待下一节专门介绍。

五、制作表尾

表尾除了给出日期、责任人之外，往往还书写一些附注之类的附加说明材料。例如在利润表的 A24 单元输入"复核"，B24 单元输入"制表"，C24 单元输入"报送日期"，然后将这些单元定义为右对齐。

六、报表存盘

报表设置完毕必须命名存盘，方法是：选择【文件】|【保存】命令，打开【另存为】对话框，输入文件名（如"LRB"）后单击【确认】存盘。如果不立即进行报表计算，可以单击【文件】|【关闭】，关闭当前文件。

七、套用模板格式设计报表

报表模板其实是由系统预先设计的样表。报表模板一般按行业设置，对每个行业提供若干张标准的会计报表模板，用户从中选择合适的报表模板，稍加修改即可完成报表的定义。用户也可以添加新的报表模板。

UFO 提供 11 种报表格式和 21 个行业报表模板，套用模板的方法是：

（1）单击【格式/数据】按钮，进入格式状态。

（2）选择【格式】|【报表模板】，弹出如图 5-10 所示的"报表模板"对话框。在其中选取行业和财务报表名。

（3）单击【确认】即获得一张定义好的标准财务报表。

此外，UFO 还可以根据账套所属行业一次生成多张标准财务报表。方法是：选择【格式】|【生成常用报表】或单击【打开模板】按钮，在弹出的对话框中单击【是】，即自动生成相应的空的标准财务报表。

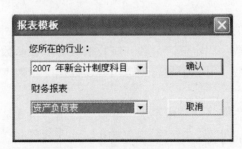

图 5-10 "报表模板"对话框

第三节 报表公式的编辑

报表的部分单元数据可以根据公式自动产生,所以编辑公式也就成了建立报表的一项重要而又有一定难度的工作。UFO 的报表公式有计算公式、审核公式和舍位平衡公式。

一、计算公式的定义

(一) 计算公式

计算公式有单元公式、命令窗中的计算公式、批命令中的计算公式,它们都用于产生单元数据,而且格式也基本相同,即都由运算符号、常数、变量或函数构成。其中,变量可以是单元引用或者一个区域,函数用于从账簿或其他报表取数。

下面将主要介绍单元公式。单元公式存储在报表单元中,并以等号"="打头,例如下列式子都是单元公式:

= QM(1002,月,,,年,,) + C5
= 0.52 * PTOTAL(D5:D10)
= D14 + D19 + D27 + D30

单元公式一般都是算术表达式,其结果为一个确定值。算术表达式又分为单值算术表达式和多值算术表达式。

(1) 单值算术表达式的结果为一个数值,也可为一个单纯常数,可将其赋值给一个单元,例如:C1 = 10,C2 = A1 + B1。

(2) 多值算术表达式的结果为多个数值,可将其运算结果赋值给多个单元,例如:C1:C10 = A1:A10 + B1:B10(表示 C1 = A1 + B1,C2 = A2 + B2,…,C10 = A10 + B10)。

(二) 常用函数

各种会计软件提供的函数在形式上差别很大,但功能却大同小异,一般有总账取数、报表取数、工资取数、固定资产取数、应收取数等取数函数,有些系统甚至提供数学与三角函数、统计函数、财务函数、逻辑函数、数据库函数。UFO 的常用函数有:

1. 账务取数函数

账务取数函数顾名思义是从总账系统中取数,其基本格式是:
函数名(科目代码,期间,[年度],[方向],[账套号],[核算代码1],……)
其中:

(1) 中括号参数为可选项,即只有科目代码和期间是必需的。

(2) 函数名。函数名一般用字母缩写表示,主要用于区别不同的取数功能。UFO 的账务取数的主要函数名如表 5 - 1 所示。

表 5-1 账务取数函数

函数名称	表示方式		
	金额	数量	外币
期初余额	QC	SQC	WQC
期末余额	QM	SQM	WQM
发生额	FS	SFS	WFS
累计发生额	LFS	SLFS	WLFS
条件发生额	TFS	STFS	WTFS
对方科目发生额	DFS	SDFS	WDFS
净额	JE	SJE	WJE

（3）科目代码。指定取哪一个科目的数据。

（4）会计年度与期间。表示取某年某月的数据，其中期间可以是年、季、月。

（5）方向。可以是借或贷。

（6）核算代码。如该科目有辅助核算，可以指定核算代码。

2. 统计函数

统计函数一般用来做报表数据的统计工作，如图 5-11 所示，UFO 报表系统提供 20 多个统计函数，常用统计函数如表 5-2 所示。

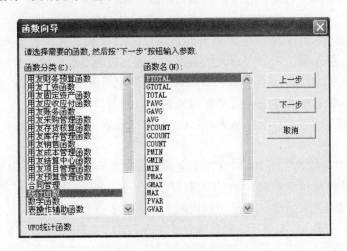

图 5-11 统计函数向导

表 5-2 常用统计函数

函数名称	固定区	可变区	立体方向
合计函数	PTOTAL	GTOTAL	TOTAL
平均值函数	PAVG	GAVG	AVG
计数函数	PCOUNT	GCOUNT	COUNT
最小值函数	PMIN	GMIN	MIN
最大值函数	PMAX	GMAX	MAX

3. 从报表取数函数

报表取数指从本表或其他报表取数，其中：

（1）表页内部取数。一个单元的数据可以从表页内部的一到多个单元或一个连续区域获取，而且一般通过统计函数计算取得，例如：

若干单元的代数和：单元1［＋单元2［＋单元3［＋……］］］，例如，＝C14＋C19＋C27＋C30。

区域单元的代数和：PTOTAL（起始单元：终止单元），例如，＝PTOTAL（B3：B15）。

区域单元的平均值：PAVG（起始单元：终止单元），例如，＝PAVG（C3：C15）。

区域单元的最大值：PMAX（起始单元：终止单元），例如，＝PMAX（E2：E10）。

（2）本表表页之间取数。表页之间取数主要指后面的表页从以前的表页中取数。

①取确定页号表页的数据。如果取数据所在的表页页号已知，则取数格式是：

<目标区域> ＝ <数据源区域> @ <页号>

例如：B2 = C5@1（取本表第一页C5单元的值）。

②按一定关键字用函数取数。SELECT（）函数可以从本表他页取数。

例如，利润表三列分别为项目、本期金额、上期金额，即本月的上期金额取自前一个月表页的本期金额。因此，相应的取数公式为：

C6 = SELECT（B6，年@ = 年 and 月@ = 月+1）

（3）表间取数。①取他表已知表页的数据。通过指定表名、表页和单元，可以明确取哪一个表、哪一页、哪一个单元的数据。因此，表间取数的格式是：

<目标区域> ＝ " <他表表名> " －＞ <数据源区域>［@ <页号>］

当<页号>缺省时为本表各页分别取他表各页数据。例如：

D5 = "资产负债表" －＞ C14@4（本表D5单元取资产负债表第4页C14单元的值）

D5 = "资产负债表" －＞ C14（本表各页分别取资产负债表各页C14单元的值）

②用关联条件从他表取数。如果希望按照年、月、日等关键字的对应关系来取他表数据，就必须用到关联条件。从他表取数的关联条件的格式为：

RELATION <单元｜关键字｜变量｜常量> WITH " <表名> " －＞ <单元｜关键字｜变量｜常量>

（三）计算公式的定义

报表数据除了手工输入数据之外，其他单元数据都需要通过定义计算公式来获取。因此，正确设计计算公式就成了报表设置的关键。

1. 单元公式

为报表单元定义的计算公式称为单元公式。单元公式的书写规则如下：

<目标区域> ＝ <算术表达式>

例如：C18 = C13 + C14 + C15 + C16 − C17。

2. 绝对单元公式和相对单元公式

（1）绝对单元公式。如果单元移动到其他位置，其中的单元公式不变，这样的公式称为绝对公式。例如，定义了 A10 = PTOTAL（A1：A9），在 A10 单元前面插入一行后，单元公式依然为 PTOTAL（A1：A9）。

（2）相对单元公式。当单元公式移动或复制到其他单元，单元公式中引用的单元也随之改变。在单元名称的左侧输入"?"表示相对引用。例如，对于利润表中的"主营业务收入"的本年累计数单元格定义了 D5 = ? C5 + select（? D5，年@ = 年 and 月@ = 月 +1)），在 D5 单元前面插入一行后，单元公式自动变为 D6 = ? C6 + select（? D6，年@ = 年 and 月@ = 月 +1))。同理可以对本年累计数列中的所有单元格设置成自动取数的单元公式。例如，定义单元公式"A1 = B1 + ? C1"，其中"B1"为绝对引用，"? C1"为相对引用。当在第 1 行之前插入 1 行时，单元公式改变为"A2 = B1 + ? C2"，再把 A2 单元复制到 D2 单元时，单元公式改变为"D2 = B1 + ? F2"。

3. 单元公式的定义方法

单元公式在格式状态下定义。在报表中选择要定义公式的单元，按【=】号弹出"单元公式"对话框，在其中输入单元公式。如果定义的公式符合语法规则，单击【确认】按钮后公式写入单元中；否则将提示"输入公式失败"。

利用"函数向导"也可以定义单元公式。例如，在"利润表"主营业务收入本月数栏（C7）定义自动取数公式的方法是：

（1）光标指定 C7 单元格，按【=】号或【fx】图标弹出单元公式对话框，单击【函数向导】，打开如图 5 – 12 所示的对话框。

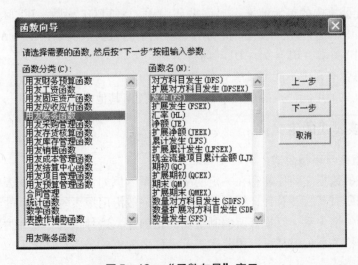

图 5 – 12　"函数向导"窗口

（2）在对话框的函数分类中选择"用友财务函数"，在函数名中选择"发生（FS）"，单击【下一步】进入如图 5 – 13 左侧所示的用友财务函数窗口。

（3）在函数录入栏可以直接录入函数"5101，月，贷，888，年"，单击【确定】返回到"定义公式"对话框。

（4）如果在"用友财务函数"界面单击【参照】按钮，则进入如图 5-13 右侧所示的"账务函数"窗口，在其中选择账套号、会计年度、科目、截止日期、期间和方向，必要的话可以选择"包含未记账凭证"。设置完毕单击【确定】按钮，即将生成的计算公式返回到"定义公式"对话框。

（5）在"定义公式"对话框中单击【确定】，即将公式返填入单元，单元公式将自动进行运算。

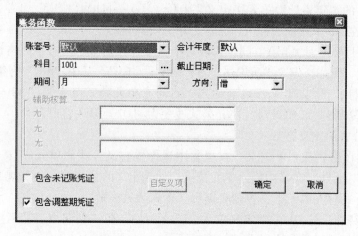

图 5-13 "用友财务函数"窗口

4. 定义单元公式的注意事项

（1）单元公式中的单元地址不允许循环引用（SELECT 函数、IFF 函数除外），即本单元的公式中不能直接引用或间接引用本单元中的数据。例如，A1 = A1 + B2（直接引用），A1 = B1 + C1，B1 = A1 + D1（间接引用）。

（2）在组合单元中不能定义单元公式。

（3）在定义了单元公式的单元中不能再输入任何其他内容。

二、审核公式的定义

1. 报表审核与审核公式

会计报表的数据之间往往存在一定的平衡关系。例如，在资产负债表中资产总计必须等于负债和所有者权益总计，等等。会计软件一般沿用报表勾稽关系的原理，通过设置数据之间的勾稽关系，以检查所编制报表的正确性。这种检查一般称为数据审核，而数据之间的勾稽关系一般都可以用公式表示，称之为审核公式。

审核公式格式：

        ＜表达式＞＜逻辑运算符＞＜表达式＞［MESS "说明信息"］

UFO 除了提供审核公式之外，还可以在命令窗或批命令中执行 CHECK 命令以实现审核。

2. 审核公式的定义

（1）在报表格式状态下，选择【数据】|【编辑公式】|【审核公式…】命令，打开

如图 5-14 所示的"审核公式"设置对话框。

（2）在"审核关系"编辑框中按照右侧提示的格式范例输入审核公式。

（3）审核公式编辑完毕，单击【确定】按钮保存设置并退出。

【例 5-6】编制利润表中的审核公式，具体操作步骤如下：

① 单击【数据】|【编辑公式】进入"审核公式"对话框。

② 如图 5-14 所示，在"审核公式"对话框中输入：

C10 = C6 - C7 - C8 - C9

MESS "主营业务利润计算有误"

C14 = C10 + C11 - C12 - C13

MESS "营业利润计算有误"

C20 = C14 + C15 + C16 + C17 - C18 + C19

MESS "利润总额计算有误"

C22 = C20 - C21

MESS "净利润计算有误"

③ 单击【确定】按钮生成审核公式。

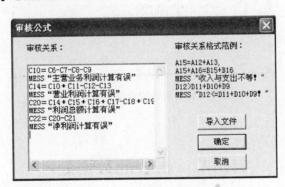

图 5-14　编辑审核公式窗口

三、舍位平衡公式的定义

舍位处理是指对于数值较大的报表，通过提高计量单位以缩小数值的过程。例如，可以将资产负债表的计量单位从"元"转换为"万元"或"亿元"，以缩小数值。但舍位不能破坏原来数据的平衡关系，因此需要进行调整，以保持数据之间的平衡关系。报表舍位之后重新调整平衡关系的公式称为舍位平衡公式。舍位平衡公式的定义方法是：

（1）在格式状态下，选择【数据】|【编辑公式】|【舍位公式…】命令，打开如图 5-15 所示的"舍位平衡公式"对话框。

（2）在对话框中输入舍位表名、范围、位数。其中，舍位范围指进行舍位的区域；舍位位数为 1~8 位，其中 1 表示数据除 10，2 表示数据除 100，以此类推。

（3）编辑平衡公式。公式格式为：＜单元＞ = ＜算术表达式＞。要求必须按统计过程的逆方向顺序书写。

(4) 舍位平衡公式编辑完毕，单击【完成】按钮保存并退出。

【例 5 – 7】将利润表的计量单位由元进位为千元，定义该表的舍位平衡公式。具体操作步骤如下：

(1) 单击【数据】|【编辑公式】|【舍位公式…】命令，打开"舍位平衡公式"对话框。

(2) 在舍位表名框中输入"利润表"，在舍位范围框中输入"C5：D20"，在舍位位数框中输入"3"。

(3) 在平衡公式框中输入舍位公式："C10 = C6 – C7 – C8 – C9，C14 = C10 + C11 – C12 – C13，C20 = C14 + C15 + C16 + C17 – C18 + C19，C22 = C20 – C21"。

(4) 单击【完成】按钮保存。

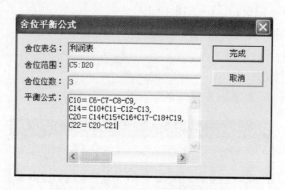

图 5 – 15　编辑舍位平衡公式窗口

第四节　报表的数据处理

报表的数据处理主要包括表页管理、报表计算与重算、报表汇总、报表审核、舍位平衡、报表排序、图形处理、报表输出等功能。

一、表页管理

1. 插入和追加表页

增加新表页有插入和追加两种方式，插入指在当前表页前增加新的表页，而追加即指在最后一张表页后面增加新的表页。插入表页的方法是：

(1) 在数据状态下，单击要插入的表页页标，使它成为当前表页。

(2) 选择【编辑】|【插入】|【表页】命令，打开"插入表页"对话框（追加表页则选择【编辑】|【追加】|【表页】命令）。

(3) 在插入表页数量框中输入要插入的表页数后，单击【确认】即在当前表页之前插入一到多个新表页。

2. 删除表页

（1）在数据状态下，选择【编辑】|【删除】|【表页】，打开"删除表页"对话框。

（2）在"删除表页"框中输入要删除的表页号，如果删除多张表页则表页之间用逗号分隔。在"删除条件"框中可以输入删除条件。

（3）单击【确认】按钮即删除指定或符合条件的表页。注意，如果不指定表页号和删除条件，则单击【确认】后删除当前表页。

3. 表页排序

表页排序指按表页关键字的值或按报表中的任何一个单元的值重新排列表页，UFO 允许指定三个关键字。具体操作方法是：

（1）在数据状态下，选择【数据】|【排序】|【表页】命令或单击【表页排序】按钮，弹出如图 5-16 所示的"表页排序"对话框。

（2）选择一到多个排序关键字，并选择递增或递减的排序方向。

（3）单击【确认】按钮即按关键字对表页进行排序。

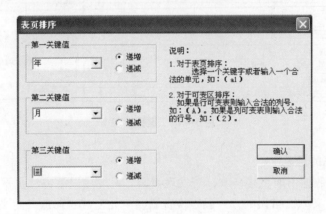

图 5-16 "表页排序"对话框

二、编制报表与重算

1. 编制报表

编制报表即生成报表表页数据，其一般操作过程是：

（1）打开报表文件，单击【格式/数据】按钮，进入数据状态，选择需要计算的表页。

（2）如果该表页尚无关键字，则选择【数据】|【关键字】|【录入】命令，打开如图 5-17 所示的"录入关键字"对话框录入，例如输入"广东宏兴有限公司"和"2013 年 1 月"，录入完毕单击【确定】按钮，系统提示"是否重算第 X 页？"，单击【是】则开始重算表页。

（3）如果该表页已有关键字，则选择【数据】|【表页重算】命令，系统提示"是否重算第×页？"，单击【是】则开始重算，生成表页数据（图 5-18）。

（4）如果设有审核公式，则选择【数据】|【审核】命令执行审核。

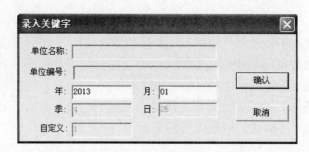

图 5-17 "录入关键字"对话框

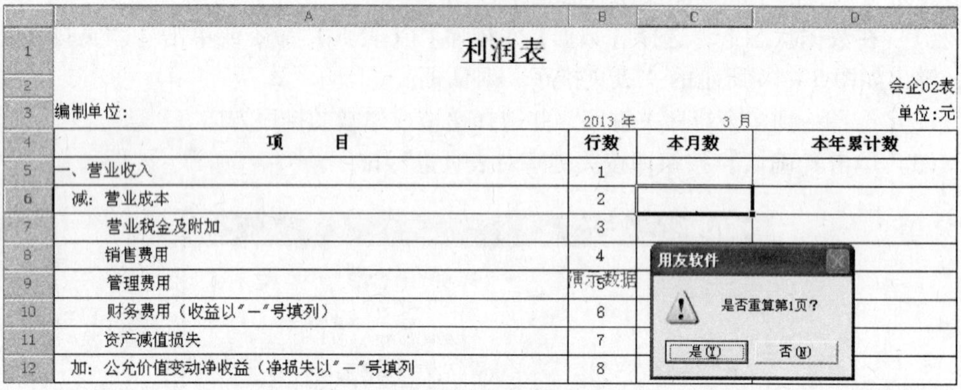

图 5-18 重算报表

2. 报表数据的修改

生成的报表数据不能直接修改，若发现错误，只能用以下方法更正：

（1）属于定义方法错误的，一般是检查错误单元公式，修改其定义。

（2）属于数据源的错误的，如果单元公式没有错误，则必然是数据源有错，这时必须检查账簿数据，找出原因，并通过记账凭证进行调整。

3. 注意

报表在编辑单元公式时可以自动进行运算，也可以使用【数据】|【整表重算】或【表页重算】命令驱动报表中所有单元公式进行重算。如果需要，可以单击屏幕上方的【表页不计算】按钮，使本表页以后不再重算；若要重新计算，再次单击【表页不计算】按钮即可。

三、报表正确性审核

当报表数据录入完毕、修改报表数据或执行表页重算、整表重算命令后，都应对报表进行勾稽关系的审核，以检查报表数据的正确性。审核的操作方法是：

（1）进入数据状态，选择【数据】|【审核】命令。

（2）系统按照审核公式逐一审核表内的关系，当数据不符合勾稽关系时，屏幕给出提示信息，按任意键继续审核其余的公式。

四、报表的汇总

UFO 提供表页汇总和可变区汇总两种汇总功能。其中表页汇总是将一个报表的多个表页数据进行立体叠加,汇总结果可以存放在本表的最后一张表页或生成一个新的汇总报表;可变区汇总是把指定表页中可变区数据进行平面叠加,把汇总数据存放在本页可变区的最后一行或一列。其中,表页汇总的方法是:

(1) 在数据状态下选择【数据】|【汇总】|【表页】命令,弹出表页汇总第一步"汇总方向"对话框,在此需要指定汇总数据的保存位置。如果选择"汇总到新的报表",则需要在编辑框中输入路径和新的报表名。

(2) 单击【下一步】按钮,弹出如图 5-19 所示的表页汇总条件对话框,在此确定汇总哪些表页。如果要汇总报表中的所有表页,则单击【下一步】按钮,否则必须在"表页汇总条件"中设置汇总条件。UFO 允许以单元值、关键字值、表页号为汇总条件。单击【加入】按钮可以使汇总条件进入"汇总条件编辑框"。例如:

"A10 > =1000" 表示汇总 A10 单元的值大于等于 1000 的表页。

"年 =2013 AND 月 >6" 表示汇总 2013 年下半年的表页。

"MREC ( ) > =5 AND MREC ( ) < =10" 表示汇总第 5 页到第 10 页的表页。

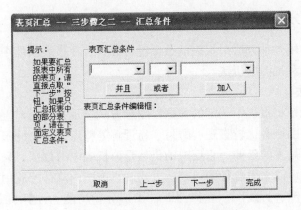

图 5-19 汇总条件设置对话框

(3) 单击【下一步】按钮,弹出表页汇总位置对话框,在此可以指定"按物理位置汇总"或"按关键值汇总"。

(4) 单击【完成】按钮,系统开始汇总表页并保存汇总结果。

五、报表的输出

报表的输出形式有屏幕显示、打印输出、磁盘输出、网络传输等多种形式。其中打印输出还包括打印预览、打印设置、页面设置等功能,下面简单介绍打印输出的方法。

1. 强制分页

UFO 提供自动分页和强制分页功能,其中强制分页用于打印输出,操作方法是:

(1) 将光标移到某行的第一列单元、某列的第一行单元或中间的某一个单元。

（2）单击【工具】|【强制分页】命令，系统将画出一条横向虚线或纵向虚线，将该页分为两页；或者画出一个十字虚线，将该页分为四页。

取消分页的方法：单击【工具】|【取消全部分页】命令。

2. 页面设置

（1）打开需要进行页面设置的报表。

（2）选择【文件】|【页面设置】命令，弹出"页面设置"对话框。

（3）在上、下、左、右页边距编辑框中分别输入页边距的值。

（4）在缩放比例编辑框中输入缩放倍数，允许在0.3～3倍之间缩放。

（5）在"页首页尾"中选择页首和页尾的类型和范围。

3. 打印输出

在格式状态下只打印报表的格式，在数据状态下则可以打印当前表页的所有内容。操作方法是：

（1）打开需要打印的报表文件。

（2）选择【文件】|【打印】命令，打开"打印"对话框。

（3）在打印对话框中设置打印机、打印纸的大小、打印方向、纸张来源、图像的分辨率、图像抖动、图像的浓度、打印品质、打印到文件、打印范围。

六、报表的分析

报表分析是使用各种方法对报表的数据进行分析。在报表软件中一般有两种分析方法，即图形分析法和视图分析法。

1. 图形分析法

图形分析法就是将报表中选定的数据以图形方式显示，使用户直观地得到数据的大小或变化的情况。图形有比较直观、醒目、易理解等特点，在会计报表分析中早已普遍使用。图形实际上是表的延伸，它反映的仍然是分析表中的数据，只不过表现形式不同而已，一张分析表可以采用各种图形表示方式。目前国内流行的通用报表处理软件一般都提供饼图、直方图、折线图、立体图四种图形分析功能。计算机制图要经过以下步骤：①选取绘图数据；②选择图形类型；③根据系统提示制成图形。

2. 视图分析法

在报表系统中，大量年度或月份数据是以表页形式分布的，一般情况下，每次只能看到一张表页。要想对各个表页的相同行或列区域的数据进行比较，可以利用视图分析法。视图分析法是采用从某一张表或多张表中抽取具有某种特定经济含义的数据，形成一张"虚表"，从而达到对多个报表数据在系统生成的"虚表"进行重新分类、对比分析的效果。这种表的数据是通过数据关系公式从与其相关联的数据报表中抽取出来反映在表上的。"虚表"本身不保存数据，因此也称这种"虚表"为视图。视图是数据报表的寄生表，没有数据报表就不可能产生视图。这种分析方法是手工报表分析难以实现的，因此这也是报表系统提供的很有意义的重要功能。

本章小结

报表处理是会计信息系统的一个重要子系统，关系到会计信息系统能否满足用户对会计信息的需求。本章在概述报表系统主要功能、基本概念的基础上，主要介绍了UFO报表处理系统的报表格式设计、报表公式编辑、报表数据处理以及报表输出的具体方法，其中尤其详细介绍了主要取数函数的格式以及单元公式的定义方法。UFO报表系统是一个应用广泛和较受青睐的系统，建议读者利用自己建立的账套数据完整定义出资产负债表和利润表，并生成具体的数据。

基本概念

自定义报表、格式/数据状态、报表格式、单元属性、单元公式、审核公式、取数函数、报表模板、表页、关键字、表页汇总、舍位处理。

练 习 题

一、单项选择题

1. 报表软件主要输出的内容是_____。
    A. 报表运算公式　　　　　　　　B. 报表勾稽关系
    C. 编制的会计报表　　　　　　　D. 报表格式
2. 在格式状态下录入了数据的单元，都是_____单元。
    A. 数据型　　　B. 表样型　　　C. 日期型　　　D. 字符型
3. UFO报表的基本操作流程是_____。
    A. 设计格式→定义公式→数据处理→图形处理→打印
    B. 定义公式→设计格式→数据处理→图形处理→打印
    C. 设计格式→定义公式→图形处理→数据处理→打印
    D. 设计格式→图形处理→数据处理→定义公式→打印
4. 如果发现生成的报表中有公式的单元数据错误，修改的方法是_____。
    A. 直接修改公式　　　　　　　　B. 直接键入正确的数据
    C. 返回格式状态修改数据　　　　D. 返回格式状态修改公式
5. 报表尺寸定义的目的是_____。
    A. 定义单元属性　　　　　　　　B. 确定报表的列数
    C. 确定报表的行数　　　　　　　D. 确定报表的行数和列数

6. UFO 报表中，关键字可以用_____来表示。
   A. 字符　　　　　B. 像素　　　　　C. 表样　　　　　D. 偏移量
7. 在 UFO 中要想将 A1：C4 设置成组合单元，应选择的组合方式是_____。
   A. 按行组合　　　B. 按列组合　　　C. 取消组合　　　D. 整体组合
8. 在 UFO 中欲查找某一期间利润表的数据，需要在_____下查询。
   A. 数据状态　　　B. 导出文件　　　C. 打印输出　　　D. 格式状态
9. UFO 报表中，格式状态下输入内容的单元均默认为_____。
   A. 字符单元　　　B. 关键字　　　　C. 数值单元　　　D. 表样单元
10. 在报表软件中，编辑报表公式和格式都要处于_____状态。
    A. 其他状态　　　　　　　　　　　B. 格式
    C. 格式或数据状态均可　　　　　　D. 数据

二、多项选择题

1. 通用报表系统中，报表格式包括_____。
   A. 整表格式　　　B. 公式格式　　　C. 输入格式　　　D. 单元格式
2. 报表系统中，报表审核公式运算包括_____。
   A. "/"（除以）　　　　　　　　　　B. "*"（乘）
   C. ">"（大于）　　　　　　　　　　D. "+"（加）
3. 报表系统中报表公式主要有_____。
   A. 报表单元公式　　　　　　　　　　B. 合并报表公式
   C. 舍位平衡公式　　　　　　　　　　D. 审核公式
4. 报表系统中，单元的数据来源包括_____。
   A. 从软件其他模块取数　　　　　　　B. 从报表自身取数
   C. 从总账系统取数　　　　　　　　　D. 从系统外部取数
5. UFO 报表系统的主要功能有_____。
   A. 制作动画　　　　　　　　　　　　B. 从总账中取数
   C. 文档编辑　　　　　　　　　　　　D. 设计报表格式
6. 报表系统中，单元属性用于定义单元的格式，如_____。
   A. 单元类型　　　B. 字体图案　　　C. 对齐格式　　　D. 数字大小
7. 在编制 UFO 报表时，可用_____方式设置表格线。
   A. 单元属性　　　B. 套用格式　　　C. 区域填充　　　D. 区域画线
8. 下列属于 UFO 报表的单元类型有_____。
   A. 逻辑型　　　　B. 数值型　　　　C. 字符型　　　　D. 表样型
9. 舍位位数为 4 表示_____。
   A. 舍位区域中所有数据舍位后保留小数点后 4 位
   B. 舍位区域中所有数据保留小数后 4 位
   C. 舍位区域中所有数据除以 10 000
   D. 舍位区域中所有数据的小数点向左移动 4 位

10. 下列方法可以输入单元公式的是_____。
   A. 在编辑框中输入"="和公式 B. 点击"fx"按钮，输入公式
   C. 双击单元格输入公式 D. 按"="键输入公式

三、判断题

1. 在 UFO 报表系统中，可以自定义报表模板。
2. 在 UFO 中单元中的数据类型只有表样型、数值型和字符型三种。
3. UFO 报表可直接在格式状态下获取总账数据。
4. 在 UFO 中只能从总账中提取财务数据。
5. UFO 中关键字偏移量为负数，则表示关键字的位置向左偏移的距离。
6. UFO 报表的自定义关键字只能是数值型。
7. 在 UFO 报表的数据状态下，可以调整报表的行高和列宽。
8. 在 UFO 报表的格式状态下，可以进行删除表页的操作。
9. 在数据状态下可以修改 UFO 报表的审核公式。
10. UFO 报表的自定义关键字只能是数值型。

实训六 报表处理

一、实验目的

（1）理解报表编制的原理及流程。
（2）掌握报表格式定义、公式定义的操作方法。
（3）掌握报表数据处理、表页管理及图表功能等操作。
（4）掌握如何利用报表模板生成一张报表。

二、实验内容

（1）自定义一张报表。
（2）利用报表模板生成资产负债表和利润表。
（3）自定义资产负债表和利润表。

三、实验资料

1. 货币资金表
（1）报表格式。

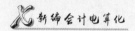

货币资金表

编制单位：广东宏兴　　　　　　　　　年　月　日　　　　　　　　　　　单位：元

项　目	行　次	期　初　数	期　末　数
库存现金	1		
银行存款	2		
合计	3		

制表人：

说明：

表头：标题"货币资金表"设置为"黑体、14号、居中"，编制单位行设置为"楷体、12号"，年、月、日设为关键字。

表体：表体中文字设置为"楷体、12号、加粗、居中"。

表尾："制表人："设置为"楷体、12号、右对齐"。

（2）报表公式。

现金期初数：C4 = QC（"1001"，月）

现金期末数：D4 = QM（"1001"，月）

银行存款期初数：C5 = QC（"1002"，月）

银行存款期末数：D5 = QM（"1002"，月）

期初数合计：C6 = C4 + C5

期末数合计：D6 = D4 + D5

2. 利用报表模板生成资产负债表和利润表

以"201 赵主管"的身份编制财务报表，并引入第三章中实训五的账套数据。

3. 基于实训三账套数据的报表

（1）资产负债表。

资产负债表

会企01表

编制单位：广东宏兴有限公司　　　　　2013年1月31日　　　　　　　　　单位：元

资　产	年初数	期末数	负债和所有者（股东）权益	年初数	期末数
流动资产：			流动负债：		
货币资金	1 431 300.00	2 128 292.06	短期借款	656 000.00	606 000.00
交易性金融资产			交易性金融负债		
应收票据	351 000.00		应付票据	468 000.00	
应收股利			应付账款	147 000.00	196 140.00
应收利息			预收账款		
应收账款	232 830.00	1 051 830.00	应付职工薪酬	43 590.00	55 300.00

续上表

资　产	年初数	期末数	负债和所有者（股东）权益	年初数	期末数
其他应收款	8 000.00	2 000.00	应交税费	354 360.00	529 120.00
预付账款			应付利息	2 680.00	5 508.25
存货	2 352 400.00	1 584 700.00	应付股利		51 254.25
一年内到期的非流动资产			其他应付款	6 800.00	6 800.00
其他流动资产			一年内到期的非流动负债		
流动资产合计	4 375 530.00	4 766 822.06	其他流动负债		
非流动资产：			流动负债合计	1 678 430.00	1 450 122.50
可供出售金融资产			非流动负债：		
持有至到期投资			长期借款	1 040 000.00	1 090 000.00
投资性房地产			应付债券		
长期股权投资			长期应付款		
长期应收款			专项应付款		
固定资产	10 365 480.00	10 365 480.00	预计负债		
减：累计折旧	2 102 131.60	2 120 131.60	递延所得税负债		
固定资产净值	8 263 348.40	8 245 348.40	其他非流动负债		
减：固定资产减值准备			非流动负债合计	1 040 000.00	1 090 000.00
固定资产净额	8 263 348.40	8 245 348.40	负债合计	2 718 430.00	2 540 122.50
生产性生物资产			所有者权益（或股东权益）：		
工程物资			实收资本（或股本）	7 000 000.00	7 179 500.00
在建工程			资本公积	1 078 000.00	1 078 000.00
固定资产清理			减：库存股		
无形资产	326 540.00	326 540.00	盈余公积	885 600.00	927 935.38
商誉			未分配利润	1 283 388.40	1 613 152.58
长期待摊费用			所有者权益（或股东权益）合计	10 246 988.40	10 798 587.96
递延所得税资产					
其他非流动资产					
非流动资产合计	8 589 888.40	8 571 888.40			
资产总计	12 965 418.40	13 338 710.46	负债和所有者（股东）权益总计	12 965 418.40	13 338 710.46

（2）利润表。

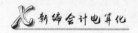

利润表

会企02表

编制单位：广东宏兴有限公司　　　2013年1月　　　　　　　单位：元

项　目	行数	本月数	本年累计数
一、营业收入	1	1 500 000.00	1 500 000.00
减：营业成本	2	880 000.00	880 000.00
营业税金及附加	3		
销售费用	4	28 290.63	28 290.63
管理费用	5	20 709.37	20 709.37
财务费用（收益以"－"号填列）	6	4 028.25	4 028.25
资产减值损失	7		
加：公允价值变动净收益（净损失以"－"号填列）	8		
投资收益（净损失以"－"号填列）	9		
其中对联营企业与合营企业的投资收益	10		
二、营业利润（亏损以"－"号填列）	11	566 971.75	566 971.75
营业外收入	12		
减：营业外支出	13	2 500.00	2 500.00
其中：非流动资产处置净损失（净收益以"－"号填列）	14		
三、利润总额（亏损总额以"－"号填列）	15	564 471.75	564 471.75
减：所得税	16	141 117.94	141 117.94
四、净利润（净亏损以"－"号填列）	17	423 353.81	423 353.81
五、每股收益：			
基本每股收益			
稀释每股收益			

补充资料：

项目	本年累计数	上年实际数
1. 出售、处置部门或被投资单位所得收益		
2. 自然灾害发生的损失		
3. 会计政策变更增加（或减少）利润总额		
4. 会计估计变更增加（或减少）利润总额		
5. 债务重组损失		
6. 其他		

第六章 薪资管理系统

学习目标

1. 了解薪资管理系统的基本功能。
2. 掌握薪资管理系统的初始化设置。
3. 掌握薪资管理系统日常业务处理的操作方法。
4. 掌握薪资管理系统工资分摊及月末处理的操作方法。

能力培养目标

1. 具有薪资管理系统初始设置的能力。
2. 具有薪资管理系统日常业务处理的能力。
3. 具有工资分摊、月末处理和数据查询的能力。

第一节 薪资管理系统概述

新会计准则将工资的概念扩展为职工薪酬，明确定义职工薪酬为企业为获得职工提供的服务而给予各种形式的报酬以及其他相关支出。显然，工资只是职工薪酬的一个组成部分，但工资仍然是薪酬的主要构成要素，其他薪酬或支出往往与工资相关。

一、薪资管理系统的主要功能

薪资管理系统适用于各类单位进行工资核算、工资发放、工资费用分摊、工资统计分析和个人所得税核算等，其主要功能如图6-1所示，其中：

(1) 工资建账。主要功能是建立工资账，如果选择多类别工资核算，则可以使用工资类别的建立、打开、关闭、删除等功能。

(2) 初始设置。主要包括薪资标准体系、调资业务、人员附加信息、代发银行、工资项目、计算公式、人员类别、部门档案、人员档案等设置。

(3) 业务处理。主要包括调资处理、工资数据变动、分钱清单、工资分摊、生成凭证、银行代发、扣缴所得税以及结账与反结账业务。

(4) 统计分析。主要提供查询输出工资表和工资分析表等功能。例如，工资表包括工资发放签名表、工资发放条、工资卡，又如各种汇总表、明细表、统计表等。

(5) 维护处理。维护处理的主要包括数据上报、数据采集、工资类别汇总、人员调动、人员信息复制、数据接口管理、卡号导入等功能。

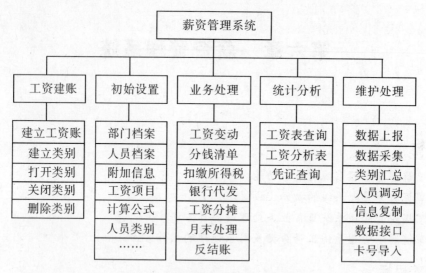

图6-1 薪资管理系统的主要功能

二、薪资管理系统与其他系统的关系

薪资系统与多个系统有数据联系,其中最主要的联系如图6-2所示。

(1) 薪资与人事管理是人力资源管理的两个主要子系统,两者应实现信息共享。

(2) 薪资系统每月必须将费用分配表以及其他与工资的发放、计提、扣款有关的信息,以记账凭证的形式传递给总账系统。

(3) 薪资系统每月将费用分配表直接传递给成本管理系统。

此外,薪资系统应尽可能与车间、总务等管理信息系统建立直接联系,以便从中获取数据,并为银行系统提供职工存款数据。

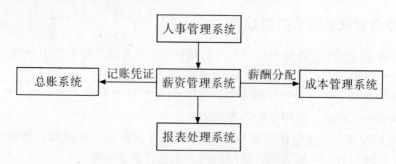

图6-2 薪酬管理系统与其他系统的关系

三、薪资系统的应用流程

薪资系统的应用流程如图6-3所示,即系统安装之后首先要建立工资账并进行一系列初始设置，然后才能进行周而复始的日常处理过程，包括处理人员变动、输入或引入薪酬数据、计算汇总、个税处理、费用计提与分摊、银行代发、期末处理。此外，可以查询或打印输出各种工资表与分析表。

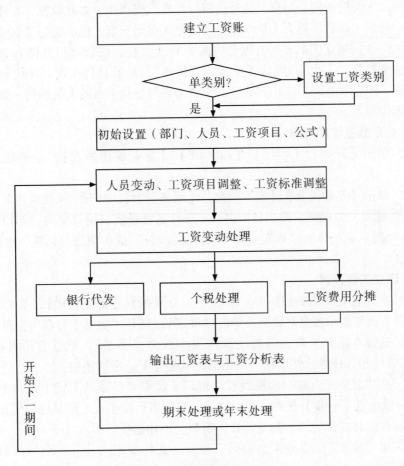

图6-3 薪资系统的应用流程

第二节 薪资管理系统的初始设置

薪资管理系统在初次使用时必须经过初始设置。初始设置其实就是根据工资核算的特点建立一个薪资管理子账套的过程，主要设置内容包括建立工资账套和基础设置两部分。

一、建立薪资管理系统子账套

启用薪资系统的第一步是建立工资账，系统提供的工资建账是一个向导。当初次进入薪资管理系统时，系统自动进入建账向导。

薪资建账向导共分四个步骤，即参数设置、扣税设置、扣零设置和人员编码。在参数设置中，需要选择本企业工资核算应用方案，确定工资核算本位币及是否核算计件工资。扣税设置即选择在工资计算中是否由单位进行代扣个人所得税处理。扣零设置通常在发放现金工资时使用，如果单位采用银行代发工资则很少做此设置。人员编码即单位人员编码长度，以数字做为人员编码，可自定义编码长度，但不能超过10位字符。

【例6-1】建立广东宏兴有限公司薪资管理账套。账套启用月份为2013年2月，工资类别个数为"多个"，默认货币为"人民币"，核算计件工资，并从工资中代扣个人所得税，工资发放时不作扣零处理，人员编码与公共平台的人员编码一致。

操作流程：

1. 启用薪资管理系统

（1）单击【开始】|【程序】|【ERP-U8】|【企业应用平台】，注册登录企业应用平台。

（2）单击【基础设置】|【基本信息】|【系统启用】，打开"系统启用"窗口，选中"WA薪资管理"复选框，弹出日历窗口。选择薪资系统启用日期为"2013-02-01"，单击【确定】，系统弹出"确实要启用当前系统吗？"提示信息对话框，单击【是】按钮返回。

2. 建立工资账套

（1）在【企业应用平台】中，单击【人力资源】|【薪资管理】，系统弹出"请先设置工资类别"提示信息对话框，单击【确定】，打开"建立工资套"窗口。

（2）选择本账套所需处理的工资类别个数为"多个"，默认货币名称为"人民币"，选中"是否核算计件工资"复选框，单击【下一步】按钮。

（3）在"建立工资套—扣税设置"窗口，选中"是否从工资中代扣个人所得税"复选框，单击【下一步】按钮。选中之后，系统将自动生成工资项目"代扣税"。

（4）在"建立工资套—扣零设置"窗口，不作选择。单击【下一步】按钮。

（5）在"建立工资套—人员编码"窗口，系统要求与公共平台的人员编码一致，在此不需设置。

（6）单击【完成】按钮，结束建账向导。

上述部分参数设置可以在【设置】|【选项】中进行设置或修改。

二、基础信息设置

建立工资账套后，需要对薪资管理系统运行所需要的一些基础信息进行设置，包括工资类别设置、人员附加信息设置、工资项目设置、银行设置、人员类别设置、人员档案设置、计算公式设置等。

1. 工资类别设置

工资类别用于对工资核算范围的分类。一个单位可以建立多个工资类别，一般可按人员、部门或时间设置工资类别。如分别对在职、退休、离休人员核算工资，或分别对正式工、临时工核算工资，也可以整个单位不分类地统一核算工资。

在建立工资账套后，系统自动提示"未建立工资类别！"，可以就此单击【确定】

按钮,进入"新建工资类别"向导,也可以单击【取消】按钮不进行工资类别设置。下面将以实例介绍工资类别的设置步骤。

【例6-2】建立工资类别"在职人员"。

操作流程:

(1) 单击【工资类别】|【新建工资类别】,打开"新建工资类别"窗口。

(2) 如图6-4所示,在"输入工资类别名称"中输入"在职人员"。单击【下一步】按钮,选中"选定全部部门"复选框(如图6-5所示)。

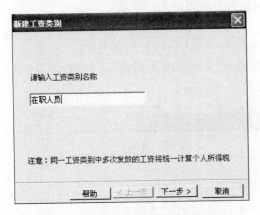
图6-4 新建工资类别-类别名称

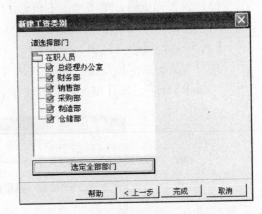
图6-5 新建工资类别-选择部门

(3) 单击【完成】按钮,系统弹出"是否以2013-02-01为当前工资类别的启用日期?"提示信息,单击【是】按钮返回。

(4) 单击【工资类别】|【关闭工资类别】,关闭"在职人员"工资类别。

在打开工资类别的情况下,"工资类别"菜单下显示"打开工资类别"和"关闭工资类别"两个选项。单击【关闭工资类别】后,"工资类别"菜单下显示"新建工资类别"、"打开工资类别"和"删除工资类别"几个选项。

2. 银行设置

当企业发放工资采用银行代发形式时,需要确定银行名称及账号长度。发放工资的银行可按需要设置多个,这里银行名称设置是指所有工资类别涉及的银行名称。

【例6-3】设置广东宏兴有限公司发放工资银行档案。银行名称:工商银行厚街支行(01001)。

操作流程:

(1) 在企业应用平台,单击【基础设置】|【基础档案】|【收付结算】|【银行档案】,打开"银行档案"窗口。

(2) 单击【增加】,打开"增加银行档案"窗口,输入银行编码"01001",银行名称"工商银行厚街支行(01001)",默认个人账号"定长",账号长度"11",自动带出账号长度"7"。

(3) 单击【保存】按钮。

3. 人员附加信息设置

薪资管理系统除了提供与工资核算有关的人员基本档案信息外，还提供了人员附加信息的设置功能，从一定程度上丰富了人员档案管理的内容。人员附加信息包括性别、民族、婚否、技术职称、学历、职务、身份证号等。具体操作方法是：

（1）单击【设置】|【人员附加信息设置】，打开"人员附加信息设置"窗口。

（2）单击【增加】，输入附加信息名称或从"栏目参照"列表中选择系统提供的信息名称，再次单击【增加】以保存新增名称并可继续增加下一条记录。

（3）设置完成后，单击列表右侧的上下箭头调整项目的先后顺序。

（4）单击【确定】按钮返回。

【例6-4】增加"性别"、"学历"、"技术职称"为人员附加信息内容。

在"人员附加信息设置"窗口，从"栏目参照"列表中先后选择"性别"、"学历"、"技术职称"，按【增加】按钮增加，如图6-6所示。

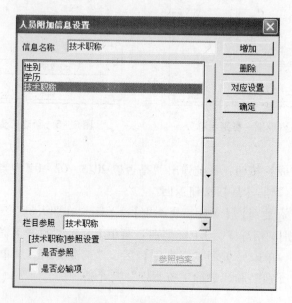

图6-6　人员附加信息设置

4. 人员类别设置

人员类别是指按某种特定的分类方式将企业职工分成若干类型，不同类别的人员工资水平可能不同，从而有助于实现工资的多极化管理。人员类别的设置还与工资费用的分配、分摊有关，合理设置人员类别，便于工资的汇总计算，为企业提供不同人员类别的工资信息。设置方法是：

（1）单击【基础设置】|【基础档案】|【机构人员】|【人员类别】，打开"人员类别"设置窗口。

（2）单击【增加】按钮，弹出"增加档案项"对话框，在其中输入人员类别的档案编码、名称等信息后，单击【确定】保存并继续设置。

（3）全部设置完毕单击【退出】按钮返回。

【例6-5】设置广东宏兴有限公司人员类别：管理人员、生产人员、营销人员，档案编码分别为101、102、103。

如图6-7所示，在"人员类别"设置窗口，首先输入档案编码"101"、档案名称"管理人员"，然后继续增加102、103，最后按【退出】返回。

图6-7 人员类别设置窗口

5. 人员档案设置

人员档案指工资发放人员的基本信息，员工的增减变动都必须先在此进行处理。

选择【薪资管理】|【设置】|【人员档案】，打开"人员档案"界面，显示人员档案列表，在此可进行人员增减变动处理。

【例6-6】设置广东宏兴有限公司在职人员档案，人员档案信息如表6-1。

表6-1 人员档案信息

编号	姓名	所属部门	人员类别	银行账号	中方人员	是否计税	是否核算计件工资
101	龙 泉	总经理办公室	管理人员	20130201001	是	是	否
201	赵主管	财务部	管理人员	20130201002	是	是	否
202	钱会计	财务部	管理人员	20130201003	是	是	否
203	孙出纳	财务部	管理人员	20130201004	是	是	否
204	李应收	财务部	管理人员	20130201005	是	是	否
205	周应付	财务部	管理人员	20130201006	是	是	否
206	吴存货	财务部	管理人员	20130201007	是	是	否
301	郑销售	销售部	营销人员	20130201008	是	是	否
302	陈销售	销售部	营销人员	20130201009	是	是	否
303	高 山	销售部	营销人员	20130201010	是	是	否

续上表

编号	姓名	所属部门	人员类别	银行账号	中方人员	是否计税	是否核算计件工资
304	游 鱼	销售部	营销人员	20130201011	是	是	否
401	王采购	采购部	营销人员	20130201012	是	是	否
402	刘 云	采购部	营销人员	20130201013	是	是	否
501	杨制造	制造部	生产人员	20130201014	是	是	否
601	冯仓库	仓储部	管理人员	20130201015	是	是	否

操作流程：

(1) 单击【工资类别】|【打开工资类别】，打开"打开工资类别"窗口，选择"001 在职人员"工资类别，单击【确定】按钮。

(2) 单击【执行】|【人员档案】，打开"人员档案"界面。

(3) 单击【批量】按钮，弹出"人员批量增加"对话框。在左侧"人员类别"列表框中，单击"管理人员"、"生产人员"、"营销人员"前面的选择栏，出现"是"，所选人员类别下的人员档案出现在右侧列表框中，如图6-8所示，单击【全选】，然后单击【确定】返回。

图6-8 人员批量增加

(4) 双击人员档案记录"龙泉"，弹出"人员档案明细"窗口，修改是否核算计件工资，补充输入银行名称及银行账号，如图6-9所示。单击【确定】，系统弹出"写入该人员档案信息吗？"提示信息，单击【确定】按钮。

(5) 系统自动调入下一人档案，继续完成对其他人员信息的修改。全部输入完毕后，单击【取消】退出。

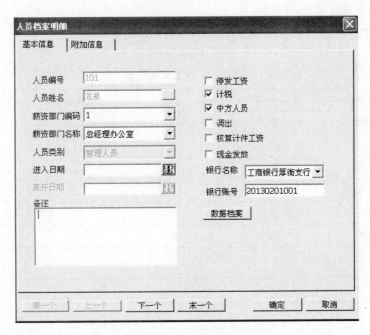

图6-9 人员档案明细

6. 工资项目设置

为了适应不同企业工资款项的差异,薪资系统提供设置工资项目的功能。企业不仅在系统初建时必须设置工资项目,而且日后也应当根据需要适当增减其中的项目。工资项目的设置内容主要是项目的名称、类型和小数位数。

薪资管理系统中提供了一些固定的工资项目,它们是工资账中不可缺少的,主要包括应发合计、扣款合计、实发合计。若在工资建账时设置了"扣零处理",则系统自动生成本月扣零和上月扣零两个项目;若选择了"扣税处理"和"是否核算计件工资",则系统自动生成代扣税和计件工资项目。这些自动生成的项目不能删除和重命名。其他项目可以根据实际情况定义或参照增加,如基本工资、岗位工资和奖金等。

在工资项目设置窗口,工资项目类型有数字和字符两种数据供选择;长度和小数用于设置数据的最大容量,如果是数字型数据,需要指定小数位数,如果是字符型数据则小数位一栏不可选;增减项用于确定工资项目计算属性,"增项"项目自动成为应发合计的组成项目,"减项"项目自动成为扣款合计的组成项目,"其他"项目不计入应发合计或扣款合计项目。具体操作方法是:

(1)在薪资管理系统中,选择【设置】|【工资项目设置】,打开"工资项目设置"对话框。

(2)单击【增加】按钮并在右侧"名称参照"下拉列表框中选择需要增加的工资项目或直接输入工资项目的名称以及设置类型、长度、小数、增减项等。

(3)单击【增加】按钮保存并新增一空行,继续设置新的工资项目。

(4)设置完成后单击【上移】、【下移】按钮来排列工资项目的次序,最后单击

【确定】按钮结束工资项目设置。

【例6-7】根据表6-2设置广东宏兴有限公司工资项目。

表6-2 工资项目设置

工资项目名称	类型	长度	小数位数	增减项
基本工资	数字	8	2	增项
奖金	数字	8	2	增项
交补	数字	8	2	增项
请假扣款	数字	8	2	减项
养老保险	数字	8	2	减项
请假天数	数字	8	2	其他

操作流程：

(1) 单击【设置】|【工资项目设置】，打开如图6-10所示的"工资项目设置"窗口。

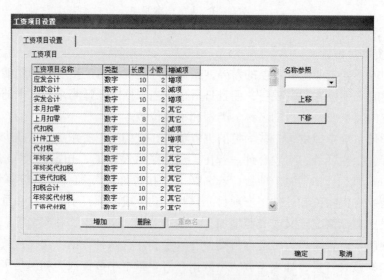

图6-10 "工资项目设置"窗口

(2) 单击【增加】，在工资项目列表中增加一空行，输入工资项目名称"基本工资"，也可以从"名称参照"下拉列表中选择系统提供的"基本工资"选项。

(3) 双击【类型】，在下拉列表框中选择"数字"选项，用同样的方法，将长度设为"8"，小数设为"2"，增减项选择"增项"。

(4) 反复执行 (2)、(3) 两步，增加其他工资项目。

(5) 最后单击【确认】按钮，系统弹出"工资项目已经改变，请确认……"提示信息，单击【确定】按钮结束。

7. 计算公式设置

计算公式用于定义工资项目之间的运算关系，其设置的正确与否关系到工资核算的最终结果。计算公式由工资项目、运算符和函数组成，可以直接输入，也可以利用公式向导参照输入。另外，计算公式应在设置工资项目之后定义，但应发合计、应扣合计、实发工资等公式由系统根据增减项自动生成。

（1）公式的一般定义方法为：①在薪资系统中选择【设置】|【工资项目设置】，打开"工资项目设置"对话框。②单击【公式设置】，进入如图 6-11 所示的计算公式定义界面。③从工资项目中或单击【增加】从下拉列表中选择需要定义公式的项目。④单击公式定义区可以直接输入公式，或者利用"公式输入参照"编辑公式，或者单击【函数公式向导输入】设置公式。⑤单击【公式确认】，系统对已设置的公式进行合法性检查后保存。单击【上移】、【下移】按钮可调整计算公式的次序。

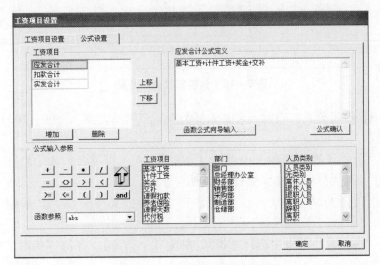

图 6-11　计算公式定义界面

（2）函数公式向导设置方法为：①在图 6-11 中单击【函数公式向导输入】，即进入函数向导第一步，在"函数名"列表中选取需要的函数。②单击【下一步】，在计算表达式栏中输入计算表达式。③单击【完成】，返回"公式设置"。

【例 6-8】设置公式：请假扣款 = 请假天数 × 20，养老保险 =（基本工资 + 奖金）× 0.05。

操作流程：

（1）单击【工资类别】|【打开工资类别】，打开"打开工资类别"窗口，选择"001 在职人员"工资类别，单击【确认】按钮。

（2）单击【设置】|【工资项目设置】，打开"公式设置"选项卡。

（3）单击【增加】，在工资项目列表中增加一空行。单击该行，在下拉列表中选择"请假扣款"选项。

（4）单击"请假扣款公式定义"文本框，选择工资项目列表中的"事假天数"。

（5）单击运算符"*"，在"*"后输入数字"20"，如图 6-12 所示单击【公式确认】按钮。

用同样的方法设置公式：养老保险=（基本工资+奖金）×0.05。

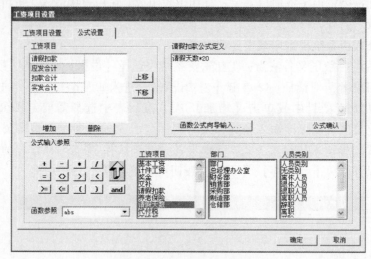

图6-12 请假扣款公式设置

【例6-9】设置公式：交补=iff（人员类别="营销人员"，500，100）。

操作流程：

（1）在"公式设置"选项卡中单击【增加】，在工资项目列表中增加一空行，单击该行，在下拉列表框中选择"交补"选项。

（2）单击【公式定义】文本框，再单击【函数公式向导输入】按钮，弹出如图6-13所示的"函数向导—步骤之1"对话框。

（3）从"函数名"列表中选择"iff"，单击【下一步】，弹出"函数向导—步骤之2"对话框。

（4）单击【逻辑表达式】参照按钮，弹出"参照"对话框，从"参照列表"下拉列表框中选择"人员类别"选项，如图6-14所示，从下拉列表中选择"营销人员"，单击【确定】按钮返回。

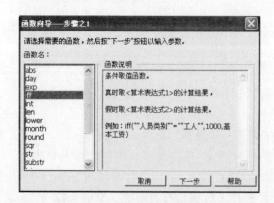

图6-13 函数向导—步骤之1

图6-14 参照

(5) 在"数学表达式 1"后面的文本框中输入"500",在"数学表达式 2"后面的文本框中输入"100",单击【完成】按钮返回"公式设置"窗口,单击【公式确认】后再单击【确定】退出公式设置。

8. 设置所得税纳税基数和税率

薪资管理系统提供个人所得税自动计算功能,只需要定义所得税率并设置扣税基数就可以由系统自动计算个人所得税。具体操作方法是:

(1) 在薪资管理系统单击【设置】|【选项】,单击扣税设置选项卡后,单击【编辑】按钮,如图 6-15 所示。

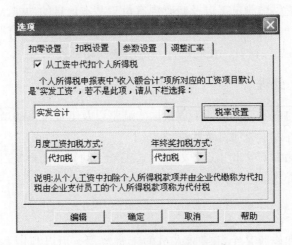

图 6-15 选项—扣税设置

(2) 单击【税率设置】按钮,打开"个人所得税申报表—税率表"对话框,按国家颁布的工资、薪金所得所使用的 7 级超额累进税率,将基数设置为"3500",附加费用设置为"1300",进一步调整应纳税所得额下限、应纳税所得额上限、税率、速算扣除数,如图 6-16 所示。

(3) 单击【确定】返回"选项"对话框,再单击【确定】退出。

图 6-16 个人所得税申报表—税率表

第三节 薪资管理系统的业务处理

薪资管理系统的日常业务处理主要包括人员变动处理、工资变动数据的输入、扣缴所得税、银行代发、工资分摊等处理。

一、人员变动处理

薪资管理系统提供增删员工以及修改现有员工基本信息的功能，以适应企业的人员变动。人员变动在【人员档案】中进行处理，即选择【薪资管理】|【设置】|【人员档案】，打开"人员档案"窗口，在此进行人员增减变动处理。

二、工资变动处理

工资变动处理的主要工作包括工资数据的调整以及工资项目的增减。工资变动处理之前，需要事先设置好工资项目及计算公式。

在工资管理系统中，单击【业务处理】|【工资变动】，打开"工资变动"窗口，即可对所有人员的工资数据进行直接录入、修改，也可通过以下方法，快速、准确地进行数据录入或修改。

1. 筛选和定位

如果需要录入和修改某个部门或人员的工资数据，可以利用系统提供的"筛选"或"定位"功能完成。先将所要修改的人员过滤出来，然后进行工资数据的修改。修改完毕后单击【计算】和【汇总】功能。

2. 页编辑

工资变动界面有一个【编辑】按钮，单击它可以对选定的个人进行录入编辑。单击【上一个】、【下一个】按钮变更人员，录入或修改其他人员的工资数据。

3. 替换

将符合条件的人员的某个工资项目的数据，统一替换成某个数据。

4. 计算汇总

在修改了某些数据、重新设置了计算公式、进行了数据替换或在个人所得税中执行了自动扣税等操作之后，必须调用【计算】和【汇总】功能对个人工资数据重新计算，以保证数据准确。通常应发合计、扣款合计、实发合计在修改工资数据后不自动计算合计项，如要检查合计项是否正确，需要先重算工资，如果不执行重算工资，在退出工资变动时系统会提示重新计算。

5. 排序

为了便于录入和查询工资数据，系统提供了排序功能。在工资变动界面，单击鼠标右键，从快捷菜单中选择"排序"即进入排序处理。可以选择按人员编码、人员姓名或部门进行排序，如果需要按某个工资项目数据排序，只需将光标定位在该列中，然后选择快捷菜单中的【排序】|【选择列】|【升序（降序）】即可。

第一次使用薪资管理系统时必须将所有人员的基本工资数据输入系统。

【例6-10】录入如表6-3所示的广东宏兴有限公司2013年2月员工的工资数据。

表6-3 广东宏兴有限公司2013年2月工资数据汇总表

姓名	基本工资	奖金	姓名	基本工资	奖金	姓名	基本工资	奖金
龙 泉	6 000	1 000	周应付	3 000	400	游 鱼	2 000	300
赵主管	4 500	600	吴存货	3 000	400	王采购	4 000	550
钱会计	3 500	500	郑销售	3 500	500	刘 云	2 000	300
孙出纳	2 500	350	陈销售	2 000	300	杨制造	4 500	600
李应收	3 000	400	高 山	2 000	300	冯仓库	3 500	500

操作流程：

(1) 单击【工资类别】|【打开工资类别】，打开"打开工资类别"窗口，选择"001在职人员"工资类别，单击【确认】按钮。

(2) 单击【业务处理】|【工资变动】，打开"工资变动"窗口。

(3) 单击【过滤器】下拉列表框，从下拉列表中选择"过滤设置"选项，打开如图6-17所示的"项目过滤"对话框。

(4) 在对话框中先后选择列表中的"基本工资"、"奖金"项目，并单击【>】按钮，将所需的项目选入"已选项目"列表框，并单击【确定】开始录入数据。

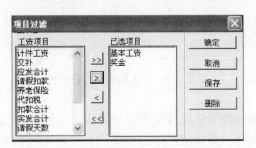

图6-17 工资变动—项目过滤

(5) 录入各员工工资数据，然后单击工具栏中的【计算】和【汇总】按钮，计算和汇总工资数据，如图6-18所示。

三、扣缴个人所得税

薪资系统提供个人所得税自动计算和输出个税报表的功能，但必须先定义所得税率。具体操作方法是：

(1) 选择【薪资管理】|【业务处理】|【扣缴所得税】，打开如图6-19所示的"个人所得税申报模板"窗口。系统预置了多个地区的申报表模板，包括个人信息登记表、扣缴个人所得税报表和扣缴个人所得税汇总报告表。

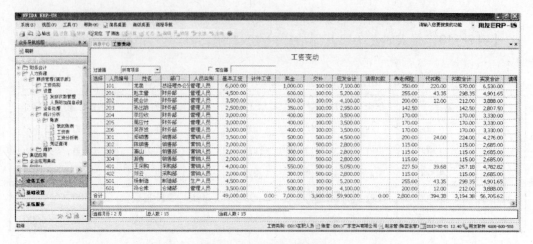

图 6-18 工资变动结果

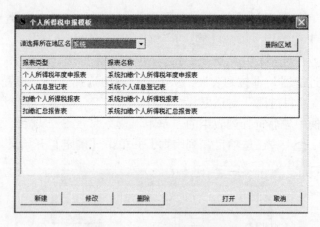

图 6-19 个人所得税申报模板

（2）如果系统提供的报表格式与要求差异不大，可以单击【修改】进入"所得税申报格式设置"进行修改；如果完全不符合要求，则单击【新建】设置全新格式的申报表；如果格式基本符合要求，则从下拉列表中选择地区以及其中的一张报表。

例如新建东莞扣缴个人所得税报表，单击【打开】弹出如图 6-20 所示的"所得税申报"过滤条件设置窗口。将查询范围设为"本次发放"，查询方式设为"汇总"。

图 6-20 所得税申报

（3）单击【确定】，打开“东莞扣缴个人所得税申报表”。单击【栏目】，进入“所得税申报格式设置”窗口，增减报表栏目或调整栏目的次序。单击【确定】返回，生成如图 6 – 21 所示的“东莞扣缴个人所得税报表”。

序号	纳税义务...	所得期间	收入额	费用扣除...	应纳税所...	税率	应扣税额	已扣税额
1	龙泉	2	7100.00	3500.00	3250.00	10	220.00	220.00
2	赵主管	2	5200.00	3500.00	1445.00	3	43.35	43.35
3	钱会计	2	4100.00	3500.00	400.00	3	12.00	12.00
4	孙出纳	2	2950.00	3500.00	0.00	0	0.00	0.00
5	李应收	2	3500.00	3500.00	0.00	0	0.00	0.00
6	周应付	2	3500.00	3500.00	0.00	0	0.00	0.00
7	吴存货	2	3500.00	3500.00	0.00	0	0.00	0.00
8	郑销售	2	4500.00	3500.00	800.00	3	24.00	24.00
9	陈销售	2	2800.00	3500.00	0.00	0	0.00	0.00
10	高山	2	2800.00	3500.00	0.00	0	0.00	0.00
11	游鱼	2	2800.00	3500.00	0.00	0	0.00	0.00
12	王采购	2	5050.00	3500.00	1322.50	3	39.68	39.68
13	刘云	2	2800.00	3500.00	0.00	0	0.00	0.00
14	杨制造	2	5200.00	3500.00	1445.00	3	43.35	43.35
15	冯仓库	2	4100.00	3500.00	400.00	3	12.00	12.00
合计			59900.00	52500.00	9062.50		394.38	394.38

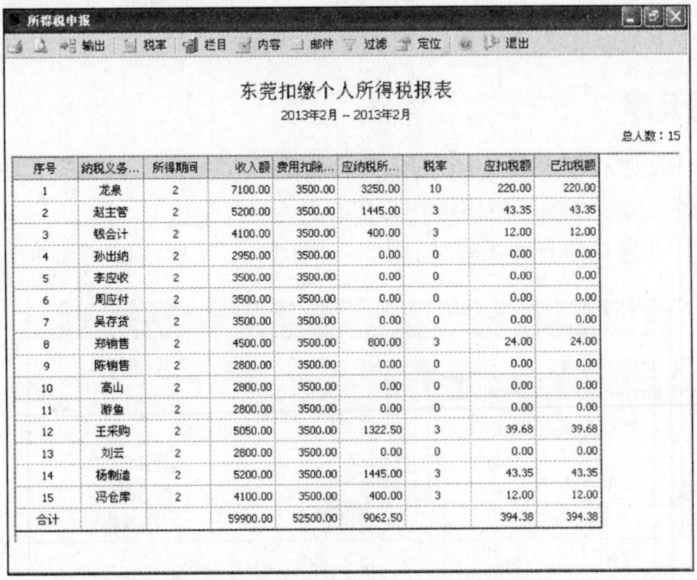

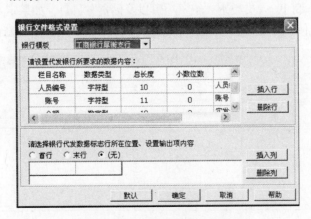

图 6 – 21　东莞扣缴个人所得税报表

四、银行代发工资

银行代发工资是一种工资发放形式。系统预置了银行文件模板供用户选择，并允许修改模板文件格式。具体操作方法是：

（1）单击【业务处理】|【银行代发】，打开“选择部门范围”窗口，从中选择参与银行代发的企业部门。

（2）选择部门后单击【确定】，打开“银行代发一览表”，再单击【格式】弹出如图 6 – 22 所示的“银行文件格式设置”窗口。

图 6 – 22　银行文件格式设置

(3) 在格式设置窗口中首先从系统预设的银行模板中选择代发银行的文件格式，如有必要可以在此基础上增减行或列。

(4) 单击【确定】保存所设文件格式，并生成银行代发一览表。

(5) 在一览表界面单击【输出】，弹出"另存为"对话框，设置输出路径、文件名以及选择文件类型后单击【保存】，即生成银行代发文件。

五、工资分摊

工资分摊一般要完成分摊和生成凭证两项工作，即按用途对工资费用进行分配，并编制转账凭证存入总账系统。具体操作方法是：

(1) 单击【业务处理】|【工资分摊】，打开图6-23所示的"工资分摊"窗口。

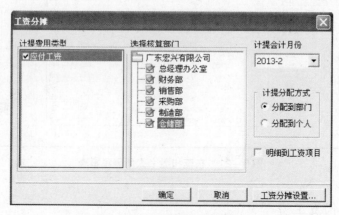

图6-23 "工资分摊"界面

(2) 计提费用类型设置。首次使用需要设置计提费用类型，操作步骤是：①在"工资分摊"窗口单击【工资分摊设置】按钮，打开"分摊类型设置"窗口。②单击【增加】，弹出"分摊计提比例设置"窗口，要求输入计提类型名称和分摊计提比例，例如输入计提类型"应付工资"。如有需要可以单击【修改】或【删除】按钮修改或删除工资分配计提类型。③单击【下一步】，进入如图6-24所示的"分摊构成设置"界面。在此需要选择部门、人员类别、工资项目以及借贷方科目，如果定义有辅助核算，还必须选择大类及具体核算项目。④单击【完成】按钮，即可增加一个新的分摊类型。

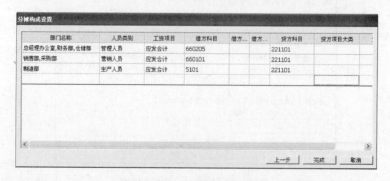

图6-24 分摊构成设置

(3) 在如图 6-23 所示的"工资分摊"窗口,选择参与本次费用分摊的计提费用类型、参与核算的部门及计提会计月份、计提分配方式。

(4) 确定是否明细到工资项目。若选中此项,则按工资项目明细列示分摊表格。

(5) 单击【确定】,进入如图 6-25 所示的"应付工资一览表"。根据需要选择是否"合并科目相同、辅助项相同的分录"。在"类型"下拉列表中选择不同的分摊类型,系统将按选择显示相应的一览表。

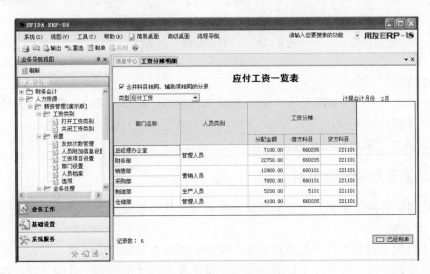

图 6-25 应付工资一览表

(6) 生成凭证。单击【制单】按钮,进入凭证处理窗口,从中选择凭证类别,单击【保存】即生成凭证。如果单击【批制】按钮,即可一次生成所有参与本次分摊的"分摊类型"所对应的凭证。

第四节 薪资管理系统的期末处理

薪资管理系统的期末处理主要包括月末结账、工资数据统计分析等业务。

一、月末结账

会计期末薪资系统需要进行期末结账处理。期末结账的作用在于将本期的工资数据结转到下一期,并自动生成下期新的工资明细表。期末结账只有在会计年度的 1~11 月份才能进行。但如果本期的工资数据未汇总,系统将不允许进行期末结账。注意,期末结账之后,将不允许对数据进行修改和删除。

月末结账操作流程:

(1) 单击【业务处理】|【月末处理】,打开如图 6-26 所示"月末处理"对话框。

(2) 单击【确定】按钮,系统提示"月末处理之后,本月工资将不允许变动!继

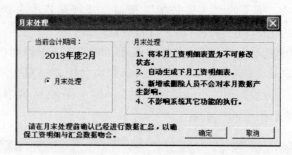

图6-26 "月末处理"对话框

续月末处理吗?"。

(3) 单击【是】,系统提示"是否选择清零项?",单击【否】,系统开始处理,月末处理完毕将给出提示。

(4) 单击【确定】按钮返回。

二、工资数据统计分析

系统提供各种工资表、工资分析表,供决策人员分析使用。

1. 工资表

工资表用于本月工资的发放和统计,本功能可以查询和打印各种工资表。主要包括工资发放签名表、工资条、工资卡、部门工资汇总表、人员类别汇总表,以及各种条件汇总表、明细表、统计表等。

选择【薪资管理】|【统计分析】|【账表】|【工资表】,弹出"工资表"窗口,从中选择报表后单击【查看】即可看到想要的表。

2. 工资分析表

工资分析表是基于工资数据所进行的分析和比较,包括工资项目分析表、工资增长分析、员工工资汇总表、分类统计表等。

选择【薪资管理】|【统计分析】|【账表】|【工资分析表】,弹出"工资分析表"窗口,从中选择一个分析表。窗口右侧显示所选分析表的表样,单击【确定】按钮,按照系统的提示完成后续选择或其他操作,即可看到想要的分析表。

本 章 小 结

本章在综述薪资管理系统的主要功能、应用流程的基础上,主要介绍了薪资系统的初始设置、主要日常业务的处理内容与方法,以及主要输出账表与统计分析功能。其中,重点是系统的初始设置,尤其是工资项目、计算公式、个税处理、工资费用分摊的设置。此外,也要求掌握薪资系统的主要业务处理方法。

基 本 概 念

薪酬、工资类别、人员类别、工资项目、动态计算、个人所得税申报模版、银行代发、工资分摊。

练 习 题

一、单项选择题

1. 薪资管理系统中不能够实现的功能是_____。
   A. 人员在不同工资类别间自由调动功能
   B. 在工资公式设置里，对公式的设置长度没有限制
   C. 提供工资发放条套打印功能，实现加密信封格式的工资数据打印
   D. 中国建设银行工资代发功能

2. 如果只想输入"奖金"和"缺勤天数"两个工资项目的数据，最佳方法是利用系统提供的_____功能。
   A. 页编辑　　　　　B. 筛选　　　　　C. 替换　　　　　D. 过滤器

3. 薪资管理系统的初始化设置不包括_____。
   A. 建立人员档案　　　　　　　　　B. 设置工资类别
   C. 设置工资项目之间的数据运算关系　D. 工资变动数据的录入

4. 下列功能中，不属于薪资管理系统的是_____。
   A. 输入各种工资数据　　　　　　　B. 工资计算和发放
   C. 工资费用的汇总和分配　　　　　D. 工资成本核算

5. 设置职工类别的目的之一是_____。
   A. 便于工资汇总和分配　　　　　　B. 便于工资计算
   C. 便于职工人事管理　　　　　　　D. 便于工资系统与账务系统的联系

6. 在下列工资项目中需要定义计算公式的是_____。
   A. 职务工资　　　B. 副食补贴　　　C. 交通补贴　　　D. 加班补贴

7. 由于不同单位的工资结构不同，工资系统必须提供（　　）的功能，以提高系统的通用性。
   A. 定义工资项目　　　　　　　　　B. 设置工资类别
   C. 设置职工类别　　　　　　　　　D. 银行代发工资

8. 对工资有关内容的描述正确的是_____。
   A. 在公式计算中，"代扣税"可以通过自定义公式计算
   B. 在工资项目设置中，"代扣税"是一个系统自定义项

C. 不支持计件工资的核算
D. 以上三个答案都不正确
9. 关于人员档案的描述不正确的是_____。
A. 人员姓名一经确定，则不允许修改
B. 有工资停发标志的人员不再进行工资发放，但保留人员档案，以后可恢复发放
C. 点击"数据档案"按钮，可进入工资数据录入页签直接输入职工的工资
D. 人员编号一经确定，则不允许修改
10. 如果希望查询某个员工全年的工资数据，应该查询_____。
A. 工资发放签名表　　　　　　B. 工资条
C. 工资卡　　　　　　　　　　D. 人员类别工资汇总表

二、多项选择题

1. 薪资管理系统的主要功能有_____。
A. 初始设置　　　　B. 单据处理　　　　C. 业务处理
D. 期末处理　　　　E. 工资分析　　　　F. 报表输出
2. 通用薪资管理系统在建立账套之后的初始化工作还包括_____。
A. 工资类别设置　　B. 工资项目设置　　　C. 计算公式设置
D. 职工类别设置　　E. 变动数据的初始录入　F. 工薪税率设置
3. 工资变动数据的录入方式一般有_____。
A. 单个记录录入方式　　　　　B. 按工资项目分组录入方式
C. 按条件成批置入数据　　　　D. 从外部直接导入数据
4. 工资固定数据的管理主要指对员工及其信息的增删变动，包括_____。
A. 增加工资　　　　　　　　　B. 增加员工
C. 删除员工　　　　　　　　　D. 工资费用分配表
5. 薪资系统启用后如果需要对相关的选项进行设置，在"设置"/"选项"中可以修改以下哪些内容_____。
A. 扣零设置　　B. 扣税设置　　C. 参数设置　　D. 调整汇率
6. 以下哪些功能必须在打开工资类别时可用_____。
A. 人员调动　　B. 汇总工资类别　　C. 数据上报　　D. 人员信息复制
7. 进行工资分摊时，需要选择的内容包括_____。
A. 计提费用类型　　　　　　　B. 选择核算部门
C. 计提分配方式　　　　　　　D. 计提会计月份
8. 在薪资管理系统分摊类型设置中，可以设置的分摊类型有_____。
A. 制造费用　　B. 应付福利费　　C. 职工教育经费　　D. 管理费用
9. 在以下哪些情况下，需要用"计算"功能对个人工资数据重新计算_____。
A. 修改了工资数据　　　　　　B. 重新设置了计算公式
C. 进行了数据替换　　　　　　D. 修改了税率

10. 如果企业采用银行代发工资的方式，需要设置_____。
    A. 银行名称　　　B. 账号长度　　　C. 银行地址　　　D. 职工账号

三、判断题

1. 薪资管理系统主要与账务处理系统和报表管理系统存在数据传递关系。
2. 薪资系统的初始设置主要包括设置会计科目、核算项目、工资类别、工资项目、计算公式、职工类型、职工档案等内容。
3. 一个单位可以建立多个工资类别，不同类别的职工部门、人员、工资项目和计算公式都可以不同。
4. 工资类别与人员类别是相同的概念。
5. 薪资系统每月必须将工资费用分配表以记账凭证的形式直接提供给成本系统。
6. 薪资系统的特点之一是工资数据一般按来源收集，因此工资数据可按来源分组录入。
7. 系统提供的固定工资项目不允许在计算公式中出现。
8. 在薪资管理系统中，扣除个人所得税的税率可以任意修改。
9. 第一次进行工资类别汇总时，需要在工资类别中设置工资项目的计算公式。
10. 工资业务处理完毕后，需要经过记账处理才能生成各种工资报表。

实训七　薪资核算与管理

一、实训目的

了解薪资管理系统的基本操作过程，掌握薪资管理系统初始设置、日常业务处理、月末处理、统计分析的具体内容与操作方法。

二、实训要求

（1）启用工资账套。
（2）薪资管理系统基础设置。
（3）薪资管理系统主要业务处理。
（4）薪资管理系统月末结账及主要统计分析与查询。

三、实训资料

1. 建立工资账资料

工资类别个数为单个；核算币种为人民币 RMB；要求代扣个人所得税；不进行扣零处理；不核算计件工资；人员编码长度为 3 位，工资账套启用日期为 2013 年 2 月 1 日。

2. 部门设置

用已建好的原有部门档案。

3. 人员附加信息设置

增设"工龄"栏目。

4. 人员类别设置

人员类别有管理人员、生产人员、营销人员。

（1）总经理办公室、财务部、仓储部等部门的职工属于管理人员，其工资计入管理费用。

（2）销售部、采购部等部门的职工属于营业人员，其工资计入销售费用。

（3）制造部主管属于生产管理人员，其工资计入制造费用。

5. 人员档案设置

人员编号	人员姓名	所属部门	人员类别	银行账号	中方人员	是否计税	工龄
101	龙 泉	总经理办公室	管理人员	2201030101	是	是	10
201	赵主管	财务部	管理人员	2201030102	是	是	8
202	钱会计	财务部	管理人员	2201030103	是	是	6
203	孙出纳	财务部	管理人员	2201030104	是	是	4
204	李应收	财务部	管理人员	2201030105	是	是	3
205	周应付	财务部	管理人员	2201030106	是	是	3
206	吴存货	财务部	管理人员	2201030107	是	是	5
301	郑销售	销售部	营销人员	2201030108	是	是	6
302	陈销售	销售部	营销人员	2201030109	是	是	5
303	高 山	销售部	营销人员	2201030110	是	是	2
304	游 鱼	销售部	营销人员	2201030111	是	是	2
401	王采购	采购部	营销人员	2201030112	是	是	5
402	刘 云	采购部	营销人员	2201030113	是	是	1
501	杨制造	制造部	生产人员	2201030114	是	是	8
601	冯仓库	仓储部	管理人员	2201030115	是	是	3

6. 代发工资的银行设置

工行南城阳光支行，个人账号定长为10位，录入时自动带出的账号长度8位。

7. 工资项目设置

项目名称	类型	长度	小数位数	增减项
基本工资	数字	8	2	增项
岗位工资	数字	8	2	增项

续上表

项目名称	类型	长度	小数位数	增减项
工龄工资	数字	8	2	增项
交补	数字	8	2	增项
住房公积金	数字	8	2	减项
事假扣款	数字	8	2	减项
日工资	数字	8	2	其他
事假天数	数字	3	0	其他
工龄	数字	3	0	其他

8. 工资计算公式设置

工资项目	定义公式
岗位工资	IFF［人员类别 = "管理人员"，500，IFF（人员类别 = "营销人员"，400，300）］
工龄工资	工龄*20
交补	IFF（人员类别 = "营销人员"，300，100）
住房公积金	基本工资*0.1
日工资	（基本工资＋岗位工资）/30
事假扣款	事假天数*日工资

9. 工资数据

人员编号	人员姓名	基本工资	事假天数	人员编号	人员姓名	基本工资	事假天数	人员编号	人员姓名	基本工资	事假天数
101	龙 泉	6 000		205	周应付	3 000		304	游 鱼	2 000	
201	赵主管	4 500		206	吴存货	3 000		401	王采购	4 000	
202	钱会计	3 500	2	301	郑销售	3 500	1	402	刘 云	2 000	3
203	孙出纳	2 500		302	陈销售	2 000		501	杨制造	4 500	
204	李应收	3 000		303	高 山	2 000		601	冯仓库	3 500	

10. 扣缴所得税

按新税制扣缴个人所得税。

11. 月末会计处理

进行工资的月末结转，查看工资表和工资分析表、查看个人所得税扣缴申报表等报表。

第七章 固定资产管理系统

学习目标

1. 了解固定资产管理系统的基本功能。
2. 掌握固定资产管理系统的初始化设置。
3. 掌握固定资产管理系统日常业务处理的操作方法。
4. 掌握固定资产管理系统月末处理的操作方法。

能力培养目标

1. 具有固定资产管理系统初始设置、原始卡片录入的能力。
2. 具有固定资产增加、减少、变动的处理能力。
3. 具有计提减值准备、计提折旧的操作能力。
4. 具有期末对账和结账的操作能力。

第一节 固定资产管理系统概述

固定资产是指使用期限在一年以上,单位价值较高,并在使用过程中保持原有物质形态的资产。固定资产是企业进行生产经营活动的物质技术基础,它的核算与管理不仅影响企业资产的状况,也影响到各项成本费用甚至最终的利润。所以固定资产不仅是企业财务核算与管理的重要内容,也决定了固定资产管理系统必然是会计信息系统的一个重要组成部分。

一、固定资产管理系统的主要功能

固定资产管理系统的主要功能如图 7-1 所示,包括初始设置、卡片管理、业务处理、账表输出以及系统维护等功能,其中:

(1) 初始设置。主要包括账套初始化、选项参数、部门档案、部门对应折旧科目、资产类别、增减方式、使用状况、折旧方法等信息的设置。

(2) 卡片管理。主要包括固定资产卡片项目与卡片样式的设置、录入原始卡片、增减变动处理、资产评估、盘盈盘亏处理等功能。

(2) 业务处理。主要包括输入工作量、计提本期折旧、查阅折旧清单、查阅折旧分配表、对账、批量制单处理、凭证查询、月末处理等功能。

（4）账表输出。主要提供固定资产账簿、分析表、统计表、减值准备表、折旧分配表等账表输出功能。

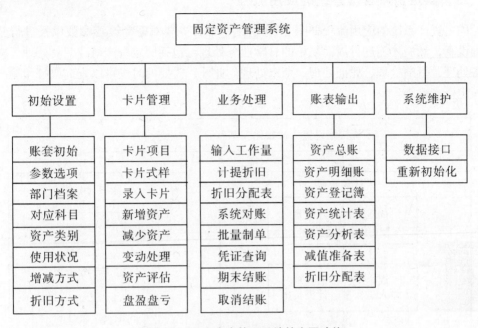

图 7-1　固定资产管理系统的主要功能

二、固定资产管理系统与其他系统的关系

固定资产管理系统与总账、成本、报表、设备管理等系统都有数据联系，一般是固定资产系统向这些系统提供数据，其接口如图 7-2 所示，其中：

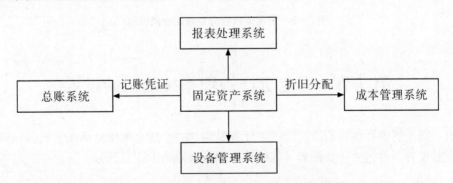

图 7-2　固定资产管理系统与其他系统的关系

（1）固定资产系统必须将日常处理的资产增加、减少、涉及原值或累计折旧的变动、减值准备，以及每月的计提折旧数据，以记账凭证的形式传递给总账系统，同时通过对账保持固定资产账目的平衡。

（2）固定资产系统每月或定期按部门分配折旧费，并将分配结果提供给成本管理系统。

三、固定资产管理系统的应用流程

固定资产系统的应用流程如图 7-3 所示,即首先要对账套设置参数以及进行其他基础设置,然后才能进行周而复始的日常业务处理,包括固定资产增减变动处理、减值准备处理、折旧处理、凭证处理、期末处理。此外,需要的时候可以查询或打印输出各种固定资产账表。

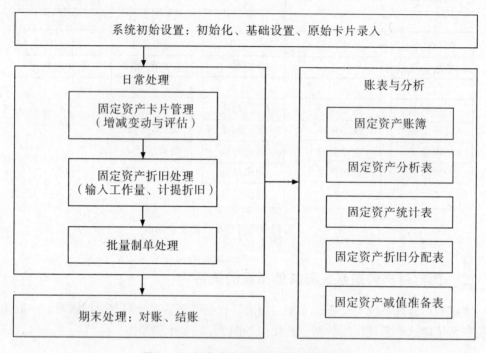

图 7-3 固定资产管理系统的应用流程

第二节 固定资产管理系统的初始设置

固定资产管理系统初始设置的主要任务是建立一个适合单位具体需求的固定资产账套,主要设置内容包括建立账套、基础设置和录入原始卡片三部分。

一、建立固定资产账套

固定资产账套是在会计核算账套的基础上建立的,因此,需要启动注册相关账套,然后再建立固定资产子账套。

1. 启用固定资产管理系统

(1) 单击【开始】|【程序】|【ERP-U8】|【企业应用平台】,注册登录企业应用平台。

(2) 单击【基础设置】|【基本信息】|【系统启用】，打开"系统启用"窗口，选中"FA 固定资产"复选框，弹出日历窗口。选择系统启用日期为"2013 – 02 – 01"，单击【确定】，系统弹出"确实要启用当前系统吗？"提示框，单击【是】按钮返回。

2. 建立固定资产账套

建立资产账套是一个向导，系统自动引导用户完成建账过程。其操作步骤是：

(1) 在企业应用平台单击【业务工作】|【财务会计】|【固定资产】，系统弹出"这是第一次打开此账套，还未进行过初始化，是否进行初始化？"提示框，单击【是】打开向导首页，认真阅读之后单击【下一步】按钮。

(2) 查看启用月份。启用月份已在【系统启用】中确定，此处只能查看不可修改。单击【下一步】打开折旧信息设置界面。

(3) 折旧信息。折旧信息主要包括确定本账套是否计提折旧、主要折旧方法、折旧汇总分配周期以及确定最后一个月是否将剩余折旧提足。折旧分配周期一般为 1 个月，也可指定几个月分配一次。如图 7 – 4 所示，选中"本账套计提折旧"复选框，选择主要折旧方法为"平均年限法（一）"，折旧汇总分配周期为 1 个月，选中"当（月初已计提月份 = 可使用月份 – 1）时将剩余折旧全部提足（工作量法除外）"复选框。单击【下一步】打开编码方式界面。

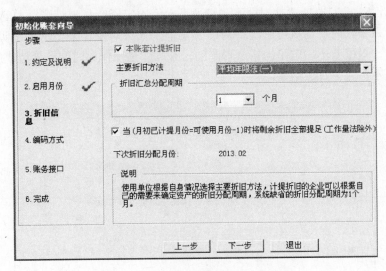

图 7 – 4　初始化账套向导—折旧信息

(4) 编码方式。这一步需要确定资产类别编码方式、资产编码方式和序号长度。如图 7 – 5 所示，现在确定编码长度为"2112"，选择"自动编码"，编码方式为"类别编号 + 部门编号 + 序号"，序号长度为 3。

系统类别编码最多可设置 4 级 10 位，可以设定级数和每一级的编码长度。系统推荐采用国家规定的 4 级 6 位（2112）方式。一个账套的资产自动编码方式只能选择一种，一经设定，该自动编码方式不得修改。

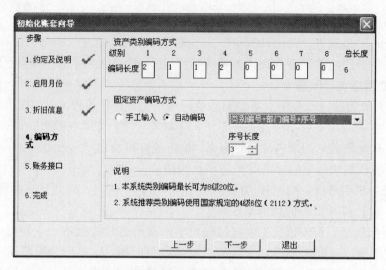

图7-5 初始化账套向导—编码方式

（5）单击【下一步】打开账务接口界面。如图7-6所示，选中"与账务系统进行对账"复选框，选择固定资产对账科目为"1601，固定资产"，累计折旧对账科目为"1602，累计折旧"，选择"在对账不平情况下允许固定资产月末结账"复选框。注意，本系统在月末结账前自动执行一次"对账"功能，如果对账结果不平，说明存在偏差，应予以调整。但偏差不一定是由错误引起的，有可能是操作的时间差异造成的，因此可以选择对账不平允许月末结账。

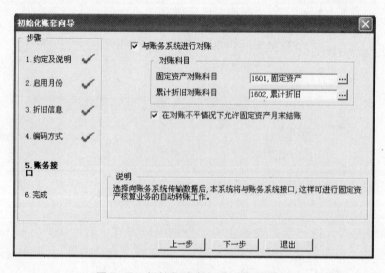

图7-6 初始化账套向导—账务接口

（6）单击【下一步】，打开"初始化账套向导—完成"窗口。审查汇总报告之后单击【完成】按钮，完成本账套的初始化，系统先后弹出两个信息提示框，单击【是】和【确定】，返回企业应用平台窗口。注意，建账结束后有些参数是不能修改的，要改

只能通过固定资产管理系统中的【维护】|【重新初始化账套】实现。

二、基础设置

基础设置包括选项的设置、部门档案设置、部门对应折旧科目的设置、资产类别设置、增减方式及对应入账科目设置等内容。

1. 选项的设置

选项中包括在账套初始化中设置的参数和其他一些在账套运行中使用的参数,在此只对初始化中没有设置的参数进行说明,初始化中可修改的参数也在这里修改。具体操作方法是:

(1) 单击【固定资产】|【设置】,打开"选项"窗口,选项窗口包括 5 个页签,单击【编辑】,可以修改其中的可修改项。

(2) 在"选项—与账务系统接口"页签,可设置以下内容:①业务发生后立即制单。如不选择,系统将把没有制单的原始单据收集到批量制单部分,利用批量制单功能统一完成。②月末结账前一定要完成制单登账业务。表示如果存在没有制单的凭证,本期不允许结账。③固定资产缺省入账科目、累计折旧缺省入账科目、减值准备缺省入账科目。固定资产系统制作记账凭证时,凭证中上述科目的缺省值将由此设置确定,当这些设置为空时,凭证中默认科目为空。

(3) 在"选项—其他"页签,设置内容涉及资产减少卡片的保存时限、卡片断号填补设置、是否允许转回减值准备、是否自动连续增加等。

(4) 修改或设置完毕,单击【确定】按钮保存并退出。

【例 7 – 1】 对广东宏兴有限公司固定资产账套进行基础设置。要求:业务发生后立即制单;"固定资产"入账科目为"1601,固定资产";"累计折旧"入账科目为"1602,累计折旧";"固定资产减值准备"入账科目为"1603,固定资产减值准备"。

本例在"选项—与账务系统接口"页签设置,如图 7 – 7 所示。

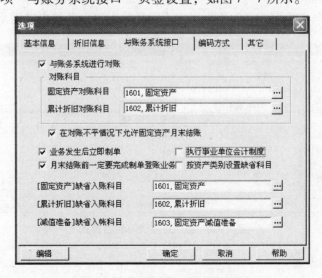

图 7 – 7 选项—与账务系统接口

2. 部门档案设置

在部门设置中可对企业的各职能部门进行分类和描述，以便确定资产的归属。部门档案设置与【基础设置】|【基础档案】|【机构人员】|【部门档案】中的部门设置资料是共享的。

3. 部门对应折旧科目的设置

资产计提折旧后必须把折旧数据归入成本或费用科目。当按部门归集折旧费用时，一般要将其归集到一个比较确定的科目。部门对应折旧科目的设置就是给每个部门选择一个折旧科目，在录入卡片时该科目将自动添入卡片中。

具体操作方法是：单击【固定资产】|【设置】|【部门对应折旧科目】命令，进入"部门编码目录"窗口。选择要设置对应折旧科目的部门，单击【修改】或选择右键菜单中的"编辑"项输入折旧科目，最后单击【保存】完成设置。

【例7-2】对广东宏兴有限公司部门固定资产的对应折旧科目进行设置，如表7-1所示。

表7-1 广东宏兴有限公司部门对应折旧科目设置一览表

部门名称	对应折旧科目	部门名称	对应折旧科目
总经理办公室	管理费用—折旧费	采购部	销售费用—折旧费
财务部	管理费用—折旧费	制造部	制造费用
销售部	销售费用—折旧费	仓储部	管理费用—折旧费

操作流程：

（1）单击【固定资产】|【设置】|【部门对应折旧科目】命令，进入部门编码目录窗口。如图7-8所示，选择要设置对应折旧科目的部门"总经理办公室"，选择折旧科目"660202，折旧费"。

（2）用同样的方法完成其他部门对应折旧科目设置，并单击【退出】返回。

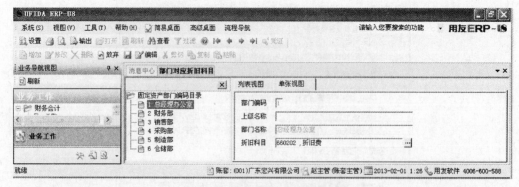

图7-8 部门对应折旧科目设置

4. 资产类别设置

固定资产种类繁多，只有科学分类，才能强化管理。固定资产一般分大类以及明细

类别。资产类别的设置方法是:

(1) 在固定资产系统中,单击【设置】|【资产类别】,进入"固定资产分类编码目录"窗口。系统提供资产类别的列表视图和单张视图两种显示方式。在"列表视图"页签中显示所有已定义好的资产类别。首次进入资产类别设置时资产类别目录是空的。

(2) 在左侧"固定资产分类编码表"中选择将增加的资产类别的上级,如房屋及建筑物,单击工具栏上的【增加】按钮,系统自动打开"单张视图"页签。

(3) 输入类别编码、类别名称、使用年限、净残值率、计量单位、计提属性、折旧方法、卡片样式等信息。

(4) 单击【保存】按钮保存已设置的资产类别。

【例7-3】根据表7-2设置广东宏兴有限公司的固定资产类别。

表7-2 广东宏兴有限公司资产类别设置一览表

类别编码	类别名称	使用年限	净残值率	计提属性	折旧方法	卡片样式
01	房屋及建筑物				平均年限法(一)	通用样式
011	办公楼	30	5%	正常计提	平均年限法(一)	通用样式
012	厂房	30	5%	正常计提	平均年限法(一)	通用样式
02	设备				平均年限法(一)	通用样式
021	办公设备	5	0%	正常计提	平均年限法(一)	通用样式
022	运输设备	10	1%	正常计提	平均年限法(一)	通用样式
023	生产设备	10	1%	正常计提	平均年限法(一)	通用样式

操作流程:

(1) 在"固定资产分类编码表"窗口,单击【增加】,如图7-9所示输入类别名称为"房屋及建筑物",净残值率为"5%",选择计提属性为"正常计提",折旧方法为"平均年限法(一)",卡片样式为"通用样式",最后单击【保存】。

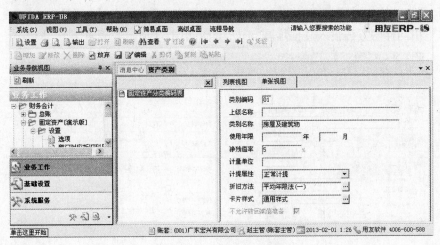

图7-9 资产类别设置

(2) 选择"房屋及建筑物"大类，单击【增加】，在"单张视图"窗口中输入类别名称"办公楼"，使用年限"30"年，其他为系统默认值，单击【保存】按钮。

(3) 用同样的方法完成对其他资产类别的设置，最后单击【退出】返回。

5. 增减方式及对应入账科目设置

增减方式包括增加方式和减少方式两类。资产增加和减少方式用以确定资产计价和处理原则。系统内置的增加方式有直接购入、投资者投入、捐赠、盘盈、在建工程转入和融资租入6种，减少方式有出售、盘亏、投资转出、捐赠转出、报废、毁损、融资租出和拆分减少8种。本系统中固定资产的增减方式可以设置两级，可以根据需要自行增加。

具体操作方法是：

(1) 单击【设置】|【增减方式】，进入"增减方式目录表"窗口。

(2) 在左侧"增减方式目录表"中选择欲修改的增减方式，然后单击【修改】按钮自动打开"单张视图"页签，输入对应入账科目后单击【保存】。

【例7-4】根据表7-3设置广东宏兴有限公司固定资产的增减方式。

表7-3　广东宏兴有限公司固定资产增减方式对应科目一览表

增加方式	对应入账科目	减少方式	对应入账科目
直接购入	100201 工行存款	出售	1606 固定资产清理
投资者投入	4001 实收资本	盘亏	1901 待处理财产损溢
盘盈	1901 待处理财产损溢	投资转出	1511 长期股权投资
在建工程转入	1604 在建工程	捐赠转出	6711 营业外支出
		报废	1606 固定资产清理
		毁损	1606 固定资产清理

操作流程：

(1) 在"增减方式目录表"窗口，如图7-10所示，单击【直接购入】，再单击【修改】按钮，输入对应入账科目"100201，工行存款"，单击【保存】。

(2) 用同样的方法输入其他增减方式，最后单击【退出】返回。

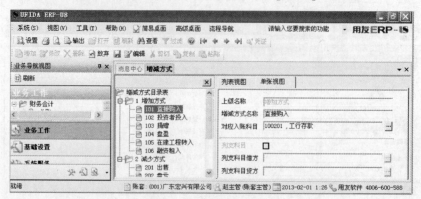

图7-10　增减方式目录表

6. 使用状况设置

明确资产的使用状况，一方面可以正确地计提折旧，另一方面便于统计固定资产的使用情况，提高资产的利用效率。主要的使用状况有在用、季节性停用、经营性出租、大修理停用、不需用和未使用等。

具体操作方法是：

（1）单击【设置】|【使用状况】，打开"使用状况"设置界面，显示列表视图。

（2）单击【增加】、【修改】、【删除】按钮，可以实现使用状况的增加、修改、删除操作。

7. 折旧方法设置

折旧方法的设置是系统自动计算折旧的基础。系统提供了常用的 7 种折旧方法，包括不提折旧、平均年限法（两种）、工作量法、年数总和法、双倍余额递减法（两种），此外还提供折旧方法的自定义功能。

具体操作方法是：

（1）单击【设置】|【折旧方法】，打开"折旧方法"设置界面，显示列表视图。

（2）单击【增加】按钮，进入"折旧方法定义"窗口，输入折旧方法名称、月折旧率和月折旧额公式，然后单击【确定】，即完成新折旧方法的定义。

8. 卡片项目设置

为了满足企业对固定资产的管理需求，资产管理系统允许用户自定义卡片项目。一般做法是将卡片项目分为两种，一种是系统提供的基本项目，如原值、资产名称、使用年限、折旧方法等，称为系统项目；另一种是由用户根据企业需要定义的项目，称为自定义项目。为此，系统需要提供卡片项目的增加、修改、删除等功能。

9. 卡片样式设置

卡片样式指卡片的显示格式，系统除了提供默认的通用卡片样式外，还提供样式设置功能，企业可根据需要设置卡片不同的样式，甚至可以对不同的资产设置不同样式的卡片。卡片样式设置包括表格线、对齐形式、字体大小、字型等格式，以及所包含的项目和项目在屏幕上的位置。

三、录入原始卡片

1. 录入原始卡片

原始卡片是指卡片记录的资产开始使用日期的月份先于其录入系统的月份，即已使用过并已计提折旧的固定资产卡片。在使用固定资产管理系统进行核算前，必须将原始卡片资料录入系统，以保持历史资料的连续性。原始卡片的录入不限制必须在第一个期间结账前，任何时候都可以录入原始卡片。

具体操作方法是：

（1）单击【卡片】|【录入原始卡片】，进入如图 7-11 所示的"固定资产类别档案"窗口。

（2）在窗口中选择录入卡片所属的资产类别，单击【确定】，打开"固定资产卡片"界面，在此录入或参照选择各资产项目的内容。

(3) 资产的主卡录入后,单击其他页签可以输入附属设备和录入卡片以前发生的各种变动。

(4) 单击【保存】按钮将录入的卡片保存。

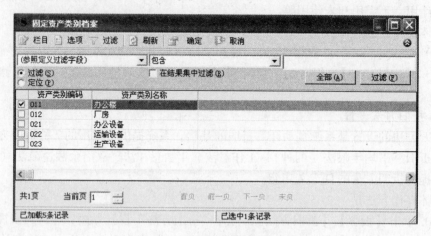

图 7-11 "固定资产类别档案"窗口

【例 7-5】根据表 7-4 录入广东宏兴有限公司的固定资产卡片。

表 7-4 广东宏兴有限公司固定资产原始卡片

固定资产名称	办公楼	仓库	生产线	货车	电脑
类别编号	011	012	023	022	021
使用部门	总经理办公室(20%)/财务部(40%)/采购部(40%)	仓储部	制造部	销售部	财务部
增加方式	在建工程转入	在建工程转入	直接购入	直接购入	直接购入
使用状况	在用	在用	在用	在用	在用
可使用年限	30	30	10	10	5
开始使用日期	2005-12-01	2006-11-01	2011-06-01	2012-02-01	2011-05-01
原值	5 000 000	4 567 480	700 000	90 000	8 000
累计折旧	1 108 333.33	879 874.27	103 950	7 425	2 549
对应折旧科目	管理费用—折旧费 销售费用—折旧费	管理费用—折旧费	制造费用	销售费用—折旧费	管理费用—折旧费

操作流程:

(1) 在"固定资产类别档案"窗口,选择固定资产类别"办公楼",单击【确定】,打开如图 7-12 所示的"固定资产卡片"窗口。

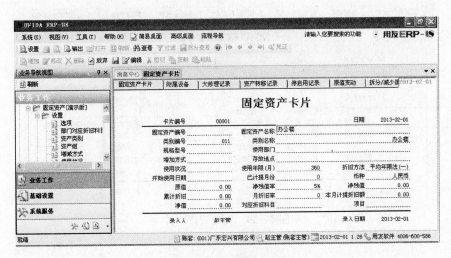

图 7-12　固定资产卡片

（2）输入固定资产名称为"办公楼"，双击"使用部门"项，弹出"固定资产"对话框。选择"多部门使用"项，单击【确定】，弹出如图7-13所示的"使用部门"设置窗口。单击【增加】，双击【使用部门】空白处，选择"总经理办公室"，输入使用比例"20"；再单击【增加】，选择使用部门为"财务部"，输入使用比例"40"，同理输入"采购部"，使用比例"40"。

图 7-13　"使用部门"设置窗口

（3）双击【增加方式】，选择"直接购入"项，双击【使用状况】，选择"在用"，开始使用日期为"2005-12-01"，使用年限（月）为"360"，原值为"5 000 000"，累计折旧为"1 108 333.33"，其他信息由系统自动计算生成，如图7-14所示。

（4）单击【保存】，系统弹出"数据成功保存！"提示信息，单击【确定】。

（5）用同样的方法完成其他固定资产卡片的输入，单击【退出】返回。

2．卡片管理

单击【卡片】|【卡片管理】，打开"卡片管理"窗口，在此可以查询已经录入的所有卡片，也可以修改、删除、编辑卡片。

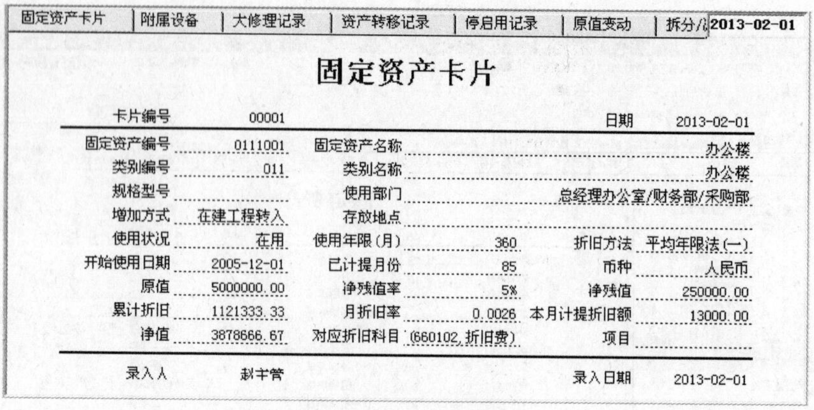

固定资产卡片 | 附属设备 | 大修理记录 | 资产转移记录 | 停启用记录 | 原值变动 | 拆分/… | 2013-02-01

固定资产卡片

卡片编号	00001			日期	2013-02-01
固定资产编号	0111001	固定资产名称			办公楼
类别编号	011	类别名称			办公楼
规格型号		使用部门			总经理办公室/财务部/采购部
增加方式	在建工程转入	存放地点			
使用状况	在用	使用年限(月)	360	折旧方法	平均年限法(一)
开始使用日期	2005-12-01	已计提月份	85	币种	人民币
原值	5000000.00	净残值率	5%	净残值	250000.00
累计折旧	1121333.33	月折旧率	0.0026	本月计提折旧额	13000.00
净值	3878666.67	对应折旧科目	(660102,折旧费)	项目	
录入人	赵宇管			录入日期	2013-02-01

图7－14　固定资产卡片

第三节　固定资产管理系统的业务处理

一、资产增加

资产增加即新增加固定资产卡片，在日常业务中购进或通过其他方式增加企业的固定资产，通过“资产增加”操作录入系统。只有当“固定资产开始使用日期的会计期间＝录入会计期间”时，才能通过“资产增加”录入。

具体操作方法是：

（1）单击【卡片】|【资产增加】，打开“固定资产类别档案”窗口。

（2）选择录入卡片所属的资产类别，单击【确定】按钮，进入“固定资产卡片”窗口。

（3）录入卡片各项目内容。主卡信息录入后，单击其他选项卡输入附属设备及其他信息。

（4）单击【保存】按钮。

【例7－6】2013年2月10日，财务部购买传真机一台，价值3 000元，预计使用年限5年。

操作流程：

（1）在“固定资产类别档案”窗口，选择资产类别为“办公设备”，单击【确认】，打开如图7－15所示的“固定资产卡片”窗口。输入固定资产名称为“传真机”；双击部门名称，选择“财务部”；双击增加方式，选择“直接购入”；双击使用状况，选择“在用”；输入原值“3 000”，使用年限（月）“60”；开始使用日期为“2013－02－10”。

（2）单击【保存】，进入“填制凭证”窗口调整会计分录，例如选择凭证类别、修改制单日期、附单据数；或者不立即制单，月末再通过【处理】|【批量制单】进行批量制单。

图7-15 "固定资产卡片"窗口

二、资产减少

资产在使用过程中，总会由于各种原因，如毁损、出售、盘亏等退出企业，该部分操作称作资产减少。本账套只有在计提折旧后，才能减少资产，否则资产减少只能通过删除卡片来完成。其操作方法是：

(1) 单击【卡片】|【资产减少】，打开如图7-16所示的"资产减少"窗口。

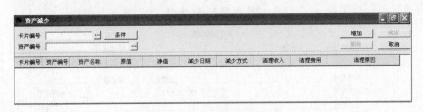

图7-16 "资产减少"窗口

(2) 输入卡片或资产编号（或设置条件选择要减少的资产），单击【增加】按钮将需要减少的资产添加到窗口下方的资产减少表中。

(3) 在资产减少表中输入资产减少日期、减少方式、清理收入、清理费用、清理原因等信息。

(4) 单击【确定】按钮完成资产的减少处理。

【例7-7】2013年2月28日，销售部毁损货车一辆。

操作流程：

在"资产减少"窗口，选择卡片号为"00004"，单击【增加】，选择减少方式为"毁损"，单击【确定】，系统弹出"所选卡片已经减少成功！"提示信息。

若想恢复已减少的资产，可以在卡片管理界面中，选择"已减少的资产"，选中要恢复的资产，单击【卡片】|【撤销减少】即可。注意，只有当月减少的资产才可以恢

复,如果资产减少操作已制作凭证,必须删除凭证后才能恢复。

三、资产变动

固定资产在使用过程中,可能会因为原值变动、部门转移、使用状况变动、使用年限调整、折旧方法调整、净残值(率)调整、工作总量调整、累计折旧调整、资产类别调整等而需要对固定资产卡片中的一些项目进行修改。这些变动在系统中要通过固定资产变动单进行操作,变动单就是变动的原始凭证。当然,有些项目(如名称、编号、自定义项等)的变动则可直接在卡片上进行修改。

注意,变动单不能修改,但当月可删除重做。另外,本月录入的原始卡片和本月增加的固定资产不允许进行变动处理。

【例7-8】2013年2月10日生产线需要进行大修理,相应需要修改固定资产卡片,将使用状况由"在用"修改为"大修理停用"。

操作流程:

(1) 单击【卡片】|【变动单】|【使用状况调整】,打开如图7-17所示的"固定资产变动单"窗口。

(2) 选择编号为"00003"的卡片,系统自动显示资产编号、开始使用日期、资产名称及变动前使用状况。选择变动后使用状态为"大修理停用",变动原因为"大修理"。

(3) 单击【保存】,系统提示数据保存成功,单击【确定】按钮返回。

固定资产变动单			
— 使用状况调整 —			
变动单编号 00001		变动日期	2013-02-10
卡片编号 00003	资产编号 0235001	开始使用日期	2011-06-01
资产名称	生产线	规格型号	
变动前使用状况	在用 变动后使用状况		大修理停用
变动原因			大修理
		经手人	赵主管

图7-17 固定资产变动单

四、计提固定资产折旧

企业应当在固定资产的使用寿命内按期计提折旧。自动计提折旧是固定资产管理系统的主要功能之一。系统每期计提折旧一次,根据已录入系统的资料自动计算每项资产的折旧,并自动生成折旧分配表,然后制作记账凭证,将本期的折旧费用自动登账。

1. 输入工作量

当账套内的资产有使用工作量法计提折旧时,每月计提折旧前必须录入资产当月的工作量。操作方法是:单击【固定资产】|【处理】|【工作量输入】,打开"工作量输入"窗口,列出采用工作量法计提折旧的所有资产,用户在此输入当月工作量。

2. 计提本月折旧

执行计提折旧功能时，系统自动计提所有资产当期折旧额，并将当期的折旧额自动累加到累计折旧项目中。计提工作完成后，需要进行折旧分配，形成折旧费用，系统自动生成折旧清单和折旧分配表，从而完成本期折旧费用登账工作。

具体操作方法是：

(1) 单击【处理】|【计提本月折旧】，系统提示“是否要查看折旧清单?”，单击【是】按钮。

(2) 系统弹出“本操作将计提本月折旧，并花费一定时间，是否要继续?”提示信息，单击【是】按钮。

(3) 系统计提折旧完成后打开如图 7－18 所示的“折旧清单”窗口，单击【退出】按钮，系统自动打开折旧分配表。

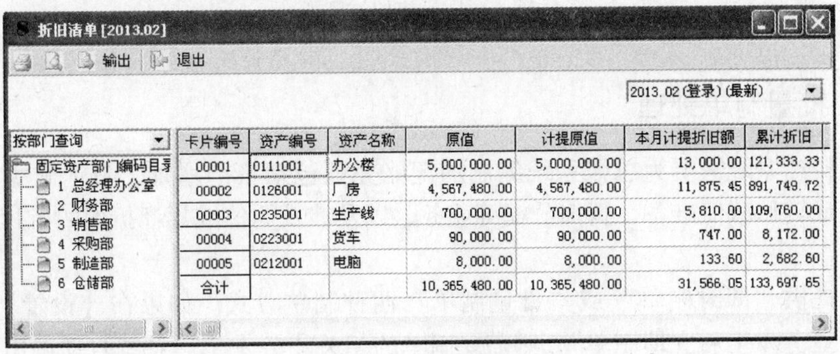

卡片编号	资产编号	资产名称	原值	计提原值	本月计提折旧额	累计折旧
00001	0111001	办公楼	5,000,000.00	5,000,000.00	13,000.00	121,333.33
00002	0126001	厂房	4,567,480.00	4,567,480.00	11,875.45	891,749.72
00003	0235001	生产线	700,000.00	700,000.00	5,810.00	109,760.00
00004	0223001	货车	90,000.00	90,000.00	747.00	8,172.00
00005	0212001	电脑	8,000.00	8,000.00	133.60	2,682.60
合计			10,365,480.00	10,365,480.00	31,566.05	133,697.65

图 7－18 折旧清单

本系统在一个期间内可多次计提折旧，每次计提折旧后，只是将计提的折旧累加到月初的累计折旧，不会重复累计。如果上次计提折旧已制单，并把数据传递到账务系统，则必须删除该凭证方可重新计提折旧。计提折旧后，又对账套进行了影响折旧计算或分配的操作，必须重新计提折旧，否则系统不允许结账。

3. 折旧清单

折旧清单列示所有应提折旧资产的计提折旧信息，包括资产名称、计提原值、月折旧率、单位折旧、月工作量、本月计提折旧额等。全年折旧清单还列出各项资产 12 个月的月折旧额、本年累计折旧额等信息。

4. 折旧分配表

折旧分配表是制作记账凭证，把计提折旧额分配到有关成本和费用的依据，折旧分配表有两种类型：类别折旧分配表和部门折旧分配表，只能选择一个制作记账凭证。系统在折旧分配周期的最后一个期间，在计提折旧的同时自动按部门或类别生成折旧分配表。

单击【处理】|【折旧分配表】可以打开图 7－19 所示的“折旧分配表”窗口。

部门编号	部门名称	项目编号	项目名称	科目编号	科目名称	折旧额
1	总经理办公			660202	折旧费	2,600.00
2	财务部			660202	折旧费	5,333.60
3	销售部			660102	折旧费	747.00
4	采购部			660102	折旧费	5,200.00
5	制造部			5101	制造费用	5,810.00
6	仓储部			660202	折旧费	11,875.45
合计						31,566.05

图 7-19 折旧分配表

五、批量制单处理

固定资产系统需要为总账系统编制的记账凭证包括资产增加、资产减少、原值变动、计提或转回减值准备、折旧分配等业务，以及涉及原值或累计折旧的卡片修改和资产盘点等。

系统提供"即时制单"或"批量制单"两种制单方式。如果在【设置】|【选项】中选取"业务发生后立即制单"，则需要制单的相关业务发生后系统自动调出不完整的凭证供修改；如果未选取"业务发生后立即制单"，则可通过批量制单完成制单工作。

【例 7-9】将本月未制单的业务批量制单。

操作流程：

(1) 单击【处理】|【批量制单】，打开图 7-20 所示的"批量制单"窗口。

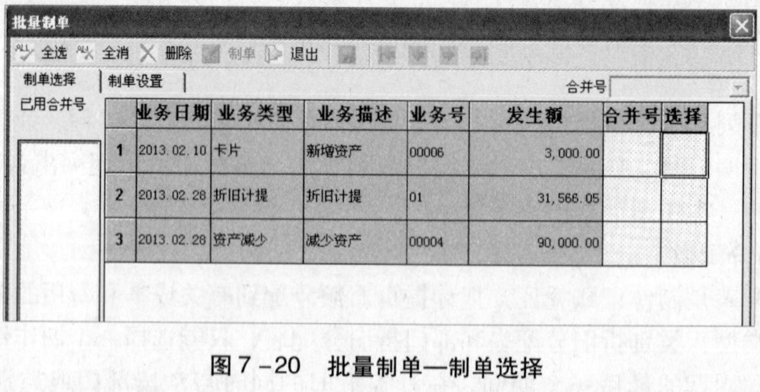

	业务日期	业务类型	业务描述	业务号	发生额	合并号	选择
1	2013.02.10	卡片	新增资产	00006	3,000.00		
2	2013.02.28	折旧计提	折旧计提	01	31,566.05		
3	2013.02.28	资产减少	减少资产	00004	90,000.00		

图 7-20 批量制单—制单选择

(2) 单击【制单选择】页签，在每个业务行的制单栏双击则选中。如要进行汇总制单，则在"合并号"栏下输入标记，以确定哪几张卡片汇总制作一张单据。

(3) 单击"制单设置"页签，根据实际情况和需要选择"科目"和"部门核算"，如图 7-21 所示。

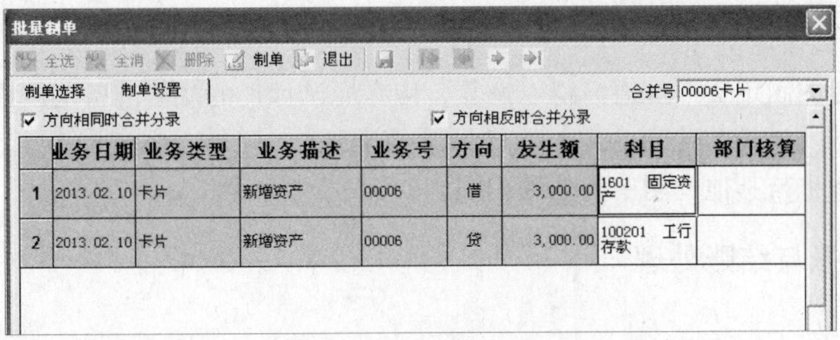

图 7-21 批量制单—制单设置

（4）单击【制单】按钮，进入如图 7-22 所示的"填制凭证"窗口，选择凭证类别、日期并输入摘要后，单击【保存】按钮，系统即在凭证左上角提示"已生成"。

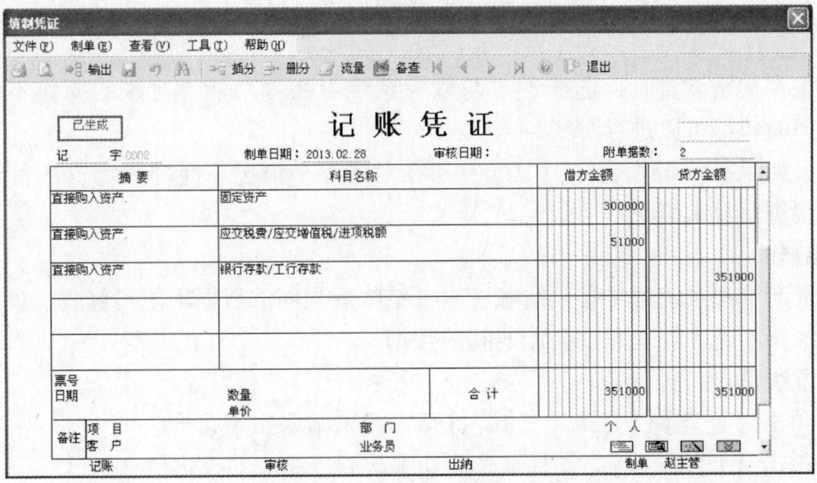

图 7-22 填制凭证

（5）单击【下张】按钮继续完成其他业务制单，最后单击【退出】按钮退出。

第四节 固定资产管理系统的期末处理

一、减值准备处理

1. 计提减值准备

企业应当在期末或至少在每年年度终了，对固定资产逐项进行检查，如果由于市价持续下跌或技术陈旧等原因导致其可回收金额低于账面价值的，应当将此差额作为固定资产减值准备。固定资产减值准备必须按单项资产计提。其操作方法是：

单击【卡片】|【变动单】|【计提减值准备】，打开"固定资产变动单"窗口。具体操作步骤与其他变动单的处理相同。

2. 转回减值准备

如已计提的固定资产价值又得以恢复，应在原已计提的减值准备范围内转回。操作方法是：单击【卡片】|【变动单】|【转回减值准备】，打开"固定资产变动单"窗口。具体操作步骤也与其他变动单的处理相同。

二、对账与结账处理

1. 对账

为确保资产价值与总账系统固定资产科目的数值一致，至少每个会计期末要执行一次对账操作，获得对账结果，并据此确定是否能够结账。

操作方法是：

（1）单击【处理】|【对账】，系统弹出"与财务对账结果"信息。

（2）检查对账结果后，单击【确定】按钮退出。

当总账系统记账完毕，固定资产系统管理才能进行对账。对账平衡，可以开始月末结账。如果在初始设置时，选择了"与账务系统对账"功能，对账的操作不限制执行时间，任何时候都可以进行对账。

注意，如果在"账务接口"中选中"在对账不平情况下允许固定资产月末结账"，则可以直接进行月末结账。

2. 结账

固定资产管理系统每月必须结账一次，结账后当期的数据不能再修改。如果月末未结账，系统将不允许处理下一会计期间的数据。

操作方法是：

（1）单击【处理】|【月末结账】，打开"月末结账"窗口。

（2）单击【开始结账】，如果结账成功系统弹出相应的提示信息。

（3）单击【确定】按钮退出。

3. 取消结账

取消结账俗称"反结账"，实质是恢复结账前状态。如果需要修改结账前的数据，则必须执行取消结账功能。

操作方法是：

（1）单击【处理】|【恢复月末结账前状态】，系统提示"是否继续?"信息，单击【是】，系统即执行反结账功能并提示"成功恢复月末结账前状态"信息。

（2）单击【确定】按钮退出。

三、账表管理

为了及时了解固定资产的数量、质量、分布、使用等情况，固定资产管理系统提供有分析表、减值准备表、统计表、账簿、折旧表等五类账表输出功能。

账表管理提供查询输出功能，一般的查询方法是：

(1) 单击【固定资产】|【账表】|【我的账表】,系统显示"报表"选择框。
(2) 从中选择一个账表(例如部门构成分析表),弹出查询条件对话框。
(3) 设置条件后单击【确定】,系统显示查询结果。

本 章 小 结

固定资产管理系统是一个用于完成固定资产日常业务核算和管理、深受企业青睐的系统。本章在综述固定资产管理系统的主要功能、应用流程的基础上,主要介绍了固定资产系统的初始设置、固定资产卡片管理、固定资产业务处理以及主要账表输出功能与操作方法。其中,重点是系统的初始设置。建议读者以实训资料为基础,学习固定资产管理系统的使用方法。

主 要 概 念

账套初始化、部门对应折旧科目、资产类别、增减方式、使用状况、折旧分配表、资产变动处理、减值准备、批量制单。

练 习 题

一、单项选择题

1. 下列参数不能在初始化过程中设置的是_____。
    A. 主要折旧方法   B. 使用年限
    C. 固定资产编码方式   D. 折旧汇总分配周期
2. 打开"选项"对话框后选择某一页签,单击_____按钮可修改各项目参数。
    A. 确定   B. 取消   C. 编辑   D. 帮助
3. 关于固定资产卡片录入的说法,不正确的是_____。
    A. 删除非末张卡片,该卡片编号将保留空号,不能再使用
    B. 使用年限可以是非整数年,但必须是整数月
    C. 资产通过原始卡片录入还是通过"资产增加"录入,在于资产的开始使用日期
    D. 原始卡片的录入必须在第一个期间结账前
4. 在固定资产卡片录入时,下列项目中由系统自动给出而不能更改的是_____。
    A. 对应折旧科目   B. 录入人   C. 存放地点   D. 固定资产名称

5. 下列功能不属于固定资产核算系统的是_____。
   A. 系统管理　　　B. 初始设置　　　C. 增减变动　　　D. 成本核算
6. 在固定资产系统菜单下，下列操作具有计提资产减值准备功能的是_____。
   A. 单击【处理】|【计提减值准备】
   B. 单击【处理】|【资产减少】
   C. 单击【卡片】|【变动单】|【计提减值准备】
   D. 单击【卡片】|【卡片管理】，对固定资产卡片进行修改
7. 固定资产系统计提折旧时是在卡片文件中_____进行计算折旧额的。
   A. 逐个部门　　　B. 逐个资产　　　C. 逐类资产　　　D. 逐个用途
8. 假设设备类（一级）资产已下设机床和车床两类。2013年8月企业直接购入汽车一辆，其类别应与机床或车床同级，为了在固定资产系统中增加汽车资料，首先应启动的功能是_____。
   A. 资产类别编码　　　　　　　　B. 资产增加
   C. 资产增减方式　　　　　　　　D. 固定资产卡片录入
9. 在固定资产系统中，下列任务不能通过【处理】|【凭证查询】完成的是_____。
   A. 查询凭证　　　B. 制作凭证　　　C. 修改凭证　　　D. 删除凭证
10. 若要从总体上了解固定资产的折旧计提程度，可选择系统提供的_____。
    A. 类别构成分析表　　　　　　　B. 部门构成分析表
    C. 价值结构分析表　　　　　　　D. 使用状况分析表

二、多项选择题

1. 固定资产系统的选项功能中，属于不可修改部分的是_____。
   A. 主要折旧方法　　　　　　　　B. 是否计提折旧
   C. 开始使用期间　　　　　　　　D. 资产编号自动编码方式
2. 固定卡片删除功能的描述正确的是_____。
   A. 不是本月录入的卡片，不能删除
   B. 已制作过凭证的卡片删除时，提示请删除相应凭证，然后删除卡片
   C. 卡片做过一次月末结账后不能删除
   D. 做过变动单或评估单的卡片删除时，提示先删除相关的变动单或评估单
3. "资产增加"即新增加固定资产卡片，以下说法正确的是_____。
   A. 新卡片第一个月不提折旧，折旧额为空或零
   B. 原值录入的一定要是卡片录入月月初的价值，否则将会出现计算错误
   C. 允许在卡片的规格型号中输入或粘贴如"直径符号"等工程符号
   D. 因为是资产增加，该资产需要入账，所以可执行制单功能
4. 下列资产卡片能通过"原始卡片录入"功能录入系统的是_____。
   A. 开始使用日期为1999-01-10，录入时间为1999-02-10
   B. 开始使用日期为1999-01-10，录入时间为2000-02-10

C. 开始使用日期为 1999 – 01 – 10，录入时间为 1999 – 01 – 22
   D. 开始使用日期为 1999 – 01 – 10，录入时间为 1998 – 02 – 10
5. 下列情况属于固定资产的减少的是_____。
   A. 净值减小   B. 到期报废   C. 投资转出   D. 盘亏
6. 企业发现本月一辆汽车原值数值过低，要制作一张变动单以调整，可用的方法是_____。
   A. 单击【卡片】|【变动单】|【变动单管理】，进入"固定资产变动单"窗口
   B. 单击【卡片】|【变动单】|【原值增加】，进入"固定资产变动单"窗口
   C. 单击【卡片】|【卡片管理】，在固定资产列表中选中该小汽车，单击鼠标右键，在下拉表中选择变动单，进入"固定资产变动单"窗口，并在右上角下拉框中选择"原值增加"
   D. 单击【卡片】|【资产增加】，进入"固定资产变动单"窗口
7. 下列方式能查看折旧清单的是_____。
   A. 在系统菜单中单击【卡片】|【折旧分配表】
   B. 在系统菜单中单击【处理】|【折旧清单】
   C. 在系统菜单中单击【卡片】|【折旧清单】
   D. 在系统菜单中单击【处理】|【计提本月折旧】，选择计提折旧后查看折旧清单
8. 在固定资产系统中修改凭证时，下列内容能修改的是_____。
   A. 摘要   B. 用户自行增加的凭证分录
   C. 系统缺省的分录的折旧科目   D. 系统缺省的分录的金额
9. 系统不允许结账，可能的原因有_____。
   A. 本月未提折旧
   B. 提取本月折旧后又改变了某项资产的折旧方法
   C. 对账不平
   D. 有两项固定资产增加未制单
10. 固定资产管理系统的作用有_____。
    A. 完成企业固定资产日常业务的核算和管理
    B. 反映固定资产的增加、减少、原值变化及其他变动
    C. 生成固定资产卡片
    D. 自动计提折旧

三、判断题

1. 首次使用固定资产管理系统时，应先选择对账套进行初始化。
2. 一个固定资产由多个部门（上限 20）使用、分摊的问题，即为一个资产选择多个"使用部门"，并且当资产为多部门使用时，累计折旧可以在多部门间按设置的比例分摊。
3. 固定资产的自动编码方式只能一种，一经设定，该自动编码方式不得修改。
4. 固定资产系统正常运行后，如果发现账套错误很多或太乱，可以选择【维护】|

【重新初始化账套】功能将账套内容全部清空。

5. 在固定资产子系统中，单击【设置】|【选项】对话框，可以修改初始化过程中已设置的所有参数。

6. 固定资产原始卡片的录入任何时候都可以进行。

7. 通过"资产增加"功能录入新增固定资产卡片时，卡片中"开始使用日期"栏的年份和月份不能修改。

8. 如某项已计提减值准备的固定资产的价值又得以恢复，应删除原减值准备变动单。

9. 企业将一台在用机床转为不需用，在填写变动单的同时，应修改相应的固定资产卡片。

10. 固定资产结账前必须与总账对账一致。

实训八　固定资产管理

一、实训目的

了解固定资产管理系统的基本功能和应用过程，运用软件对固定资产的增减变动的处理、定期计提折旧及生成相应的凭证向总账系统传递。

二、实训要求

（1）启用固定资产账套。
（2）固定资产管理系统初始设置。
（3）运用固定资产管理系统进行日常业务处理。
（4）计提折旧及月末结账与对账。

三、实训资料

1. 建立固定资产账套

（1）启用月份：2013.02。

（2）折旧信息为本账套计提折旧，折旧方法为平均年限法（二），折旧汇总分配周期为1个月，当月初已计提月份＝（可使用月份－1）时，将剩余折旧全部提足。

（3）编码方式：资产类别编码方式为2112，按"类别编码＋部门编码＋序号"自动编码，卡片序号长度为3。

（4）财务接口：与财务系统进行对账。

（5）对账科目。

①固定资产对账科目：1601 固定资产。

②累计折旧对账科目：1602 累计折旧。

③减值准备对账科目：1603 减值准备。

(6) 补充参数：业务发生后立即制单。
(7) 月末结账前一定要完成制单登账业务。

2. 资产类别

类别编码	类别名称	使用年限	净残值率	计提属性	折旧方法	卡片样式
01	房屋及建筑物				平均年限法（二）	通用样式
011	办公楼	30	5%	正常计提	平均年限法（二）	通用样式
012	厂房	30	5%	正常计提	平均年限法（二）	通用样式
02	设备				平均年限法（二）	通用样式
021	办公设备	5	0%	正常计提	平均年限法（二）	通用样式
022	运输设备	10	1%	正常计提	平均年限法（二）	通用样式
023	生产设备	10	1%	正常计提	平均年限法（二）	通用样式

3. 部门及对应折旧科目

部门名称	对应折旧科目	部门名称	对应折旧科目
总经理办公室	管理费用—折旧费	采购部	销售费用—折旧费
财务部	管理费用—折旧费	制造部	制造费用
销售部	销售费用—折旧费	仓储部	管理费用—折旧费

4. 增减方式的对应入账科目

增加方式	对应入账科目	减少方式	对应入账科目
直接购入	100201 工行存款	出售	1606 固定资产清理
投资者投入	4001 实收资本	盘亏	1901 待处理财产损溢
盘盈	1901 待处理财产损溢	报废	1606 固定资产清理
在建工程转入	1604 在建工程	毁损	1606 固定资产清理

5. 原始卡片

固定资产名称	办公楼	仓库	生产线	卡车	打印机
类别编号	011	012	023	022	021
使用部门	总经理办公室（30%） 财务部（30%） 销售部（40%）	仓储部	制造部	销售部	财务部
增加方式	在建工程转入	在建工程转入	直接购入	直接购入	直接购入
使用状况	在用	在用	在用	在用	在用
可使用年限	30	30	10	10	5

续上表

固定资产名称	办公楼	仓库	生产线	卡车	打印机
开始使用日期	2005-11-01	2006-10-01	2011-05-01	2012-01-01	2011-04-01
原值	5 000 000	4 567 480	700 000	90 000	8 000
累计折旧	1 108 333.33	879 874.27	103 950	7 425	2 549
对应折旧科目	管理费用—折旧费 销售费用—折旧费	管理费用—折旧费	制造费用	销售费用—折旧费	管理费用—折旧费

6. 日常处理

2013年2月固定资产管理发生业务如下：

（1）2月12日，采购部购买笔记本电脑一台，价值9500元，净残值率6%，预计使用年限为6年。

（2）2月23日，财务部的打印机移交到总经理办公室。

（3）2月28日，销售部卡车报废。

7. 计提折旧

计提本月折旧费用，生成记账凭证。

8. 月末对账

9. 月末结账

第八章　应收应付款管理系统

学习目标

1. 了解应收款和应付款管理系统的主要功能以及业务处理流程。
2. 掌握应收、应付款管理系统初始设置的主要内容及设置方法。
3. 掌握应收、应付款管理系统的日常业务处理的操作方法。
4. 熟悉应收、应付款管理系统的期末处理、账表管理与统计分析方法。

能力培养目标

1. 能够正确操作应收、应付款管理系统的初始设置。
2. 能够熟练操作应收、应付款管理系统的日常业务处理。
3. 能够操作应收、应付款管理系统的期末处理和账表查询。

第一节　应收应付款管理系统概述

企业在销售和采购等经营活动中会发生各种往来业务，形成往来款项。在用友ERP-U8 管理软件中，应收款管理系统主要用于核算和管理客户往来款项，应付款管理系统主要用于核算和管理供应商往来款项。应收和应付两个系统在系统设置、系统功能、应用方案、操作流程等方面均极为相似，只要掌握其中任何一个系统的应用方法，另一个系统的应用将可以举一反三、融会贯通。因此，本章将主要介绍应收款管理系统。

一、应收款的核算方案

用友 U8 系统根据对客户往来款项核算和管理程度的不同，提供了两种应收款核算方案。

1. 在总账系统中核算客户往来款项

如果企业的应收款业务比较简单，或者现销业务较多，则可以选择在总账系统通过辅助核算完成客户往来核算。

2. 在应收款管理系统中核算客户往来款项

如果企业的应收款核算管理内容比较复杂，需要追踪每一笔业务的应收款项情况，或者需要将应收核算到产品级，那么可以选择该方案。在该方案下，所有的客户往来凭证全部由应收款管理系统生成,其他系统不再生成这类凭证。

二、应收款管理系统的主要功能

应收款系统提供系统设置、单据处理、结算处理、坏账处理、制单处理、期末处理、账表管理等功能。

(1) 系统设置。主要提供账套参数设置、初始设置(包括科目设置、单据类型设置、账龄区间设置、坏账初始设置、报警级别设置)以及输入期初余额。

(2) 业务处理。主要包括单据处理、核销处理、转账处理、坏账处理、制单处理、汇兑损益处理、期末处理。

(3) 账表管理。主要提供各类单据的查询,总账、余额表、明细账、对账单等多种业务账表的查询以及各种统计分析表的查询功能。

三、应收款管理系统与其他系统的联系

应收款系统与销售、总账、应付、财务分析、UFO 报表等许多系统都有密切关系(如图 8-1 所示),例如:

(1) 应收款系统与销售管理系统如果同时使用,则与销售有关的票据均应从销售系统输入,应收款系统与之共享这些数据,进行必要核销、制单等处理,在应收款系统则只需输入其他应收单。但如果不使用销售系统,则所有票据都必须在应收款系统输入。

(2) 应收款系统应该生成总账系统所需的记账凭证,而且所有客户往来凭证全部由应收款系统生成,其他系统不再生成这类凭证。

(3) 应收款与应付款系统之间可以进行转账处理,例如可以用应收款冲抵应付款。

(4) 应收款管理系统向 UFO 报表提供数据。

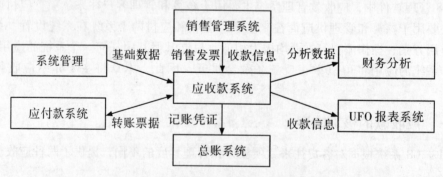

图 8-1 应收款系统与其他系统的关系

四、应收款管理系统的操作流程

应收款管理系统的具体操作流程如图 8-2 所示。

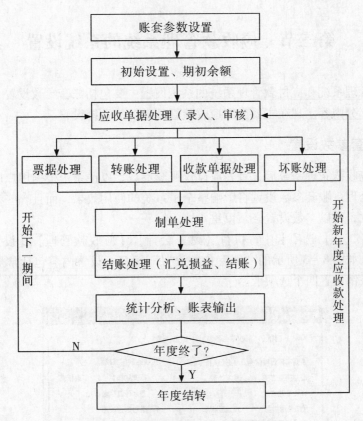

图 8-2 应收款管理系统的操作流程

1. 系统设置

首次使用应收款管理系统,需要进行系统设置,包括账套参数设置、初始设置和期初余额三部分内容,系统设置完成后,重注册进入系统进行日常处理。

2. 日常处理

应收款管理系统的日常处理主要包括以下内容:

(1) 录入应收单据:通过应收单据的录入来记录应收款项的形成。
(2) 收款结算:根据款项的收款情况录入收款单,进行收款结算。
(3) 转账处理:应收款项之间、应收款与应付款之间,进行转账处理。
(4) 对收到的商业汇票进行录入、结算、贴现等票据处理。
(5) 对相关的应收款项进行坏账发生、收回、计提和查询等坏账处理。
(6) 对以上相关操作进行制单处理。

3. 期末处理

日常处理完毕,进行期末结账处理。

第二节　应收款管理系统的系统设置

应收款管理系统和应付款管理系统的系统设置主要包括账套参数设置、初始设置和期初余额三部分内容。现在主要介绍应收款管理系统的系统设置。

一、账套参数设置

在启用应收款管理系统后，首先应设置账套参数，以便系统根据用户所设定的选项进行相应的处理。账套参数设置将影响整个子系统的使用效果，而且有些参数在设置使用后不能修改，所以参数设置必须慎重。

在【业务工作】选项卡中，执行【财务会计】|【应收款管理】|【设置】|【选项】命令，即进入如图8-3所示的"账套参数设置"窗口，设置内容包括常规、凭证、权限与预警、核销设置四个选项卡。

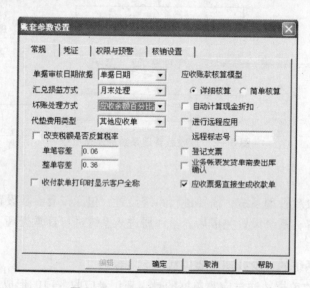

图8-3　"账套参数设置"窗口

1. 【常规】选项卡设置

常规选项卡的内容主要有应收账款核算模型、单据审核日期依据、汇兑损益方式、坏账处理方式、代垫费用类型等设置，以及是否自动计算现金折扣、是否登记支票、应收票据是否直接生成收款单等选择项目。

2. 【凭证】选项卡设置

凭证选项卡的内容主要有受控科目制单方式、非控科目制单方式、控制科目依据、销售科目依据等设置，以及月结前是否全部生成凭证、方向相反的分录是否合并、核销是否生成凭证、预收冲应收是否生成凭证、红票对冲是否生成凭证、单据审核后是否立即制单等选择项目。

3. 【权限与预警】选项卡设置

权限与预警选项卡的内容主要有是否启用客户权限、是否启用部门权限、录入发票时是否显示提示信息、是否进行信用额度控制等选择项目，以及单据报警和信用额度报警设置。

4. 【核销设置】选项卡设置

核销设置选项卡的内容主要有应收款核销方式、规则控制方式、核销规则、收付款单审核后是否立即核销等设置项目。

【例8-1】启用应收款管理系统，启用日期为2013年2月1日。

操作步骤：

(1) 将计算机系统日期改为"2013年2月1日"。

(2) 登录用友 ERP-U8.72 企业应用平台，在【基础设置】选项卡中，执行【基本信息】|【系统启用】命令，启用应收款管理系统，启用日期为2013年2月1日。

【例8-2】在应收款管理系统中，设置账套参数如下：

(1) 常规选项：将坏账处理方式改为"应收余额百分比法"，其他设置采用默认值。

(2) 凭证选项、权限与预警选项、核销设置均采用默认值。

操作步骤：

(1) 在【业务工作】选项卡中，执行【财务会计】|【应收款管理】|【设置】|【选项】命令，即进入"账套参数设置"窗口，如图8-3所示。

(2) 单击【编辑】按钮，系统提示"选项修改需要重新登录才能生效"，单击【确定】按钮。单击"坏账处理方式"栏的下三角按钮，选择"应收余额百分比法"。

(3) 单击【确定】按钮。

二、初始设置

初始设置包括设置科目、坏账准备设置、账期内账龄区间设置、逾期账龄区间设置、报警级别的设置和单据类型设置等内容。初始设置都是在"初始设置"窗口执行，其启动命令是【设置】|【初始设置】。

1. 设置科目

如果企业应收业务类型较固定，生成的凭证类型也较为固定，则为了简化凭证生成操作，可以在此处将各业务类型中的常用科目预先设置好，以便在生成凭证时自动选择科目。

【例8-3】广东宏兴有限公司按如下信息设置科目：

(1) 基本科目设置。

应收科目（本币）为1122；预收科目（本币）为2203；销售收入科目（本币）为600101；出口销售收入科目（本币）为600101；销售退回科目（本币）为600101；税金科目为22210101；银行承兑科目（本币）为1121；商业承兑科目（本币）为1121；现金折扣科目为660302；票据利息科目（本币）为660301；票据费用科目（本币）为660302。

(2) 结算方式科目设置（如表8-1所示）。

表8-1 结算方式科目

结算方式	币种	科目
现金结算	人民币	1001
转账支票	人民币	100201
汇兑	人民币	100201

操作步骤：

(1) 在"初始设置"窗口中，执行【设置科目】|【基本科目设置】命令，录入应收科目本币"1122"，预收科目本币"2203"，以及其他基本科目，如图8-4所示。

图8-4 基本科目设置

(2) 执行【设置科目】|【结算方式科目设置】命令，依次在"结算方式"、"币种"、"科目"下方的空格中，"科目"下方的空格中输入"1001"。

(3) 鼠标左键在"结算方式"栏下一行双击，单击下三角选择"转账支票"，"币种"选择"人民币"，"科目"栏录入"100201"，相同的方法录入第三行信息，如图8-5所示。

(4) 单击【退出】按钮返回。

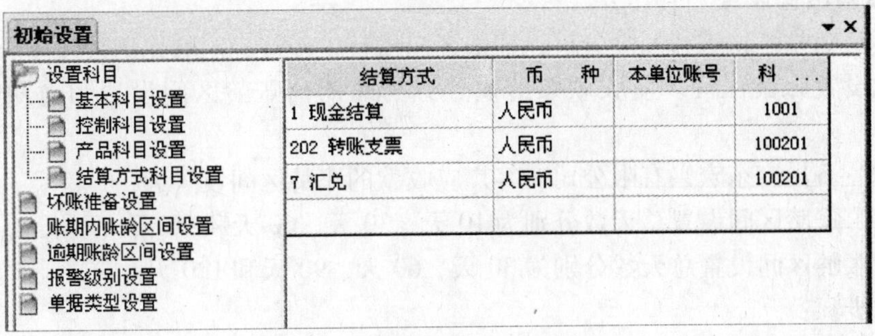

图8-5 结算方式科目设置

【提示】

在基本科目设置中,设置应收科目"1122 应收账款"、预收科目"2203 预收账款"和"1121 应收票据"之前,必须在企业应用平台的基础设置中设置相应会计科目的辅助核算为"客户往来",并且其受控系统为"应收系统",否则系统会提示"本科目应为应收受控科目",而无法被选中。

2. 坏账准备设置

应收款管理系统可以根据发生的应收业务情况,提供自动计提坏账准备的功能。在"初始设置"窗口中,执行【坏账准备设置】,进行相应的设置,但如果选项设置选择了直接转销法,则在初始设置中看不到坏账准备设置功能。

【例8-4】广东宏兴有限公司的坏账准备提取比率为0.5%,坏账准备期初余额为1 170,坏账准备科目为"1231 坏账准备",坏账准备对方科目为"6701 资产减值损失"。

操作步骤:

(1) 在"初始设置"窗口中,执行【坏账准备设置】命令,依次录入提取比率为0.5%,坏账准备期初余额为1 170,坏账准备科目为"1231 坏账准备",对方科目为"6701 资产减值损失",如图8-6所示。

(2) 单击【确定】按钮,弹出"储存完毕"提示窗口,再单击【确定】按钮。

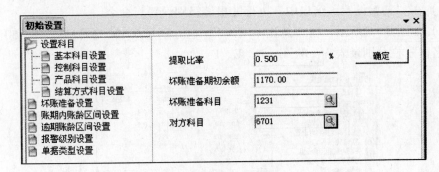

图8-6 坏账准备设置

3. 账龄区间设置

为了对应收账款进行账龄分析，评估客户信誉，并按一定的比例估计坏账损失，应首先在此设置账龄区间。应收款账龄设置分为账期内账龄区间设置和逾期账龄区间设置。

【例8－5】广东宏兴有限公司对客户应收款的账龄区间设置为：

账期内账龄区间设置总天数分别为10天、30天、60天和90天；

逾期账龄区间设置总天数分别为30天、60天、90天和120天。

操作步骤：

（1）在“初始设置”窗口中，执行【账期内账龄区间设置】命令。

（2）在“总天数”栏分别录入10、30、60和90，如图8－7所示。

（3）执行【逾期账龄区间设置】命令，分别录入30、60、90和120。

序号	起止天数	总天数
01	0-10	10
02	11-30	30
03	31-60	60
04	61-90	90
05	91以上	

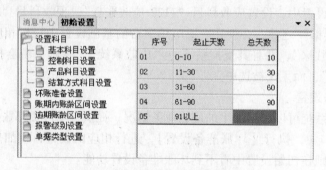

图8－7　账期内账龄区间设置

4. 报警级别的设置

通过对报警级别的设置，将客户按照其欠款余额与授信额度的比例分为不同的类型，以便于掌握各个客户的信用情况。

【例8－6】广东宏兴有限公司对客户应收款的报警级别设置为A～F级，各级的总比率分别设置为10%、20%、30%、40%、50%，总比率在50%以上为F级。

操作步骤：

（1）在“初始设置”窗口中，执行【报警级别设置】命令。

（2）如图8－8所示，在“总比率（%）”栏分别录入10、20、30、40、50，再在“级别名称”栏分别录入A、B、C、D、E、F。

序号	起止比率	总比率(%)	级别名称
01	0-10%	10	A
02	10%-20%	20	B
03	20%-30%	30	C
04	30%-40%	40	D
05	40%-50%	50	E
06	50%以上		F

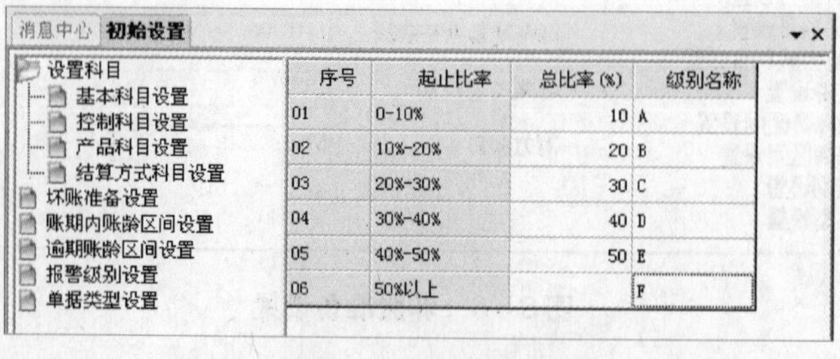

图8－8　报警级别设置

5. 单据类型的设置

用户可将自己的往来业务与单据类型建立对应关系，达到快速处理业务以及进行分类汇总、查询、分析的效果。系统提供了发票和应收单两大类型的单据。

如果同时使用销售系统，则单据类型包括销售专用发票、普通发票、销售调拨单和销售日报；但如果单独使用应收系统，则单据不包括后两种。发票是系统默认类型，不能修改删除。

应收单记录销售业务之外的应收款情况。可以将应收单划分为不同的类型，以区分应收货款之外的其他应收款。例如，可以将应收单分为应收代垫费用款、应收利息款、应收罚款、其他应收款等。应收单的对应科目由自己定义。

三、期初余额

系统设置的另一项内容是将启用系统时未处理完的所有客户的应收账款、预收账款和应收票据等数据输入到本系统，以保证数据的连续性和完整性。期初余额按单据种类分别录入，其中包括发票、应收单、预收单、应收票据。

在应收款系统中，执行【设置】|【期初余额】命令，打开"期初余额—查询"窗口，选择需要增加的单据名称、单据类型后，单击【确定】按钮，即进入期初余额设置界面。注意，在进行期初余额设置前，一定要预先设置好相关的基础信息，如存货分类、计量单位、本单位开户银行、存货档案、收发类别和销售类型等。

【例8-7】按表8-2所示信息设置广东宏兴有限公司的应收款期初余额。

表8-2 广东宏兴有限公司应收款期初余额表

单据类型	开票日期	客户名称	货物名称	数量	无税单价	价税合计	销售部门
销售专用发票	12/12/20	实力集团	A产品	100	1 000	117 000	销售部
销售专用发票	13/01/10	天马公司	B产品	8 000	100	936 000	销售部

操作步骤：

（1）执行【设置】|【期初余额】命令，打开"期初余额—查询"窗口，单击【确定】按钮，进入"期初余额明细表"窗口。

（2）单击【增加】按钮，打开"单据类别"对话框。

（3）选择单据名称为"销售发票"，单据类型为"销售专用发票"，方向为"正向"，然后单击【确定】按钮，打开"销售专用发票"窗口。

（4）单击【增加】按钮，修改开票日期为"2012-12-20"，"客户名称"栏录入"3001"，或单击"客户名称"栏参照按钮，选择"实力集团"，系统会自动显示客户相关信息；在"销售部门"栏录入"销售部"，如图8-9所示。

（5）在窗口表格"货物编号"栏录入"0101"，或单击"货物名称"栏的参照按钮，选择"A产品"，在"数量"栏录入"100"，在"无税单价"栏录入"1 000"。

（6）单击"保存"按钮。以此方法录入第2张销售专用发票。

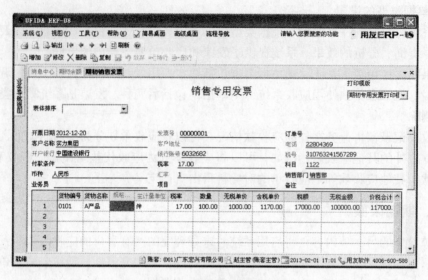

图8-9 销售专用发票录入

第三节 应收款管理系统的日常处理

应收款管理系统的日常处理主要包括单据处理、票据管理、转账处理、坏账处理和制单处理，以及查询统计。

一、单据处理

单据处理包括应收单据处理、收款单据处理和核销处理。

（一）应收单据处理

企业的应收款项形成的原因通常是因为销售产品未收到款项，或发生一些其他应收事项，如替客户代垫运费。因此，企业应收款源自销售发票和其他应收单。如果使用销售系统，销售发票由销售系统录入、审核，本系统可以对这些单据进行查询、核销和制单，本系统需要录入的单据仅限于应收单。如果不使用销售管理系统，则全部应收单据都必须在应收款管理系统中录入并审核。

1. 应收单据录入

企业应收单据包括销售发票与其他应收单，其中销售发票又分为销售专用发票和销售普通发票。执行【应收单据处理】|【应收单据录入】命令，即可进行应收单据的录入。

【例8-8】广东宏兴有限公司在2013年2月份发生了如下经济业务：

（1）2013年2月15日，向广州中信集团销售A产品300件，无税单价为1 000元，增值税率为17%。

(2) 2013年2月26日,向珠海发达公司销售B产品1 500件,无税单价为100元,增值税率为17%。以转账支票代垫运费1 200元。

操作步骤:

(1) 将计算机系统日期改为"2013年2月28日",以"2013年2月15日"为登陆日期,进入企业应用平台。

(2) 打开"业务工作"选项卡,执行【财务会计】|【应收款管理】|【应收单据处理】|【应收单据录入】命令,打开"单据类别"对话框。

(3) 选择单据名称为"销售发票",单据类型为"销售专用发票",方向为"正向",然后单击【确定】按钮,打开"销售专用发票"窗口。

(4) 单击【增加】按钮,在"客户简称"栏录入"1001",或单击"客户简称"栏参照按钮,选择"中信集团",系统会自动显示客户相关信息;在"销售类型"栏录入"01",在"销售部门"栏录入"销售部",如图8-10所示。

(5) 在窗口表格"存货编码"栏录入"0101",或单击"存货名称"栏的参照按钮,选择"A产品",在"数量"栏录入"300",在"无税单价"栏录入"1 000"。

(6) 单击"保存"按钮,并退出"销售专用发票"窗口。

(7) 以上述方法录入2013年2月26日的销售专用发票。

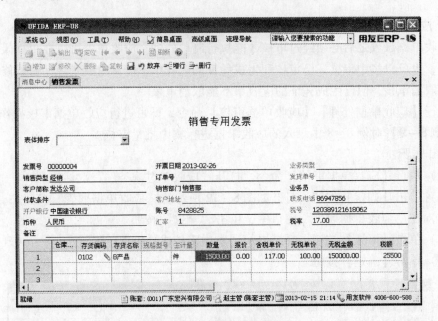

图8-10 销售专用发票录入

(8) 执行【应收单据录入】命令,打开"单据类别"对话框。

(9) 选择单据名称为"应收单",单据类型为"其他应收单",方向为"正向",然后单击【确定】按钮,打开"应收单"窗口。

(10) 单击【增加】按钮,在"客户"栏录入"1003",在"销售类型"栏录入"01",在"金额"栏录入"1 200",在"摘要"栏录入"代垫运费";在表格中"科目"栏录入"100201",如图8-11所示。

(11) 单击"保存"按钮。

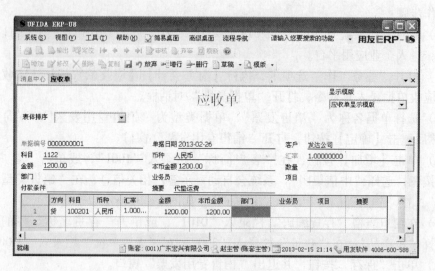

图8-11 应收单录入

2. 应收单据审核

应收单据录入之后必须经过审核才能执行制单处理。应收单据可以在单据录入中直接审核,也可以集中审核。已审核和生成凭证的应收单不能修改或删除,若要修改或删除必须取消审核,但已生成凭证的应收单不能取消审核。

执行【应收单据处理】|【应收单据审核】命令,即可进行应收单据审核操作。

【例8-9】对例8-8中录入的应收单据进行集中批量审核。

操作步骤:

(1) 执行【应收单据审核】命令,打开"应收单过滤条件"对话框。

(2) 单击【确定】按钮,打开如图8-12所示的"应收单据列表"窗口。

(3) 在"应收单据列表"窗口中,单击"全选"按钮。

(4) 单击【审核】按钮,系统提示"本次审核成功单据3张"。

(5) 单击【确定】按钮。

图8-12 应收单据列表

（二）收款单据处理

应收款项形成后，如果收到了客户支付的款项，应对应收单据进行结算。在应收款管理系统中，单据的结算包括收款单的录入、审核，以及对发票和应收单进行核销。

1. 收款单据录入

收款单用于记录客户支付的款项，根据收款时间和收款项目，收款单分为应收款、预收款和其他费用三种类型。执行【收款单据处理】|【收款单据录入】命令，即可进行收款单据录入操作。

【例 8 – 10】2013 年 2 月 18 日，接银行通知，收到广州天马公司以汇兑方式支付的购买 B 产品的货税款 936 000 元。

操作步骤：

(1) 执行【收款单据处理】|【收款单据录入】命令，打开如图 8 – 13 所示"收款单"录入窗口。

(2) 单击【增加】按钮，修改日期为"2013 – 02 – 18"，在"客户"栏录入"1002"，系统会自动显示客户相关信息；在"结算方式"栏录入"7"，在"金额"栏录入"936 000"，在"摘要"栏录入"收到货款"；"款项类型"选择"应收款"。

(3) 单击【保存】按钮。

图 8 – 13 收款单录入

2. 收款单据审核

收款单据审核有三层含义，第一是确认收款，第二是审查单据输入的正确性，第三是记入应收明细账。已审核的收款单据不允许修改或删除，月末收款前收款单据必须全部审核完毕。

执行【收款单据处理】|【收款单据审核】命令，即可进行收款单据审核操作。收款单据审核操作的步骤与应收单据审核的步骤相似，完成对广州天马公司的收款单审核操作，具体操作步骤不再赘述。

3. 选择收款

通过选择收款功能，可以根据用户设定的条件，一次对多个客户、多笔款项进行收款核销的业务处理，以简化收款日常工作。

4. 核销处理

单据核销的目的是将已结清的债权及时销账，冲减本期应收。核销处理在收款单据与应收单据之间进行。系统提供手工核销和自动核销两种方式。其中，自动核销是按用户设定的核销方式，由计算机自动对已结清的业务进行核销处理；手工核销是对自动核销的一种补充，一般是先调出同一科目同一客户的未核销业务，然后通过人工判定是否为已结清业务，是则进行核销处理。自动核销保证了往来款项核销的高效性，手工核销保证了往来款项核销的灵活性。

【例8-11】对广州天马公司的收款单和应收单据进行核销处理。

操作步骤：

（1）执行【核销处理】|【手工核销】命令，打开"核销条件"对话框，在"客户"栏录入"1002"，或单击"客户"栏的参照按钮，选择"天马公司"。

（2）单击【确定】按钮，打开如图8-14所示的"单据核销"窗口，显示符合条件的应收单据（下部列表）和收款单据（上部列表）。

（3）在"单据核销"窗口选择核销单据与被核销单据，并在窗口下半部分的"本次结算"栏的第1行录入"936 000"，或单击【分摊】按钮，将结算金额分摊到被核销单据处。

（4）单击【保存】按钮，则核销处理完成。

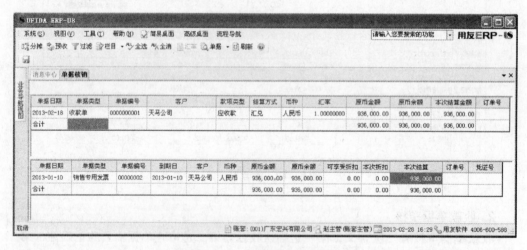

图8-14 "单据核销"窗口

二、票据管理

如果客户用银行承兑汇票或商业承兑汇票支付货款，企业必须将应收票据录入记账，结转应收账款，日后还需对应收票据进行结算、贴现、背书等处理。

1. 应收票据的录入

选择【应收款管理】|【票据管理】命令,弹出"过滤条件选择"窗口,设置过滤条件后,单击【过滤】按钮进入"票据管理"主界面,在此单击【增加】按钮,即可录入应收票据。

【例8-12】2013年2月16日,收到广州中信集团签发并承兑的商业承兑汇票一张(NO.345612),面值为351 000元,到期日为2013年4月16日。

操作步骤:

(1) 在"票据管理"窗口单击【增加】按钮,进入如图8-15所示的"商业汇票"窗口。

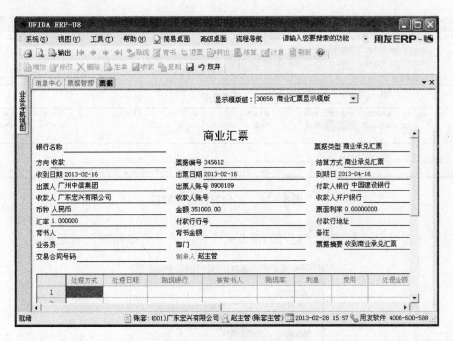

图8-15 填制商业汇票

(2) 单击"票据类型"栏的参照按钮,选择"商业承兑汇票";在"票据编号"栏录入"345612";在"结算方式"栏录入"301";在收到日期栏录入"2013-02-16";在"出票日期"栏录入"2013-02-16",在"到期日"栏录入"2013-04-16";在"出票人"栏录入"1001";在"金额"栏录入"351 000";在"票据摘要"栏录入"收到商业承兑汇票"。

(3) 单击【保存】按钮。

2. 应收票据的处理

应收票据输入后可以进行贴现、背书、退票、转出、结算、计息等处理。一般的操作方法是:先进入"票据管理"主界面,选择一张票据后,在工具栏上单击贴现、背书、退票、转出、结算、计息等按钮,打开处理窗口,再作进一步的处理操作。

【例8-13】2013年2月26日,将2013年2月16日收到的广州中信集团签发并承兑的商业承兑汇票(NO.345612)拿到银行贴现,贴现率为5%。

操作步骤:

(1)以"2013年2月26日"为登陆日期,进入企业应用平台。

(2)打开"业务工作"选项卡,执行【财务会计】|【应收款管理】|【票据管理】命令,弹出"过滤条件选择"对话框,单击【过滤】按钮,进入如图8-16所示的"票据管理"窗口。

(3)在"票据管理"窗口双击"选择"栏,选中2013年2月16日填制的票据编号为345612的商业承兑汇票。

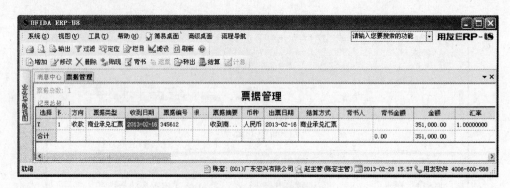

图8-16 "票据管理"窗口

(4)单击【贴现】按钮,打开如图8-17所示的"票据贴现"对话框。

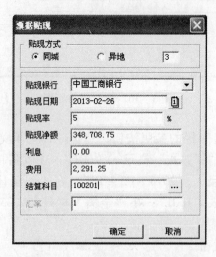

图8-17 "票据贴现"对话框

(5)在贴现率栏录入"5",在结算科目栏录入"100201"。

(6)单击【确定】按钮,系统弹出"是否立即制单"信息对话框,单击【是】即生成如图8-18所示的贴现记账凭证。

第八章 应收应付款管理系统

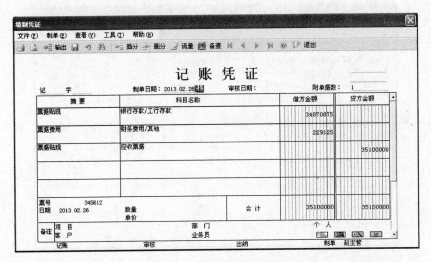

图 8-18 生成贴现记账凭证

三、转账处理

企业的往来款项间经常会发生转账业务，因此系统提供有四种类型的转账以及编制相应凭证的功能。

1. 应收冲应收

将一个客户（或部门、业务员）的应收款转到另一个客户（或部门、业务员），一般用于客户合并、部门撤消、业务员离职、已审核的单据中客户错填等情况。处理方法是将应收账款、预收账款在客商之间、部门之间或业务员之间进行转账，实现应收业务的调整。

2. 预收冲应收

通过预收冲应收处理客户的预收款（红字预收款）与该客户应收欠款（红字应收）之间的核销业务。

3. 应收冲应付

用客户的应收账款来冲抵供应商的应付款项。通过此功能将应收款业务在客户和供应商之间进行转账，实现应收业务的调整，解决应收债权与应付债务的冲抵。

4. 红票对冲

实现客户的红字应收单据与其蓝字应收单据、收款单与付款单之间的冲抵操作。系统提供自动和手工红票对冲两种方式。

【例 8-14】2013 年 2 月 20 日，经三方同意，2012 年 12 月 20 日形成的应向深圳实力集团收取的货税款 117 000 元转为向广州天马公司的应收账款。

操作步骤：

（1）执行【应收款管理】|【转账】|【应收冲应收】命令，打开如图 8-19 所示的"应收冲应收"对话框。

（2）在转出户栏录入"3001"，在转入户栏录入"1002"。

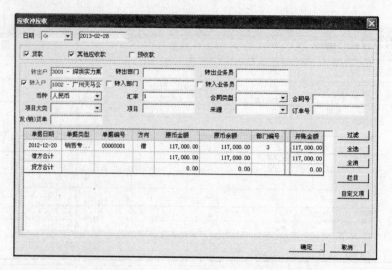

图8-19 "应收冲应收"对话框

(3) 单击【过滤】按钮,在第1行并账金额栏录入"117 000"。

(4) 单击【确定】按钮,出现"是否立即制单"提示,单击【否】按钮,再单击【取消】按钮退出。

四、坏账处理

在实际工作中经常发生客户无法偿还债务的情况,企业根据谨慎性原则,需要计提坏账准备。坏账处理包括坏账计提、坏账发生、坏账收回和坏账查询等功能。

1. 计提坏账准备

企业应在期末分析各项应收款项的可收回性,对预计可能发生的坏账损失计提坏账准备。系统提供的计提坏账的方法有销售收入百分比法、应收账款百分比法和账龄分析法。计提坏账准备的方法是:

(1) 选择【应收款管理】|【坏账处理】|【计提坏账准备】,进入如图8-20所示的坏账计提窗口,按所设置的坏账计提方法,系统自动算出应收账款总额、计提比率、坏账准备、坏账准备余额以及本次计提金额。

(2) 单击工具栏【OK确认】按钮,系统提示"是否立即制单",如果回应【是】,则自动生成并显示坏账计提凭证,单击【保存】将凭证存入总账系统。

图8-20 坏账准备计提

2. 坏账发生

当坏账发生时，企业应选定发生坏账的应收单据和本次发生的坏账金额，及时用坏账准备进行冲销。

【例8-15】2013年2月24日，将2012年2月20日形成的应向广州天马公司收取的应收账款117 000元转为坏账。

操作步骤：

（1）执行【应收款管理】|【坏账处理】|【坏账发生】命令，打开"坏账发生"对话框。

（2）在对话框的日期栏录入"2013-02-24"，在客户栏录入"1002"。

（3）单击【确定】按钮，打开如图8-21所示的"坏账发生单据明细"窗口，在"本次发生坏账金额"栏第1行录入"117 000"。

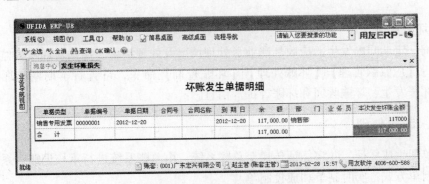

图8-21 坏账发生单据明细

（4）单击【OK确认】按钮，出现"是否立即制单"提示，单击【是】按钮，即可生成坏账发生的记账凭证。

3. 坏账收回

当被确认为坏账的应收款又被收回时，可通过本功能进行处理。坏账收回时首先应填制一张收款单，其金额为收回的坏账金额；然后再进行坏账收回处理。注意，填制的收款单不必进行审核，否则无法完成坏账收回操作。

【例8-16】2013年2月28日，收到银行通知（汇兑），收回已作为坏账处理的应向广州天马公司收取的应收账款117 000元。

操作步骤：

（1）执行【应收款管理】|【收款单据处理】|【收款单据录入】命令，打开"收款单"窗口，单击【增加】按钮，录入收款相关信息，保存收款单后退出。

（2）执行【应收款管理】|【坏账处理】|【坏账收回】命令，打开"坏账收回"对话框。

（3）在"坏账收回"对话框中，录入如图8-22所示的相关信息。

（4）单击【确定】按钮，出现"是否立即制单"提示，单击【是】按钮，即可生成坏账收回的记账凭证，保存记账凭证，退出操作。

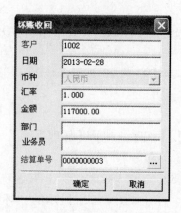

图 8-22　录入坏账收回相关信息

4. 坏账查询

查询一定期间内发生的应收坏账业务处理情况及处理结果，加强对坏账的监督。

执行【应收款管理】|【坏账处理】|【坏账查询】命令，可查看本期期初坏账准备余额、坏账发生、坏账收回和坏账计提等信息。

五、制单处理

制单即生成凭证，并将凭证传递至总账系统，由总账系统进行审核记账。系统提供了两种制单方式：实时制单和成批制单。

1. 实时制单

系统在业务处理过程中提供了实时制单功能，如在录入应收单据保存后，点击【审核】按钮，系统弹出"是否立即制单"提示，单击【是】即可完成即时制单。在另外一些业务操作界面，用户也可通过单击【制单】按钮完成即时制单操作。

2. 成批制单

系统提供了一个统一制单的平台，可成批生成凭证，并依据规则可进行合并制单等处理。

【例 8-17】对以上例题操作中需制单的业务进行成批制单处理。

操作步骤：

（1）执行【应收款管理】|【制单处理】命令，系统弹出如图 8-23 所示的"制单查询"对话框，勾选制单项目前的复选框以选择制单业务。

（2）单击【确定】按钮，进入如图 8-24 所示的"制单"窗口。

（3）在"制单"窗口中单击【全选】按钮。

（4）单击【制单】按钮生成凭证，单击【保存】按钮保存屏幕显示的凭证。

（5）反复单击右三角按钮【下张凭证】和【保存】按钮，依次保存其他生成的凭证。

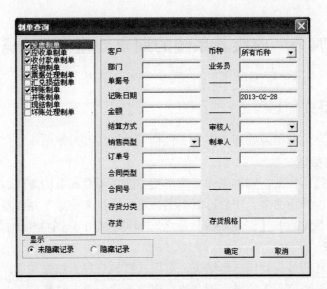

图8-23 "制单查询"对话框

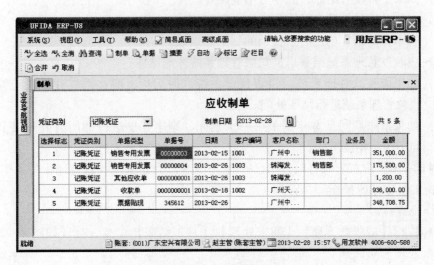

图8-24 "制单"窗口

提示：

在进行"制单查询"选择制单项目时，"坏账处理制单"不可与其他制单项目同时选择，通常应先选择坏账处理制单以外的项目，完成制单后再进行坏账处理制单。

六、单据查询

单据查询包括发票、应收单、结算单和凭证的查询。可以查询已经审核的各类型应收单据的收款、结余情况，也可以查询结算单的使用情况，还可以查询本系统所生成的凭证，并且对其执行修改、删除和冲销等操作。

执行【应收款管理】|【单据查询】命令，即可进行单据查询相关操作。

第四节 应收款系统的期末处理与账表管理

一、期末处理

应收款管理系统的期末处理工作主要包括汇兑损益和月末结账。

1. 汇兑损益处理

如果企业有外币往来,则首先在系统选项中选择汇兑损益的方式,月末计算或单据结清时计算。发生外币往来,用户可以根据自己的选择来完成汇兑损益的处理。

执行【应收款管理】|【汇兑损益】命令,即可进行汇兑损益相关操作。

2. 月末结账

如果确认本月的各项处理已经结束,可以选择执行月末结账功能。结账后不能再进行单据、票据、转账等业务的增、删、改、审等操作。月末结账应注意的问题:

(1) 如果上月没有结账,则本月不能结账。

(2) 本月的应收单据在结账前应该全部审核。

(3) 若本月的结算单还有未核销的,不能结账。

(4) 应收款管理系统结账后,总账管理系统才能结账。

(5) 如果应收款管理系统与销售管理系统同时启用,应在销售管理系统结账后,才能对应收款管理系统进行结账处理。

(6) 如果结账期间是本年度最后一个期间,则本年度进行的所有处理必须制单,否则不能向下一个年度结账。

【例8-18】广东宏兴有限公司已完成2013年2月份的应收款管理相关工作,要进行2月份的月末结账操作。

操作步骤:

(1) 执行【应收款管理】|【期末处理】|【月末结账】命令,打开如图8-25所示的"月末处理"对话框。

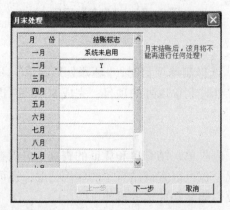

图8-25 "月末处理"对话框

（2）在对话框中双击二月"结账标志"栏。

（3）单击【下一步】按钮，打开月末处理情况表。

（4）单击【完成】按钮，系统弹出"2月份结账成功"信息提示框。

（5）单击【确定】按钮。

3. 取消月结

如果月结操作完成后，发现数据有错误或需要修改，可以取消月末结账。执行【应收款管理】|【期末处理】|【取消月结】命令，系统弹出"取消结账"对话框，选择要取消结账的月份，单击【确定】按钮即可。

二、账表管理

账表管理主要包括业务账表、统计分析和科目账表查询输出等功能。

1. 业务账表

应收款管理系统的业务账表主要提供业务总账、业务明细账、业务余额表、对账单等账表输出功能，以及总账的对账功能。

（1）执行【应收款管理】|【账表管理】|【业务账表】命令，系统显示业务总账、业务明细账、业务余额表等业务账表功能。

（2）双击选择一种账表输出功能，系统弹出"过滤条件选择"对话框。

（3）设置好条件后单击【过滤】按钮，系统显示查询结果。

2. 统计分析

应收款管理系统提供应收账龄分析、收款账龄分析、欠款分析、收款预测等统计分析功能，以管理企业的应收账款，降低坏账比例。

（1）执行【应收款管理】|【账表管理】|【统计分析】命令，系统显示应收账龄分析、收款账龄分析、欠款分析、收款预测等统计分析功能。

（2）双击选择其中一种分析功能，系统弹出"过滤条件选择"对话框。

（3）设置条件后单击【过滤】按钮，系统显示相应数据的分析结果。

3. 科目账表查询

科目账表查询内容包括对科目明细账和科目余额表的查询。

（1）科目明细账。科目明细账用于查询应收受控科目下各个往来客户的往来明细账，包括科目明细账、客户明细账、三栏式明细账、多栏式明细账、客户分类明细账、业务员明细账、部门明细账、项目明细账、地区分类九种查询方式。

执行【应收款管理】|【账表管理】|【科目账表查询】|【科目明细账】命令，系统弹出"客户往来科目明细账"对话框，双击选择其中一种查询方式，单击【确定】按钮，系统显示相应明细账信息。

（2）科目余额表。科目余额表用于查询应收受控科目各个客户的期初余额、本期借方发生额合计、本期贷方发生额合计、期末余额。它包括科目余额表、客户余额表、三栏式余额表、业务员余额表、客户分类余额表、部门余额表、项目余额表、地区分类余额表八种查询方式。

执行【应收款管理】|【账表管理】|【科目账表查询】|【科目余额表】命令，系

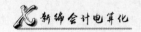

弹出"客户往来科目余额表"对话框,双击选择其中一种查询方式,单击【确定】按钮,系统显示相应科目余额信息。

本 章 小 结

应收应付款管理系统主要用于核算和管理往来款项,关系到企业在经营过程中主要的现金流入流出,所以是会计信息系统的重要组成部分。

应收和应付两个系统在应用方案、系统功能、应用流程以及具体操作方法等方面均极为相似,相信读者能够举一反三。因此本章主要介绍了应收款管理系统,具体包括系统设置、日常处理和期末处理三大部分内容,其中日常处理包括单据处理、票据管理、转账处理、坏账处理、制单处理以及查询统计等功能。建议读者在理解的基础上,以实训资料为依据,全面演练系统的使用。

基 本 概 念

账套参数、账龄区间、报警级别、应收单据、收款单据、单据核销、坏账处理、对冲转账、红票对冲、票据贴现、实时制单、成批制单。

练 习 题

一、单项选择题

1. 通过总账系统核算应收款的方法之一是_____。
   A. 通过总账科目核算   B. 通过往来辅助核算
   C. 通过账簿核算   D. 通过报表核算
2. 在应收款系统中,用于反映指定期间往来单位应收款的期初余额、本期发生额合计及期末余额的报表是_____。
   A. 到期债权列表   B. 应收款汇总表
   C. 应收款明细表   D. 应计利息表
3. 如果应收和销售系统同时应用,则销售发票一般在_____中产生。
   A. 账务处理系统   B. 销售业务系统
   C. 采购业务系统   D. 库存管理系统
4. 下列系统与应收款管理系统没有直接联系的是_____。
   A. 销售管理系统   B. 账务处理系统
   C. 存货管理系统   D. 应付款管理系统

5. 下列目标不属于应收款管理系统的是_____。
   A. 及时核算应收款业务　　　　　B. 反映和监督应收款的回收情况
   C. 及时办理产品销售业务　　　　D. 反映客户的欠款情况和信誉程度
6. 应收款系统转账对冲中不存在_____。
   A. 预收款冲预收款　　　　　　　B. 应收款冲应付款
   C. 应收款冲应收款　　　　　　　D. 预收款冲应收款
7. 应收款系统的初始数据按单据种类分别录入，但其中不包括_____。
   A. 应收单　　　B. 应收票据　　　C. 记账凭证　　　D. 发票
8. 下列目标不属于应付款管理系统的是_____。
   A. 跟踪应付账款的到期期限，争取合理折扣
   B. 反映和监督采购资金支出和应付情况
   C. 及时办理采购业务，保证材料不短缺
   D. 及时提供债务总额和现金需要量，为采购管理提供决策支持
9. 在会计软件或 ERP 中应付款一般不能_____。
   A. 通过总账系统明细科目核算　　B. 通过采购管理系统核算
   C. 通过总账系统往来辅助核算　　D. 通过应付款管理系统核算
10. 应付款管理系统处理的票据中不包含_____。
    A. 采购发票与应付单　　　　　　B. 付款单和退款单
    C. 应付票据　　　　　　　　　　D. 应收票据

二、多项选择题

1. 应收款系统的制单方式指系统根据原始单据如何编制记账凭证，一般有_____。
   A. 按客户制单方式　　　　　　　B. 按商品制单方式
   C. 按单据制单方式　　　　　　　D. 按汇总金额制单方式
2. 在应收款系统中对收款单的主要处理内容包括_____。
   A. 更新客户、商品等总账　　　　B. 计提坏账准备
   C. 生成对应的记账凭证　　　　　D. 往来核销处理
3. 应收款系统提供的分析功能一般有_____。
   A. 应收款账龄分析　　　　　　　B. 应收账款的周转分析
   C. 应收款的欠款分析　　　　　　D. 坏账分析
4. 应收应付的主要核算方式有_____。
   A. 在账务处理系统中通过设置明细科目进行核算
   B. 在账务处理系统中通过设置往来辅助账进行核算
   C. 通过专门的应收应付款系统进行核算
   D. 通过库存管理系统进行核算
5. 应收款系统初始化的主要工作包括_____。
   A. 设置系统参数　　　　　　　　B. 基础设置

C. 客户档案设置 D. 初始数据的输入
6. 应付款管理系统处理的票据主要有_____。
   A. 采购发票与应付单 B. 应收票据
   C. 付款单和退款单 D. 应付票据
7. 应付款系统初始设置的内容主要包括_____。
   A. 账套参数与规则选项 B. 供应商档案
   C. 基础设置 D. 初始数据
8. 与应付款系统有数据联系的系统有_____。
   A. 采购管理系统 B. 账务处理系统
   C. 库存管理系统 D. 应收款管理系统
9. 应付款系统提供的分析功能一般有_____。
   A. 账龄分析 B. 应付账款的周转分析
   C. 欠款分析 D. 坏账分析
10. 应付款系统日常处理业务包括有_____。
    A. 单据处理 B. 转账处理 C. 初始设置 D. 凭证处理

三、判断题

1. 账务处理系统都不具有处理往来业务的功能。
2. 应收款核销方式主要有按科目、按余额、按单据、按存货核销等方式。
3. 若收到客户款项而销售或劳务尚未发生,则在输入收款单时要做预收款处理,将该款项全部转为预收款。
4. 应收款系统必须具有销售发票的新增、修改、删除、查询、审核和记账等功能。
5. 通过账务系统的明细科目或辅助核算功能可核算应收款,但不能核算应付款。
6. 应付款系统的统计分析主要包括账龄分析、付款分析、付款预测等功能。
7. 所有的供应商往来凭证全部由应付款系统生成,其他系统不生成这类凭证。
8. 应付款系统的初始设置主要包括设置企业基本信息、账套参数、规则选项、基础设置,以及录入供应商档案和初始数据。
9. 应付款系统与采购系统、账务系统有密切联系,但与应收款系统无关。
10. 应付款系统主要处理采购发票、应付单、付款单、退款单、应付票据等单据。

实训九 应收款管理

一、实训目的

了解应收款管理系统的主要功能与应用流程,掌握初始设置、业务处理、输出账表与统计分析的内容与操作方法。

二、实训内容

(1) 启用应收款管理系统。
(2) 进行应收款管理系统的系统设置。
(3) 运用应收款管理系统进行日常业务处理。
(4) 运用应收款管理系统进行账表管理与各种统计分析。

三、实训资料

1. 基础信息设置

(1) 存货分类。

存货分类编码	存货分类名称
01	产品类
02	材料类
03	应税劳务类

(2) 计量单位。

分组		单位		换算率
1	基本单位（无换算）	11	吨	
		12	公里	
		13	次	
2	产品	21	件	1
		22	箱	50

(3) 存货档案。

存货编码	名称	计量单位	所属分类	税率	存货属性	参考售价	参考成本价
0101	A产品	件	01	17	自制、销售	1 000	600
0102	B产品	件	01	17	自制、销售	100	50
0201	甲材料	吨	02	17	外购，生产耗用		
0202	乙材料	吨	02	17	外购，生产耗用		
0301	运输	公里	03	7	外购，应税劳务		

(4) 本单位开户银行。

编码	银行账号	是否暂封	开户银行	所属行编码	所属银行名称
001	123456789000	否	中国工商银行	01	中国工商银行
002	987654321000	否	中国建设银行	03	中国建设银行

(5) 收发类别。

收发类别编码	收发类别名称	收发标志
1	入库	收
2	出库	发

(6) 销售类型。

销售类型编码	销售类型名称	出库类别	是否默认值
1	经销	销售出库	是
2	包销	销售出库	否

2. 系统启用日期

应收款管理系统的启用日期为2013年2月1日。

3. 账套参数设置

(1) 常规选项：将坏账处理方式改为"应收余额百分比法"。

(2) 凭证选项、权限与预警选项、核销设置均采用默认值。

4. 初始设置

(1) 基本科目设置。应收科目（本币）为1122；预收科目（本币）为2203；销售收入科目（本币）为600101；出口销售收入科目（本币）为600101；销售退回科目（本币）为600101；税金科目为22210101；银行承兑科目（本币）为1121；商业承兑科目（本币）为1121；现金折扣科目为660302；票据利息科目（本币）为660301；票据费用科目（本币）为660302。

(2) 结算方式科目设置。

结算方式	币种	科目
现金结算	人民币	1001
转账支票	人民币	100201
汇兑	人民币	100201

(3) 坏账准备设置。坏账准备提取比率为0.5%，坏账准备期初余额为1 170，坏账准备科目为"1231 坏账准备"，坏账准备对方科目为"6701 资产减值损失"。

(4) 账龄区间设置。账期内账龄区间设置总天数分别为10天、30天、60天和90天；逾期账龄区间设置总天数分别为30天、60天、90天和120天。

(5) 报警级别设置。报警级别设置为A～F级，具体设置为：A级时的总比率为10%，B级时的总比率为20%，C级时的总比率为30%，D级时的总比率为40%，E级时的总比率为50%，总比率在50%以上为F级。

5. 期初余额（增值税税率均为17%）

单据类型	开票日期	客户名称	科目编码	货物名称	数量	无税单价	价税合计	销售部门
销售专用发票	2012.12.20	实力集团	1122	A产品	100	1 000	117 000	销售部
销售专用发票	2013.01.10	天马公司	1122	B产品	8 000	100	936 000	销售部

6. 广东宏兴有限公司2月份发生了如下应收款相关业务：

（1）2013年2月15日，向广州中信集团销售A产品300件，无税单价为1 000元，增值税率为17%。

（2）2013年2月16日，收到广州中信集团签发的商业承兑汇票1张（NO.345612），面值为351 000元，到期日为2013年4月16日。

（3）2013年2月17日，向珠海发达公司销售A产品500件，无税单价为980元，增值税率为17%。

（4）2013年2月18日，接银行通知，收到广州天马公司以汇兑方式支付的购买B产品的货税款936 000元。

（5）2013年2月19日，向广州天马公司销售B产品500件，无税单价为110元，增值税率为17%。

（6）2013年2月20日，经三方同意，2012年12月20日形成的应向深圳实力集团收取的货税款117 000元转为向广州天马公司的应收账款。

（7）2013年2月22日，收到珠海发达公司购买A产品的货税款合计573 300元，款项以转账支票支付。

（8）2013年2月24日，将2月20日形成的应向广州天马公司收取的应收账款117 000元转为坏账。

（9）2013年2月26日，向珠海发达公司销售B产品1 500件，无税单价为100元，增值税率为17%。以转账支票代垫运费1 200元。

（10）2013年2月26日，将2013年2月16日收到的广州中信集团签发并承兑的商业承兑汇票（NO.345612）到银行贴现，贴现率为5%。

实训十　应付款管理

一、实训目的

了解应付款管理系统的主要功能与应用流程，掌握初始设置、业务处理、输出账表与统计分析的内容与操作方法。

二、实训内容

（1）启用应付款管理系统。

(2) 进行应付款管理系统的系统设置。
(3) 运用应付款管理系统进行日常业务处理。
(4) 运用应付款管理系统进行账表管理与各种统计分析。

三、实训资料

1. 系统启用日期

应付款管理系统的启用日期为 2013 年 2 月 1 日。

2. 账套参数设置

所有参数设置均采用默认值。

3. 初始设置

（1）基本科目设置。应付科目（本币）为 220201；预付科目（本币）为 1123；商业承兑科目（本币）为 2201；银行承兑科目（本币）为 2201；票据利息科目（本币）为 660301；票据费用科目（本币）为 660302；采购科目（本币）为 1402；税金科目为 22210102；现金折扣科目为 660302。

（2）结算方式科目设置。

结算方式	币种	科目
现金结算	人民币	1001
转账支票	人民币	100201
汇兑	人民币	100201

（3）账龄区间设置。账期内账龄区间设置总天数分别为 10 天、30 天、60 天和 90 天；逾期账龄区间设置总天数分别为 30 天、60 天、90 天和 120 天。

（4）报警级别设置。报警级别设置为 A～F 级，具体设置为：A 级时的总比率为 10%，B 级时的总比率为 20%，C 级时的总比率为 30%，D 级时的总比率为 40%，E 级时的总比率为 50%，总比率在 50% 以上为 F 级。

4. 期初余额（增值税税率均为 17%）

单据类型	开票日期	供应商名称	科目编码	货物名称	数量	无税单价	价税合计	采购部门
采购专用发票	2012.12.15	西湖公司	220201	甲材料	400	250	117 000	采购部
采购专用发票	2013.01.14	海台公司	220201	乙材料	100	420	49 140	采购部

5. 广东宏兴有限公司 2 月份发生了如下应付款相关业务：

（1）2013 年 2 月 05 日，向杭州西湖公司采购甲材料 600 吨，无税单价为 250 元，增值税率为 17%。

（2）2013 年 2 月 08 日，向青岛海台公司采购乙材料 500 件，无税单价为 400 元，增值税率为17%，运费800元。

（3）2013年2月10日，以转账支票向杭州西湖公司上年的购货款117 000元。

（4）2013年2月16日，向杭州西湖公司签发商业承兑汇票一张（NO.345600），面值为175 500元，到期日为2013年3月16日。

（5）2013年2月28日，以转账支票向青岛海台公司支付购货款49 140元。

第九章 供应链管理系统

学习目标

1. 了解供应链管理系统的功能和操作流程。
2. 掌握供应链管理系统的初始化设置。
3. 了解采购管理、销售管理、库存管理和存货核算系统的主要功能。
4. 掌握供应链管理系统采购业务、销售业务、库存管理和存货核算的处理方法。

能力培养目标

1. 具有供应链管理系统初始化设置的能力。
2. 具有供应链管理系统采购业务、销售业务、库存管理和存货核算处理的能力。

第一节 供应链管理系统概述

供应链管理系统是用友 ERP-U8 管理软件的重要组成部分，主要包括采购管理、销售管理、库存管理和存货核算等子系统，各个子系统既可以单独应用，也可以与相关子系统联合应用。

在企业的日常工作中，采购供应部门、仓库、销售部门、财务部门等都涉及购销存业务及其核算的处理，各个部门的管理内容是不同的，部门间工作的延续性是通过单据在不同部门间的传递来实现的。供应链管理系统的业务处理流程如图 9-1 所示。

第二节 供应链管理系统的初始化

供应链管理系统初始化包括供应链管理系统建账、基础信息设置以及期初数据录入等工作。

一、供应链管理系统的启用

使用供应链管理系统首先要启用相应的功能模块，其方法是：
（1）以账套主管身份注册登录企业应用平台。
（2）单击【基础设置】|【基本信息】|【系统启用】命令，启用"采购管理"、"销

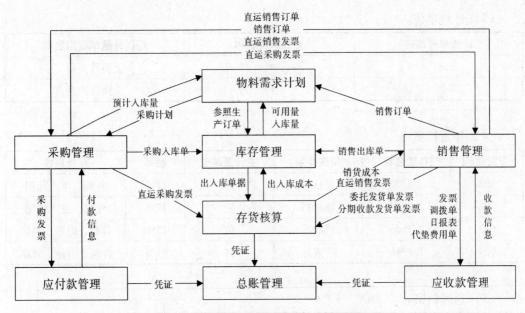

图9-1 供应链管理系统的业务处理流程

售管理"、"库存管理"、"存货核算"、"应收款管理"、"应付款管理"模块,启用日期例如为"2013-02-01"。

二、供应链管理系统的初始设置

(一)基础信息设置

打开企业应用平台窗口的【基础设置】选项卡,单击【基础档案】,设置供应链系统基础信息。设置内容包括存货分类、计量单位组、计量单位、存货档案、收发类别、仓库档案、采购类型、销售类型等。

【例9-1】根据下列表格内容设置广东宏兴有限公司的供应链基础信息。

(1) 存货分类。

存货分类编码	存货分类名称
01	原材料
02	产成品

(2) 计量单位组。

计量单位组编号	计量单位组名称	计量单位组类别
1	无换算关系	无换算率

(3) 计量单位。

计量单位编码	计量单位名称	所属计量单位组名称
01	吨	无换算关系
02	件	无换算关系

(4) 存货档案。

存货编码	存货名称	所属类别	主计量单位	税率	存货属性
001	甲材料	原材料	吨	17%	外购、生产耗用
002	乙材料	原材料	吨	17%	外购、生产耗用
003	A产品	产成品	件	17%	自制、内销、外销
004	B产品	产成品	件	17%	自制、内销、外销

(5) 仓库档案。

仓库编码	仓库名称	计价方式
1	原料库	移动平均法
2	成品库	移动平均法

(6) 收发类别。

收发类别编码	收发类别名称	收发标志	收发类别编码	收发类别名称	收发标志
1	正常入库	收	3	正常出库	发
11	采购入库	收	31	销售出库	发
12	产成品入库	收	32	领料出库	发
2	非正常入库	收	4	非正常出库	发
21	盘盈入库	收	41	盘亏出库	发
22	其他入库	收	42	其他出库	发

(7) 采购类型。

采购类型编码	采购类型名称	入库类别	是否默认值
1	普通采购	采购入库	是

(8) 销售类型。

销售类型编码	销售类型名称	出库类别	是否默认值
1	经销	销售出库	是
2	代销	销售出库	否

操作方法：

(1) 单击【基础设置】|【基础档案】|【存货】命令，打开"存货分类"窗口，录入存货分类信息，如图 9-2 所示。

(2) 用同样的方法完成其他供应链基础信息的设置。

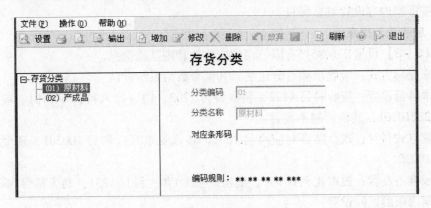

图 9-2 "存货分类"窗口

(二) 基础科目设置

科目设置用于设置系统中生成凭证所需要的各种存货科目、差异科目、运费科目、税金科目、结算科目和对方科目等。在制单之前，应先在供应链模块将科目设置完整。如果事先未设置科目，则在生成凭证时手工输入科目。

1. 存货核算系统

存货科目：按照存货分类设置存货科目。

对方科目：根据收发类别设置对方科目。

【例9-2】根据下列表格内容设置广东宏兴有限公司的存货科目和对方科目。

(1) 存货科目。

仓库	存货科目
原料库	原材料（140301）
成品库	库存商品（140501）

(2) 对方科目。

收发类别	对方科目
采购入库	在途物资（1402）
产成品入库	生产成本（500101）
销售出库	主营业务成本（640101）

操作方法：

(1) 单击【业务工作】|【供应链】，进入【存货核算】系统，执行【初始设置】|【科目设置】|【存货科目】命令，按资料内容设置存货科目。

(2) 同样的方法，在存货核算系统，执行【初始设置】|【科目设置】|【对方科目】命令，按资料内容设置对方科目。

2．应收款管理系统

【例9－3】设置广东宏兴有限公司的应收款管理基础信息。

坏账处理方式：应收余额百分比法，其他参数为系统默认。

基本科目设置：应收科目1122，预收科目2203，销售收入科目600101，应交增值税科目22210101，其他暂时不设置。

结算方式科目：现金结算对应科目1001，转账支票对应科目100201，现金支票对应科目100201。

坏账准备设置：提取比例0.5%，期初余额1 170，科目1231，对方科目660204。

账期内账龄区间设置：

序号	起止天数	总天数
01	0～30	30
02	31～60	60
03	61～90	90
04	91～120	120
05	121以上	

报警级别设置：

序号	起止比率	总比率	级别名称
01	0以上	10%	A
02	10%～30%	30%	B
03	30%～50%	50%	C
04	50%～100%	100%	D
05	100%以上		E

操作方法：

(1) 执行【业务工作】|【财务会计】|【应收款管理】|【设置】|【选项】命令，打开"账套参数设置"窗口，设置坏账处理方式为应收余额百分比法，如图9－3所示。

(2) 打开【应收款管理】|【设置】|【初始设置】，按资料内容设置基本科目、结算方式科目、坏账准备、账期内账龄区间、报警级别等。坏账准备设置需要重新注册后进行。

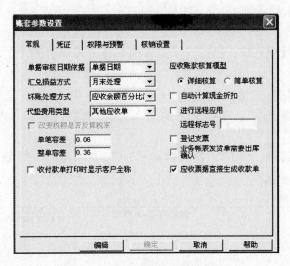

图9-3 "账套参数设置"窗口

3. 应付款管理系统

【例9-4】设置广东宏兴有限公司的应付款管理基础信息。

基本科目设置:应付科目220201,预付科目1123,采购科目1402,采购税金科目22210102,其他暂时不设置。

结算方式科目设置:现金结算对应科目1001,转账支票对应科目100201,现金支票对应科目100201。

账期内账龄和报警级别设置参照例9-3。

操作方法:

(1)执行【业务工作】|【财务会计】|【应付款管理】|【设置】|【初始设置】命令,按资料内容录入基本科目和结算方式科目。

(2)以同样的方法设置账期内账龄和报警级别。

(三)期初数据

初次使用供应链管理系统应先输入账簿期初数据,以保证数据的连续性。

1. 采购管理系统期初数据

采购管理系统可能存在两类期初数据:一类是货到票未到即暂估入库业务,如果企业第一次启用采购管理系统,则应在采购管理系统未进行采购期记账前录入上月月末暂估入库存货数据;另一类是票到货未到即在途业务,对于这类业务应调用期初采购发票功能录入。

采购管理系统无论是否有期初数据,都要进行期初记账,否则无法开始日常业务处理,库存管理系统和存货核算系统也不能记账。

【例9-5】2013年1月26日,广东宏兴有限公司收到南京泰得公司提供的甲材料10吨,单价为3 000元,商品已验收入原材料库,至今未收到发票。

本例为货到票未到业务。

操作方法：

(1) 启用采购管理系统，执行【采购入库】|【入库单】命令，进入"期初采购入库单"窗口。

(2) 单击【增加】按钮，输入入库日期"2013-01-26"，选择仓库"原料库"，供货单位"南京泰得公司"，部门"采购部"，入库类别"采购入库"，采购类型"普通采购"。

(3) 选择存货编码"001"，输入数量"10"，本币单价"3 000"，单击【保存】按钮，如图9-4所示。

图9-4 "期初采购入库单"窗口

(4) 执行【设置】|【采购期初记账】命令，系统弹出"期初记账"信息提示对话框，单击【记账】按钮，返回采购管理系统。

2. 销售管理系统期初数据

销售系统期初数据是指销售系统启用日期之前已经发货、出库但未开具销售发票的存货。

【例9-6】1月27日，广东宏兴有限公司销售部向广州中信集团出售A产品100件，单价1 000元，由成品仓库发货，该发货单尚未开票。

操作方法：

(1) 进入销售管理系统，执行【设置】|【期初录入】|【期初发货单】命令，进入如图9-5所示的"期初发货单"窗口。

(2) 单击【增加】按钮，输入发货日期"2013-01-27"，选择销售类型"经销"，选择客户名称"广州中信集团"，选择销售部门"销售部"。

(3) 选择仓库"成品库"，选择存货"A产品"，输入数量"100"，无税单价"1 000"，单击【保存】按钮，单击"审核"，审核该发货单。

图9-5 "期初发货单"窗口

3. 库存和存货核算系统期初数据

各个仓库存货的期初余额既可以在库存管理系统中录入,也可以在存货核算系统中录入。因涉及总账对账,因此建议在存货核算系统中录入。

【例9-7】2013年1月31日,广东宏兴有限公司对各个仓库进行了盘点,结果如下表,要求录入库存和存货核算系统期初数据。

仓库名称	存货名称	数量	结存单价
原料库	甲材料	750	200
	乙材料	720	420
成品库	A产品	2 500	600
	B产品	5 000	50

操作方法:

(1) 录入存货期初数据并记账。

①启用存货核算系统,执行【初始设置】|【期初数据】|【期初余额】命令,进入如图9-6所示的"期初余额"窗口。

②选择仓库为"原料库",单击【增加】按钮,输入存货编码"001",数量"750",单价"200"。同理输入"乙材料"期初数据。

图9-6 "期初余额"窗口

③选择仓库"成品库",单击【增加】按钮,输入存货编码"003",数量"2 500",单价"600";输入存货编码"004",数量"5 000",单价"50"。

④单击【记账】按钮,系统对所有仓库进行记账。

(2)录入库存期初数据。

①启用库存管理系统,执行【初始设置】|【期初结存】命令,进入"期初结存"窗口。

②选择仓库为"原料库",单击【修改】|【取数】按钮,然后单击【保存】按钮。录入完成后单击【审核】按钮,系统弹出审核成功提示对话框,单击【确定】按钮。

③同理,通过取数方式输入成品库存货期初数据,录入完成后单击【对账】按钮,核对库存管理系统与存货核算系统的期初数据是否一致,若一致,系统弹出"对账成功"信息提示对话框,单击【确定】按钮返回。

第三节 采购业务处理

采购管理,是指企业物资供应部门按照企业的物资供应计划,通过市场采购、加工订制等渠道,取得的对企业生产经营活动所需要的各种物资的管理。采购业务处理的主要任务是在采购管理系统中处理采购入库单和采购发票,并根据采购发票确认采购入库成本。本节主要介绍实际成本法下的企业采购活动的核算。

一、功能概述

采购管理系统是用友 U8 供应链管理系统的一个子系统,既可以单独使用,也可以与用友 U8 管理系统的库存管理、存货核算、销售管理、应付款管理集成使用。它的主要功能包括以下几个方面。

1. 采购系统初始设置

采购管理系统初始设置包括设置采购管理系统业务处理所需要的采购参数、基础信息及期初采购数据。

2. 采购业务处理

进行采购业务的日常操作,包括请购、订货、到货、入库、采购发票和采购结算等业务全过程的管理,可以处理普通采购业务、受托代销业务、直运业务等业务类型。

3. 采购账簿及采购分析

采购管理系统可以提供各种采购明细表、增值税抵扣明细表、各种统计明细表及采购账簿供用户查询,同时提供采购成本分析、供应商价格对比分析、采购类型结构分析等分析表。

二、采购日常业务处理

1. 普通采购业务处理

普通采购业务适用于大多数企业的日常采购业务,提供对采购请购、采购订货、采购入库、采购发票、采购成本核算、采购付款全过程的管理。

(1) 请购。采购请购是指企业内部各部门向采购部门提出采购申请，或采购部门汇总企业内部采购的需求列出采购清单。请购是采购业务的起点，可以依据审核后的采购请购单生成采购订单。在采购业务处理流程中，请购环节可以省略。

(2) 订货。订货是指企业与供应商签订采购合同或采购协议，确定要货需求。供应商根据采购订单组织货源，企业根据采购订单进行验收。在采购业务处理流程中，订货环节也是可选的。

(3) 到货处理。采购到货是采购订货和采购入库的中间环节，一般由采购业务员根据供方通知或送货单填写，确认对方所送货物、数量、价格等信息，以到货单的形式传递到仓库作为保管员收货的依据。在采购业务处理流程中，到货处理可选可不选。

(4) 入库处理。采购入库是指将供应商提供的物料检验（也可以免检）合格后，存入指定仓库的业务。当采购管理系统与库存管理系统集成使用时，入库业务在库存管理系统中进行处理；当采购管理系统不与库存管理系统集成使用时，入库业务在采购管理系统中进行处理。在采购业务处理流程中，入库处理是必需的。

采购入库单是仓库管理员根据采购到货签收的实收数量填制的入库单据。采购入库单既可以直接填制，也可以复制采购订单或采购到货单生成。

(5) 采购发票。采购发票是供应商开出的销售货物的凭证，系统根据采购发票确定采购成本，并据以登记应付账款。采购发票按业务性质分为蓝字发票和红字发票；按发票类型分为增值税专用发票、普通发票和运费发票。

采购发票既可以直接填制，也可以由采购订单、采购入库单或其他的采购发票参照生成。

(6) 采购结算。采购结算也称采购报账，在用友 U8 管理系统中采购结算是针对采购入库单，根据发票确定其采购成本。采购结算的结果是生成采购结算单，它是记载采购入库单与采购发票对应关系的结算对照表。采购结算分为自动结算与手工结算两种方式。

2. 采购入库业务

按货物与发票到达的先后顺序，将采购入库业务划分为单货同行、货到票未到（暂估入库）、票到货未到（在途存货）三种类型，不同的业务类型相应的处理方式有所不同。

(1) 单货同行采购业务。单货同行采购业务处理流程如图 9-7 所示。

(2) 暂估入库（货到票未到）采购业务。暂估是指本月存货已经入库，但采购发票尚未收到，不能确定存货的入库成本，月底时为了正确核算企业的库存成本，需要将这部分存货暂估入账，形成暂估凭证。对暂估业务，系统提供了三种不同的处理方法，即月初回冲、单到回冲和单到补差。

(3) 在途业务（票到货未到）。如果先收到了供货单位的发票，而没有收到供货单位的货物，可以对发票进行压单处理，待货物到达后，再一并输入计算机作报账结算处理。但如果需要实时统计在途货物的情况，就必须将发票输入计算机，待货物到达后，再填制入库单并做采购结算。

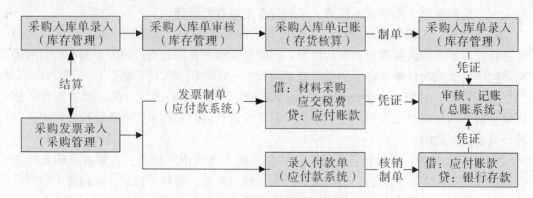

图9-7 单货同行采购业务处理流程

3. 采购退货业务
由于材料质量不合格、企业转产等原因,企业可能发生退货业务,针对退货业务及发生的不同原因,系统采用了不同的解决方法。

4. 现付业务
现付业务是指当采购业务发生时,立即付款,由供货单位开具发票。

5. 综合查询
灵活运用采购管理系统提供的单据查询和账表查询功能,可以有效提高信息利用和采购管理水平。

【例9-8】2013年2月广东宏兴有限公司发生采购业务如下:

(1) 2月1日,业务员王采购向青岛海台公司询问甲材料的价格(210元/吨),评估后确认价格合理,随即向公司上级主管提出请购要求,请购数量为100吨。业务员据此填制请购单。

(2) 2月2日,上级主管同意向海台公司订购甲材料100吨,单价为210元,要求到货日期为2月5日。

(3) 2月5日,收到所订购的甲材料100吨,填制到货单。

(4) 2月5日,将所收到的货物验收入原料库,填制采购入库单。

(5) 当天收到该笔货物的专用发票一张,发票号112233。

(6) 业务部门将采购发票交给财务部门,财务部门确定此业务所涉及的应付款及采购成本,材料会计记材料明细账。

(7) 财务部门开出转账支票一张付清采购货款,支票号CX12345。

操作方法:

(1) 在采购管理系统中填制并审核请购单。

①启用采购管理系统,执行【请购】|【请购单】命令,进入"采购请购单"窗口。

②单击【增加】按钮,输入日期"2013-02-01",选择部门"采购部",请购人员"刘云"。

③选择存货编码"001",输入数量"100",本币单价"210",需求日期"2013-02-05",供应商"海台公司",如图9-8所示。

④单击【保存】按钮，然后单击【审核】按钮。最后退出"采购请购单"窗口。

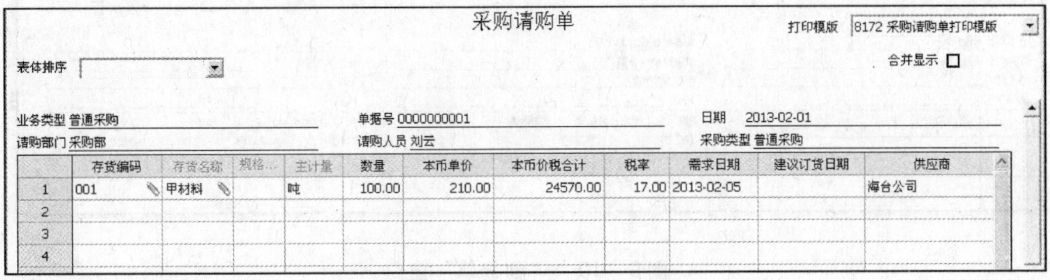

图9-8 "采购请购单"窗口

（2）在采购管理系统中填制并审核采购订单。

①执行【采购订货】|【采购订单】命令，进入"采购订单"窗口。

②单击【增加】按钮，执行【生单】下拉列表中的"请购单"命令，打开"过滤条件选择"窗口，单击【过滤】按钮，进入"拷贝并执行"窗口。

③双击需要参照的采购请购单的"选择"栏，如图9-9所示，单击【OK确定】按钮，将采购请购单相关信息带入采购订单。

④单击【保存】按钮，然后单击【审核】按钮。最后退出"采购订单"窗口。

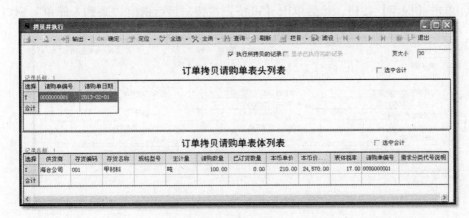

图9-9 "拷贝并执行"窗口

（3）在采购管理系统中填制到货单。

①执行【采购到货】|【到货单】命令，进入"到货单"窗口。

②执行【生单】下拉列表中的"采购订单"命令，打开"采购订单列表过滤"窗口，单击【过滤】按钮，进入"拷贝并执行"窗口。

③双击需要参照的采购订单的选择栏，单击【确定】按钮，将采购订单相关信息带入采购到货单，输入日期"2013-02-05"，选择部门"采购部"，如图9-10所示。

④单击【保存】按钮，然后单击【审核】按钮。最后退出"到货单"窗口。

图9-10 "到货单"窗口

（4）在库存管理系统中填制并审核采购入库单。

①启用库存管理系统，执行【入库业务】|【采购入库单】命令，进入"采购入库单"窗口。

②执行【生单】下拉列表中的"采购到货单（蓝字）"命令，打开"采购到货单列表过滤"窗口，单击【过滤】按钮，进入"到货单生单列表"窗口。

③双击需要参照的采购订单的选择栏，单击【OK确定】按钮，将采购到货单相关信息带入入库单，入库日期为"2013-02-05"，选择入库仓库为"原料库"，如图9-11所示。

④单击【保存】按钮，然后单击【审核】按钮。最后退出"采购入库单"窗口。

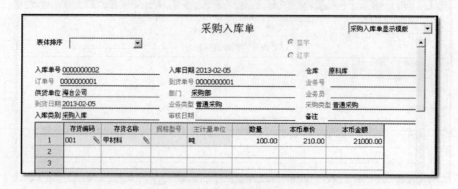

图9-11 "采购入库单"窗口

（5）在采购管理系统中填制并审核采购发票。

①以账套主管身份进入企业应用平台，执行【基础设置】|【单据设置】|【单据编号设置】命令，打开"单据编号设置"对话框。单击单据类型下的"采购管理"，选择"采购专用发票"选项，单击【修改】按钮，选中"完全手工编号"复选框，单击【保存】按钮。

②启用采购管理系统，执行【采购发票】|【专用采购发票】命令，进入"专用发票"窗口。

③单击【增加】按钮，执行【生单】下拉列表中的"采购入库单"命令，打开"采购入库单列表过滤"窗口，单击【过滤】按钮，进入"拷贝并执行"窗口。

④选择需要参照的采购入库单,单击【OK确定】按钮,将采购入库单相关信息带入采购专用发票,输入发票号"112233",如图9-12所示。

⑤单击【保存】按钮,然后退出"专用发票"窗口。

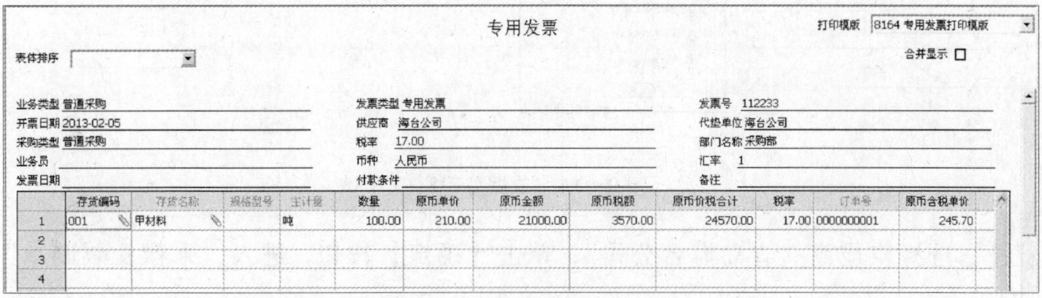

图9-12 "专用发票"窗口

(6) 在采购管理系统中进行采购结算。

①在采购管理系统中,执行【采购结算】|【手工结算】命令,进入"手工结算"窗口。

②单击【选单】按钮,进入"结算选单"窗口,单击【过滤】按钮,弹出"过滤统计选择—采购手工结算"对话框,单击【过滤】按钮,选择需要结算的发票和入库单,如图9-13所示,单击【OK确定】,返回"手工结算"窗口。

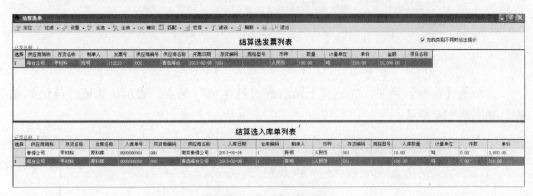

图9-13 结算选单窗口

③单击【结算】按钮,系统弹出"完成结算!"提示信息框。

④单击【确定】按钮,然后退出"手工结算"窗口。

(7) 在应付款管理系统中审核采购专用发票并生成应付凭证。

①启用应付款管理系统,执行【应付单据处理】|【应付单据审核】命令,弹出"应付单过滤条件"对话框,选择供应商"青岛海台公司",单击【确定】按钮,进入"单据处理"窗口。

②选择需要审核的单据,单击【审核】按钮,系统弹出审核结果提示对话框,如图9-14所示。单击【确定】按钮返回后退出。

③执行【制单处理】命令,系统弹出"制单查询"对话框,选择"发票制单"复

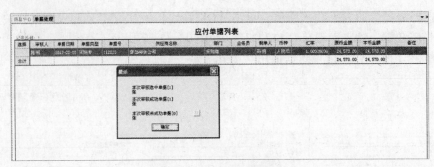

图9-14 单据处理窗口

选框,选择供应商"青岛海台公司",单击【确定】按钮,进入"采购发票制单"窗口。

④单击【全选】按钮,或在"选择标志"栏输入某数字作为选择标志,选择凭证类别,如图9-15所示。单击【制单】按钮,进入"填制凭证"窗口。

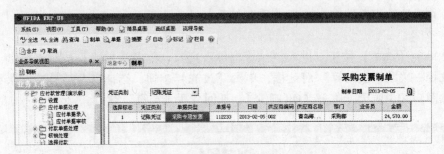

图9-15 "采购发票制单"窗口

⑤单击【保存】按钮,凭证左上角出现"已生成"标志,表示该凭证已传递到总账,如图9-16所示。

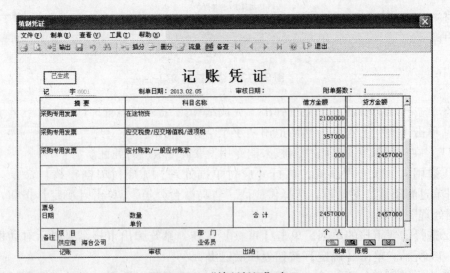

图9-16 "填制凭证"窗口

(8) 在存货核算系统中记账并生成入库凭证。

①在存货核算系统中，执行【业务核算】|【正常单据记账】命令，弹出"正常单据记账条件"对话框。

②选择查询条件，单击【过滤】，进入"正常单据记账列表"窗口，如图9-17所示。选择要记账的单据，单击【记账】按钮，退出"正常单据记账列表"窗口。

				正常单据记账列表							
记录数：											
选择	日期	单据号	存货编码	存货名称	规格型号	存货代码	单据类型	仓库名称	收发类别	数量	单价
	2013-02-05	0000000002	001	甲材料			采购入库单	原料库	采购入库	100.00	210.00
小计										100.00	

图9-17 "正常单据记账列表"窗口

③执行【财务核算】|【生成凭证】命令，进入"生成凭证"窗口。单击【选择】按钮，弹出"查询条件"对话框。选择"采购入库单（报销记账）"复选框，单击【确定】按钮，进入"选择单据"窗口，如图9-18所示。

选择单据												
记账 输出 单据 全选 全消 确定 取消												
□ 已结算采购入库单自动选择全部结算单上单据(包括入库单、发票、付款单)；本月采购入库单按蓝字报销单制单				未生成凭证单据一览表								
选择	记账日期	单据日期	单据类型	单据号	仓库	收发类别	记账人	部门	部门编码	所属部门	业务单号	业务类型	计价方式
	2013-02-20	2013-02-05	采购入库单	0000000002	原料库	采购入库	陈明	采购部	4			普通采购	移动平均法

图9-18 "选择单据"窗口

④选择要制单的记录行，单击【确定】按钮，进入"生成凭证"窗口。选择凭证类别，单击【生成】按钮，进入"填制凭证"窗口。

⑤单击【保存】按钮，凭证左上角出现"已生成"标志，表示该凭证已传递到总账，如图9-19所示。

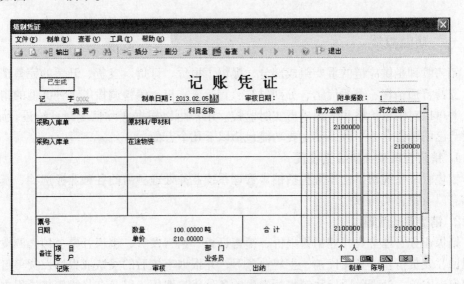

图9-19 "填制凭证"窗口

(9) 在应付款管理系统中付款处理并生成付款凭证，进行核销处理。

①在应付款管理系统中，执行【付款单据处理】|【付款单据录入】命令，进入"付款单"窗口。

②单击【增加】按钮，选择供应商"海台公司"，结算方式为"转账支票"，金额"24 570"，如图9-20所示。单击【保存】按钮。

图9-20 "付款单"窗口

③单击【审核】按钮，系统弹出"是否立即制单?"信息提示对话框，单击【是】按钮，进入"填制凭证"窗口。选择凭证类别，单击【保存】按钮，凭证左上角出现"已生成"标志，表示凭证已传递到总账。

④执行【核销处理】|【自动核销】命令，系统打开"核销条件"窗口。选择"海台公司"，单击【确定】按钮，系统弹出"是否自动核销?"对话框，单击【是】按钮，系统弹出"自动核销报告"对话框，单击【确定】按钮，核销完毕。

第四节 销售业务处理

一、功能概述

销售管理是供应链的重要组成部分，提供了报价、订货、发货、开票的完整销售流程，支持普通销售、委托代销、分期付款、直运、零售、销售调拨等多种类型的销售业务，并可以对销售价格和信用进行实时监控。用户可以根据实际情况对系统进行定制，构建自己的销售业务平台。其主要功能包括以下几个方面。

1. 销售管理系统初始化设置

销售管理系统初始化设置包括销售管理系统业务处理所需的各种业务选项、基础档案信息以及销售期初数据。

2. 销售业务管理

销售业务管理主要处理销售报价、销售订货、销售发货、销售开票、销售调拨、销售退回、发货折扣、委托代销、零售业务等，并根据审核后的发票或根据发货单自动生成销售出库单，处理随同货物销售所发生的各种代垫费用，以及在货物销售过程中发生的各种销售支出。

在销售管理系统中，可以处理普通销售、委托代销、直运销售、分期收款销售、销售调拨及零售等业务类型。

3. 销售账簿及销售分析

销售管理系统可以提供各种销售明细账、销售明细表及各种统计表。

二、销售管理系统日常业务处理

销售业务包括普通销售业务、委托代销业务、直运业务、分期收款业务、代垫费用业务、现收业务、销售退货业务等，下面主要介绍普通销售业务。

1. 普通销售业务类型

普通销售支持正常的销售业务，适用于大多数企业的日常销售业务。普通销售业务根据"发货—开票"的实际业务流程不同，可以分为两种业务模式：先发货后开票模式（即先录入发货单）和开票直接发货模式（即先录入发票）。系统处理两种业务模式的流程不同，但允许两种流程并存。系统判断两种流程的最本质区别是先录入发货单还是先录入发票。

（1）销售报价。销售报价是企业向客户提供的货品、规格、价格、结算方式等信息，双方达成协议后，销售报价单可以转为有效力的销售合同或销售订单。在销售业务处理流程中，销售报价环节可以省略。

（2）销售订货。销售订货处理是指企业与客户签订销售合同，在系统中体现为销售订单。销售订单可以直接录入，也可以参照报价单生成销售订单。在销售业务处理流程中，订货环节也是可选的。已审核未关闭的销售订单可以参照生成销售发货单或销售发票。

（3）销售发货。销售发货是企业执行与客户签订的销售合同或销售订单，将货物发往客户的行为，是销售业务的执行阶段。在销售业务处理流程中，销售发货是必需的。

先发货后开票模式中发货单由销售部门根据销售订单填制或手工输入，客户通过发货单取得货物所有权。发货单审核后，可以生成销售发票、生成销售出库单。

开票直接发货模式中发货单由销售发票产生，发货单只作浏览，不能进行修改、删除、弃审等操作，但可以关闭、打开；销售出库单根据自动生成的发货单生成。

（4）销售开票。销售开票是在销售过程中企业给客户开具销售发票及其所附清单的过程，它是销售收入确定、销售成本计算、应交销售税金确认和应收款确认的依据，是销售业务的必要环节。

销售发票既可以直接填制，也可以对照销售订单或销售发货单生成。对照发货单开票时，多张销售发货单可以汇总开票，一张发货单也可拆单生成多张销售发票。

（5）销售出库。销售出库是销售业务处理的必要环节，在库存管理系统中用于存货出库数量核算，在存货核算系统中用于存货成本核算。

根据参数设置的不同，销售出库单可以在销售系统中生成，也可以在库存管理系统中生成。如果销售管理系统生成出库单，只能一次销售全部出库，而由库存系统生成销售出库单，可实现一次销售分次出库。

(6) 出库成本确认。销售出库（开票）之后，要进行出库成本的确认。对于先进先出、后进先出、移动平均、个别计价这四种计价方式的存货，在存货核算系统中进行单据记账时要进行出库成本核算；而全月平均、计划价/销售法计价的存货，在期末处理时进行出库成本核算。

(7) 应收账款确认及收款处理。及时进行应收账款确认及收款处理是财务核算工作的基本要求，在应收款管理系统完成。

2. 普通销售业务处理流程

普通销售业务可以分为两种业务模式：先发货后开票模式（即先录入发货单）和开票直接发货模式（即先录入发票）。业务处理流程如下：

(1) 先发货后开票模式的业务处理流程和单据流程如图 9-21 所示。

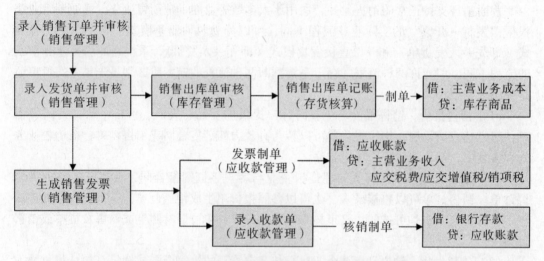

图 9-21 先发货后开票模式的业务处理流程和单据流程

(2) 开票直接发货业务模式的业务处理流程和单据流程如图 9-22 所示。

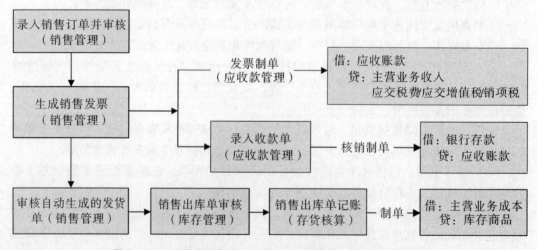

图 9-22 开票直接发货业务模式的业务处理流程和单据流程

【例9-9】2013年2月广东宏兴有限公司发生销售业务如下：

（1）2月20日，广州天马公司欲购进A产品50件，向销售部了解价格。销售部报价为800元/台，填制并审核报价单。

（2）该客户了解情况后，要求订购50件，要求发货日期为2月22日，填制并审核销售订单。

（3）2月22日，销售部从成品仓库向天马公司发出A产品，并据此开具了专用发票一张。

（4）业务部门将销售发票交给财务部门，财务部门结转此业务的收入及成本。

（5）2月23日，财务部收到天马公司转账支票一张，金额46 800元，支票号5566，据此填制收款单并制单。

操作方法：

启用销售管理系统，执行【设置】|【销售选项】命令，不选择"报价含税"复选框。

（1）在销售管理系统中填制并审核报价单。

①启用销售管理系统，执行【销售报价】|【销售报价单】命令，进入"销售报价单"窗口。

②单击【增加】按钮，输入报价日期"2013-02-20"，销售类型"经销"，客户"天马公司"，销售部门"销售部"。

③选择存货编码"003"，名称"A产品"，输入数量"50"，报价"800"，如图9-23所示。

④单击【保存】按钮，并单击【审核】按钮，保存并审核报价单后退出。

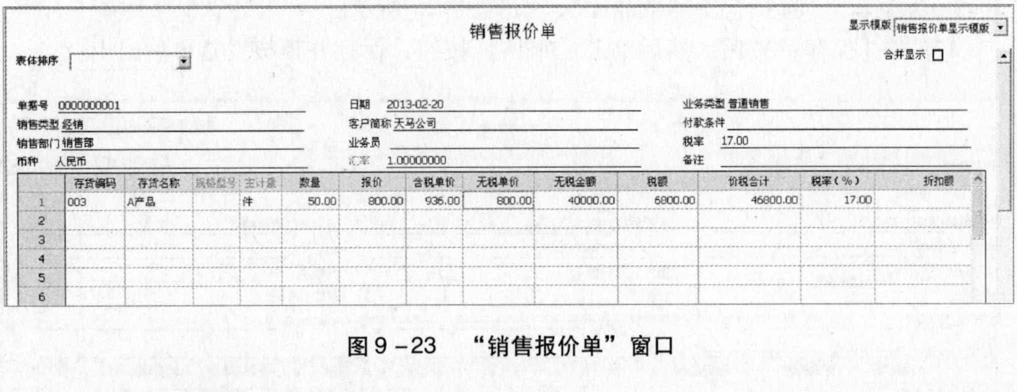

图9-23 "销售报价单"窗口

（2）在销售管理系统中填制并审核销售订单。

①执行【销售订货】|【销售订单】命令，进入"销售订单"窗口。

②单击【增加】按钮，执行"生单"下拉列表中的"报价"命令，打开"订单参照报价单"窗口。单击【过滤】按钮，从系统打开的"参照生单"上边窗口中双击需要选择的报价单，如图9-24所示，单击【OK确定】按钮，将报价单信息带入"销售订单"。

③修改销售订单表体中第一行的"预发货日期"为"2013-02-22"，单击【保

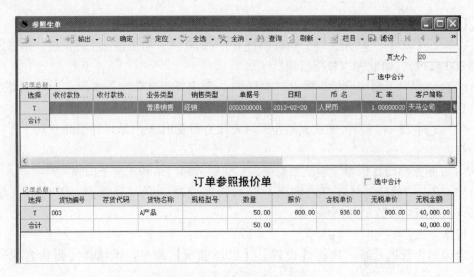

图9-24 "参照生单"窗口

存】按钮,然后单击【审核】按钮,保存并审核销售订单后退出。

(3) 在销售管理系统中填制并审核销售发货单。

①执行【销售管理】|【设置】|【销售选项】命令,选择"可用量控制"选项卡,勾选"允许非批次存货超可用量发货"和"允许批次存货超可用量发货"。

②执行【销售发货】|【发货单】命令,进入"发货单"窗口。

③单击【增加】按钮弹出"参照订单"对话框,单击【过滤】按钮,选择上面已生成的销售订单,单击【OK确定】按钮,将销售订单信息带入发货单。输入发货日期"2013-02-22",选择仓库"成品库",如图9-25所示。

④单击【保存】按钮,然后单击【审核】按钮,保存并审核发货单后退出。

图9-25 "发货单"窗口

(4) 在销售管理系统中根据发货单填制并复核销售发票。

①执行【设置】|【销售选项】命令,弹出"选项"对话框。打开"其他控制"选项卡,选择"新增发票默认"为"参照发货"。单击【确定】按钮返回。

②执行【销售开票】|【销售专用发票】命令，进入“销售专用发票”窗口。

③单击【增加】按钮，弹出“发票参照发货单”对话框，单击【过滤】按钮，选择要参照的发货单，单击【OK 确定】按钮，将发货单信息带入“专用发票”，如图9－26所示。（编辑“本单位开户银行”信息时，输入银行编码“001”，银行账号“123456789000”，银行名称“中国工商银行”，所属行编码“01”。）

销售专用发票

显示模版 销售专用发票显示模

表体排序

合并显示

发票号 0000000001　开票日期 2013-02-22　业务类型 普通销售

销售类型 经销　订单号 0000000001　发货单号 0000000002

客户简称 天马公司　销售部门 销售部　业务员

付款条件　客户地址　联系电话 86534244

开户银行 中国建设银行　账号 4302658　税号 1101086456888785

币种 人民币　汇率 1　税率 17.00

备注

	仓库名称	存货编码	存货名称	规格型号	主计量	数量	报价	含税单价	无税单价	无税金
1	成品库	003	A产品		件	50.00	800.00	936.00	800.00	
2										
3										

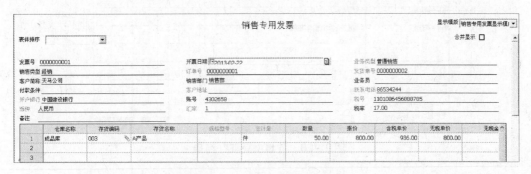

图9－26 “销售专用发票”窗口

④单击【保存】按钮，然后单击【复核】按钮，保存并复核销售专用发票后退出。

（5）在应收款管理系统中审核销售专用发票并生成销售收入凭证。

①在应收款管理系统中，执行【应收单据处理】|【应收单据审核】命令，弹出“单据过滤条件”对话框，单击【确定】按钮，进入“应收单据列表”窗口，选择需要审核的单据，单击【审核】按钮，系统弹出“审核成功!”信息提示对话框，单击【确定】按钮返回，然后退出。

②执行【制单处理】命令，系统弹出“制单查询”对话框，选择“发票制单”复选框，单击【确定】按钮，进入“销售发票制单”窗口，如图9－27所示。

销售发票制单

凭证类别 记账凭证　制单日期 2013-02-22

选择标志	凭证类别	单据类型	单据号	日期	客户编码	客户名称	部门	业务员	金额
	记账凭证	销售专...	0000000001	2013-02-22	1002	广州天...	销售部		46,800.00

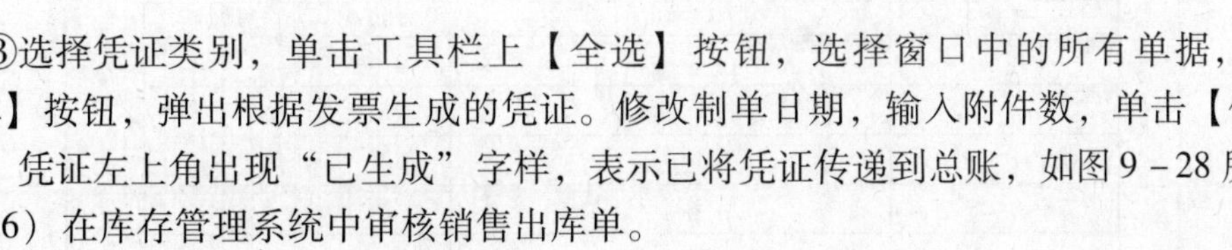

图9－27 “销售发票制单”窗口

③选择凭证类别，单击工具栏上【全选】按钮，选择窗口中的所有单据，单击【制单】按钮，弹出根据发票生成的凭证。修改制单日期，输入附件数，单击【保存】按钮，凭证左上角出现“已生成”字样，表示已将凭证传递到总账，如图9－28所示。

（6）在库存管理系统中审核销售出库单。

①启用库存管理系统，执行【出库业务】|【销售出库单】命令，进入“销售出库单”窗口。

②找到需要审核的销售出库单，单击【审核】按钮，系统弹出“该单据审核成功”信息提示对话框，单击【确定】按钮返回。

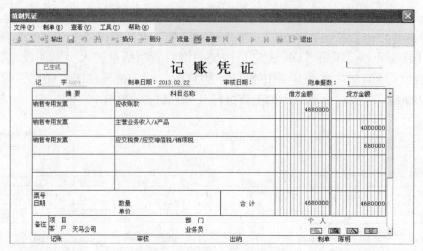

图 9-28 "填制凭证"窗口

（7）在存货核算系统中对销售出库单记账并生成凭证。

①启用存货核算系统，执行【业务核算】|【正常单据记账】命令，弹出"正常单据记账"对话框。单击【确定】按钮，进入"正常单据记账"窗口。

②单击需要记账的单据前的"选择"栏，然后单击【记账】按钮。系统对单据进行记账，记账完成后，单据不在窗口中显示。

③执行【财务核算】|【生成凭证】命令，进入"生成凭证"窗口。单击【选择】按钮，弹出"查询条件"对话框。选择"销售专用发票"选项，单击【确定】按钮，进入"选择单据"窗口。

④单击需要生成凭证的单据前的"选择"栏，然后单击【确定】按钮，进入"生成凭证"窗口。选择凭证类别，单击【生成】按钮，系统显示生成的凭证。

⑤修改确定无误后，单击【保存】按钮，凭证左上角出现"已生成"字样，表示已将凭证传递到总账，如图 9-29 所示。

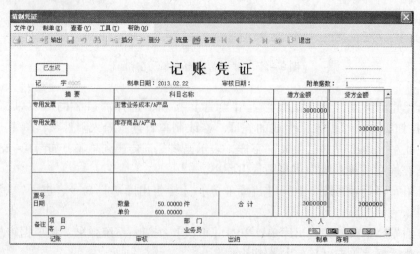

图 9-29 "填制凭证"窗口

(8) 在应收款管理系统中输入收款单并制单。

①启用应收款管理系统，执行【收款单据处理】|【收款单据录入】命令，进入"收付款单录入"窗口，输入收款单信息，如图9-30所示。

图9-30 收付款单录入窗口

②单击【保存】按钮，然后单击【审核】按钮，系统弹出"是否立即制单?"对话框，单击【是】按钮。

③在填制凭证窗口中，生成的凭证单击【保存】按钮，如图9-31所示。

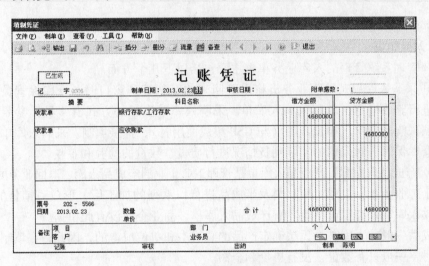

图9-31 "填制凭证"窗口

④执行【核销处理】|【自动核销】命令，对单据进行核销处理。

第五节 库存管理业务处理

一、功能概述

库存管理系统是供应链管理系统的一个子系统，它的主要功能包括以下几个方面。

1. 日常收发存业务处理

库存管理系统的主要功能是对采购管理系统、销售管理系统及库存管理系统填制的各种出入库单据进行审核,并对存货的出入库数量进行管理。

除管理采购业务、销售业务形成的入库和出库业务外,还可以处理出库间的调拨业务、盘点业务、组装拆卸业务、形态转换业务等。

2. 库存控制

库存管理系统支持批次跟踪、保质期管理、委托代销商品管理、不合格商品管理、现存量(可用量)管理、安全库存管理,可对超储、短缺、呆滞积压、超额领料等情况进行报警。

3. 库存账簿及统计分析

库存管理系统可以提供出入库流水账、库存台账、受托代销商品备查簿、委托代销商品备查簿、呆滞积压存货备查簿供用户查询,同时提供各种统计汇总表。

二、库存管理系统日常业务处理

(一)入库业务处理

库存管理系统主要是对各种入库业务进行单据的填制和审核。

1. 入库单据

库存管理系统管理的入库业务单据主要包括以下几个方面。

(1)采购入库单。采购业务员将采购回来的存货交到窗口时,仓库保管员对其所购存货进行验收确定,填制采购入库单。采购入库单生成的方式有4种:参照采购订单、参照采购到货单、检验入库(与GSP集成使用时)、直接填制。采购入库单的审核相当于仓库保管员对采购的实际到货情况进行质量、数量的检验和签收。

(2)产成品入库单。产成品入库单是管理工业企业的产成品入库、退回业务的单据。

对于工业企业,企业对原材料及半成品进行一系列的加工后,形成可销售的商品,然后验收入库。只有工业企业才有产成品入库单,商业企业没有此单据。

产成品一般在入库时是无法确定产品的总成本和单位成本的,因此,在填制产成品入库单时,一般只有数量,没有单价和金额。

产成品入库的业务处理流程如图9-32所示。

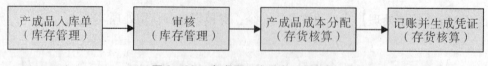

图9-32 产成品入库业务处理流程

(3)其他入库单。其他入库单指除了采购入库单、产成品入库之外的其他入库业务,如调拨入库、盘盈入库、组装拆卸入库、形态转换入库等业务形成的入库单。

2. 审核入库单据

库存管理系统中的审核具有多层含义,既可以表示通常意义上的审核,也可用单据是否审核代表实物的出入库行为,即在入库单上的所有存货均办理了入库手续后,对入库单进行审核。

(二) 出库业务处理

1. 销售出库

如果没有启用销售管理系统,销售出库单需要手工增加。

如果启用了销售管理系统,则在销售管理系统中填制的销售发票、发货单、销售调拨单、零售日报,经复核后均可以参照生成销售出库单。根据选项设置,销售出库单可以在库存管理系统中填制、生成,也可以在销售代理系统中生成后传递到库存管理系统,由库存管理系统进行审核。

2. 材料出库

材料出库单是工业企业领用材料时所填制的出库单据,材料出库单也是进行日常业务处理和记账的主要原始单据之一。只有工业企业才有材料出库单,商业企业没有此单据。

3. 其他出库

其他出库指除销售出库、材料出库之外的其他出库业务,如维修、办公耗用、调拨出库、盘亏出库、组装拆卸出库、形态转换出库等。

【例9-10】2013年2月广东宏兴有限公司入库业务如下:

(1) 2月24日,成品库收到当月制造部加工的A产品100件作为产成品入库。

(2) 随后收到财务部门提供的完工产品成本60 000元,立即作成本分配,记账生成凭证。

操作方法:

(1) 在库存管理系统中录入产成品入库单并审核。

①执行【入库业务】|【产成品入库单】命令,进入"产成品入库单"窗口。

②单击【增加】按钮,输入入库日期"2013-02-24",选择仓库"成品库",入库类型"产成品入库",部门"制造部",选择存货编码"003A产品",输入数量"100",单击【保存】,然后单击【审核】按钮。

(2) 在存货核算系统中录入生产成本并对产成品成本分配。

①执行【业务核算】|【产成品成本分配】命令,进入"产成品成本分配表"窗口。

②单击【查询】按钮,系统弹出"产成品成本分配表查询"对话框,选择"成品库"选项,单击【确认】按钮,系统将符合条件的记录带入"产成品成本分配表"。

③在"003A产品"记录行金额栏输入"60 000",如图9-33所示。单击【分配】按钮,系统弹出"分配操作顺利完成!"信息提示对话框,单击【确定】按钮。

					产成品成本分配	
存货/分类编码	存货/分类名称	存货代码	规格型号	计量单位	数量	金额
	存货 合计				100.00	60,000.00
02	产成品小计				100.00	60,000.00
003	A产品			件	100.00	60,000.00

图9-33 "产成品成本分配"窗口

④执行【日常业务】|【产成品入库单】命令,进入"产成品入库单"窗口,查看入库存货单价。

(3) 在存货核算系统中对产成品入库单记账并生成凭证。

①执行【业务核算】|【正常单据记账】命令,对产成品入库单进行记账处理。

②执行【财务核算】|【生成凭证】命令,进入"产成品入库单"生成凭证。在生成凭证窗口中对方科目输入"500101",单击【生成】按钮,生成凭证如图9-34所示。

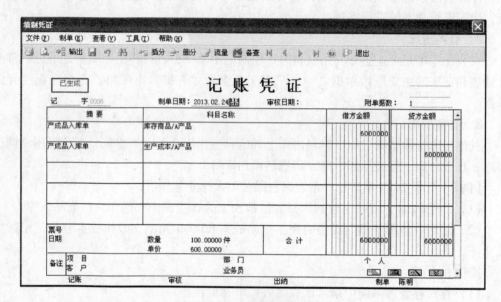

图9-34 "填制凭证"窗口

【例9-11】2013年2月广东宏兴有限公司出库业务如下:

2月15日,制造部向原料库领用甲材料2吨,用于生产A产品。记材料明细账,生成领料凭证。

操作方法:

(1) 设置相关选项。

在库存管理系统中,执行【初始设置】|【选项】命令,进入"库存选项设置"对话框。打开"可用量控制"选项卡,选中"允许超可用量出库"复选框,单击【确定】按钮。

(2) 在库存管理系统中填制材料出库单。

①执行【出库业务】|【材料出库单】命令,进入"材料出库单"窗口。

②单击【增加】按钮,填写出库日期"2013-02-25",选择仓库"原料库",出库类别"领料出库",部门"制造部"。选择"001甲材料",输入数量"2吨"。单击【保存】按钮,然后单击【审核】按钮。

(3) 在存货核算系统中对材料出库单记账并生成凭证。

①执行【业务核算】|【正常单据记账】命令,对材料出库单进行记账。

②执行【财务核算】|【生成凭证】命令,选择材料出库单生成以下凭证,如图9-35所示。

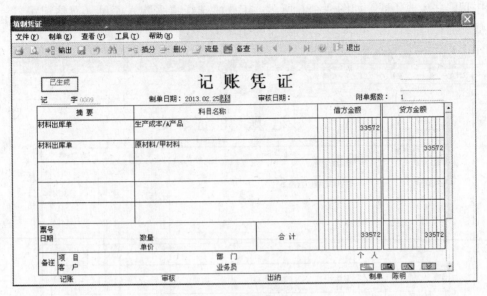

图9-35 "填制凭证"窗口

第六节 存货核算业务处理

一、功能概述

存货核算系统主要针对企业存货的收发存业务进行核算,掌握存货的耗用情况,及时准确地把各类存货成本归集到各成本项目和成本对象上,为企业的成本核算提供基础数据。

存货核算系统的主要功能包括存货出入库成本的核算、暂估入库业务处理、出入库成本的调整、存货跌价准备的处理等。

二、存货核算系统日常业务处理

存货核算系统日常业务处理包括入库业务处理、出库业务处理、单据记账、调整业务、暂估处理、生成凭证、月末处理等。

【例9-12】2013年2月广东宏兴有限公司存货业务如下:

(1) 2月25日,向杭州西湖公司订购乙材料200吨,单价为400元,将收到的货物验收入原料库,填制采购入库单。

(2) 2月28日,销售部向珠海发达公司出售B产品60件,报价为80元/件,货物从成品库发出。

操作方法：

（1）材料入库业务。在库存管理系统中，输入采购入库单并审核，在存货核算系统中记账并生成凭证，如图9-36所示。记账时选择"采购入库单（暂估记账）"，生成凭证的存货科目为140302，对方科目为220202。

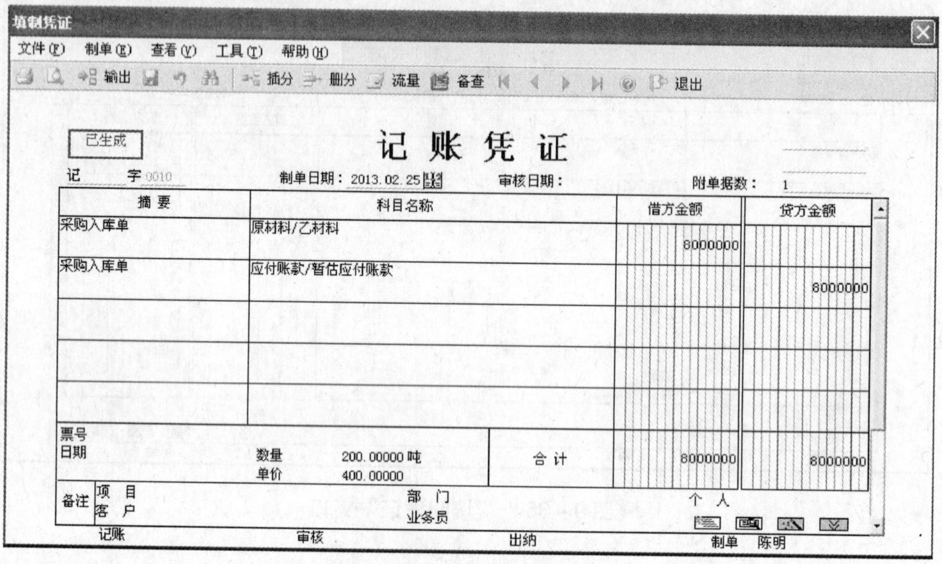

图9-36 "填制凭证"窗口

（2）销售出库业务。在销售管理系统中输入销售发货单并审核，填制销售专用发票，在库存管理系统中审核销售出库单，在存货核算系统中记账并生成凭证，如图9-37所示。生成凭证的存货科目为140502，对方科目为640102。

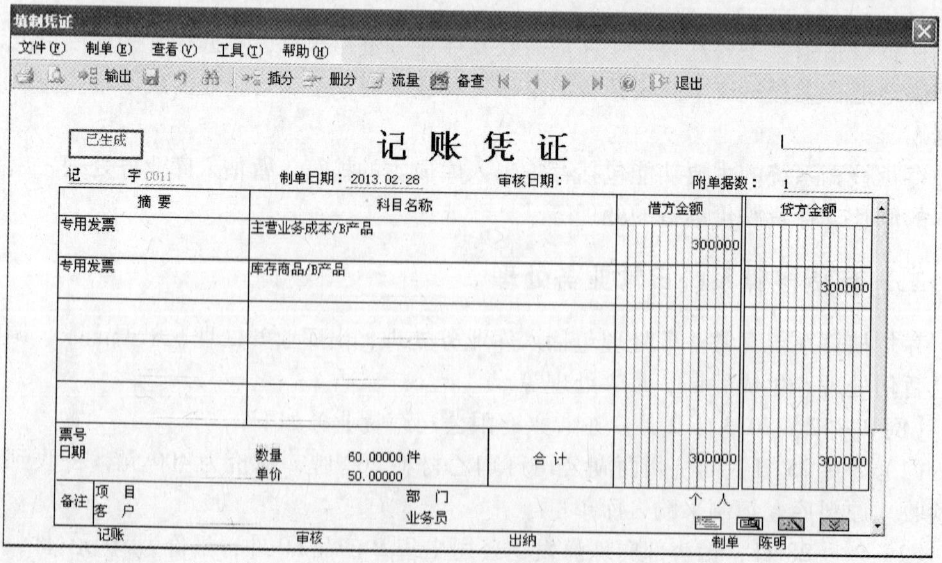

图9-37 "填制凭证"窗口

本 章 小 结

供应链管理系统是用友 ERP-U8 管理软件的重要组成部分，它实现了企业物流、资金流管理的统一，主要包括采购管理、销售管理、库存管理和存货核算等模块。要使用供应链管理系统，首先应启用供应链管理系统并进行初始化设置。采购业务处理涉及的功能模块主要有采购管理系统、应付款管理系统、库存管理系统、存货核算系统和总账系统。销售业务处理涉及的功能模块主要有销售管理系统、应收款管理系统、库存管理系统、存货核算系统和总账系统。存货管理业务涉及的功能模块主要有库存管理系统、存货核算系统和总账系统。

基 本 概 念

供应链管理、采购入库单、采购发票、采购结算、付款单、销售出库单、销售发票、收款单、库存管理、产成品入库单、存货核算。

练 习 题

一、单项选择题

1. 在用友 ERP-U8 中使用了供应链、总账、应收应付系统，结转的顺序正确的是_____。
   A. 供应链—总账—应收应付　　　　B. 总账—应收应付—供应链
   C. 供应链—应收应付—总账　　　　D. 应收应付—供应链—总账
2. 销售系统的期初单据不包括_____。
   A. 普通销售发货单　　　　　　　　B. 分期收款发货单
   C. 期初委托代销发货单　　　　　　D. 销售发票
3. 销售订单参照报价单生成，报价单必须符合什么条件_____。
   A. 已保存、未审核、未关闭　　　　B. 已保存、已审核、未关闭
   C. 已保存、已审核、已关闭　　　　D. 任何时候都可以
4. 销售系统新增发票时，默认是参照_____生成。
   A. 销售报价单　　B. 销售订单　　C. 销售发票　　D. 手工输入
5. 如果设置了"普通业务必有订单"，则订单是整个业务的核心，订单不可以参照_____生成。
   A. 参照销售报价单　　　　　　　　B. 参照普通销售订单

C. 参照合同　　　　　　　　D. Pto 选配

6. "库存管理"是用友 ERP-U8 供应链的重要产品,但是并不能处理_____业务。

　　A. 盘点管理　　B. 成本管理　　C. 其他出入库　　D. 材料出库

7. 以下对于库存期初数描述错误的是_____。

　　A. 账簿都应有期初数据,以保证其数据的连贯性
　　B. 初次使用"库存管理"时,应先输入全部存货的期初数据
　　C. 如系统中已有上年数据,在结转上年数据后,上年度各存货结存自动结转本年
　　D. 库存模块与存货模块的期初数据,必须分别录入不能相互取数

8. "库存管理"是用友 ERP-U8 供应链的重要产品,不具备的功能是_____。

　　A. 仓库货位管理　　B. 资金管理　　C. 可用量管理　　D. 保质期管理

9. 在按照存货核算成本时,以下哪步操作是必须的_____。

　　A. 在存货档案中设置存货的计价方式
　　B. 在仓库档案中设置仓库的计价方式
　　C. 设置仓库存货对照表
　　D. 设置存货货位对照表

10. 关于采购的手工结算,以下说法正确的是_____。

　　A. 手工结算可拆单处理
　　B. 一行入库记录可以分次结算
　　C. 可以同时对多张入库单和多张发票进行手工结算
　　D. 以上说法全部正确

二、多项选择题

1. 采购期初数据录入包括_____。

　　A. 期初暂估入库　　　　　　B. 期初在途存货
　　C. 存货期初数据　　　　　　D. 期初受托代销商品

2. 库存管理系统选项包括_____。

　　A. 通用设置　　B. 专用设置　　C. 可用量控制　　D. 可用量检查

3. 采购结算业务中,采购结算制单时,借方取_____。

　　A. 存货科目　　B. 运费科目　　C. 税金科目　　D. 应付科目

4. 使用手工结算功能可以对以下哪几项进行采购结算_____。

　　A. 入库单与发票结算　　　　B. 蓝字入库单与红字入库单结算
　　C. 蓝字发票与红字发票结算　D. 费用折扣分摊

5. 采购业务中制单类型包括_____。

　　A. 发票制单　　B. 应收单制单　　C. 核销制单　　D. 现结制单

6. 用友 ERP 销售管理系统支持的销售业务_____。

　　A. 代垫费用　　B. 零售　　C. 分期付款销售　　D. 委托代销

7. 以下哪些销售单据提供了关闭功能_____。
   A. 销售发货单　　B. 销售订单　　C. 销售支出单　　D. 销售发票
8. 库存选项主要包括如下几个部分_____。
   A. 通用设置　　B. 专用设置　　C. 可用量控制　　D. 可用量检查
9. 其他入库单是指除采购入库、产成品入库之外的其他入库业务，如_____等业务形成的入库单。
   A. 调拨入库　　B. 盘盈入库　　C. 组装拆卸入库　　D. 形态转换入库
10. 用友 ERP-U8 供应链管理系统中同存货模块有直接数据传递的模块是_____。
    A. 采购管理　　B. 销售管理　　C. 库存核算　　D. 财务系统

三、判断题

1. 供应链管理系统必须和总账系统同时启用。
2. 没有期初数据时，也必须进行期初记账，以便输入日常采购单据数据。
3. 用友 ERP-U8 供应链管理主要是适用工业企业使用的一套完整的管理方法，不适用商业企业使用。
4. 采购订单和采购入库单是一对一的关系，是唯一对应的。
5. 收发存汇总表反映各仓库各存货各种收发类别的收入、发出及结存情况。
6. 用友 ERP-U8 供应链的存货系统中，本月的已记账单据也可以转到下个月再生成凭证。
7. 采购入库单记账，使用正常单据记账的功能。
8. ERP-U8 销售管理系统分为三种业务类型：普通销售业务、委托代销业务、直运业务。
9. 在普通销售业务处理流程中，销售发货不是必需的环节。
10. 只有工业企业才有产成品入库单，商业企业没有此单据。

实训十一　供应链管理系统初始设置与业务处理

一、实训目的

练习采购管理系统、销售管理系统、库存管理系统以及存货核算系统的初始化设置及业务处理。

二、实训要求

（1）启用采购管理系统、销售管理系统、库存管理系统以及存货核算系统。
（2）采购管理系统、销售管理系统、库存管理系统以及存货核算系统初始设置。
（3）采购业务、销售业务、库存业务及存货核算业务的日常处理。

三、实训资料

1. 供应链管理系统的启用

启用采购管理系统、销售管理系统、库存管理系统以及存货核算系统。

启用日期：2013 年 2 月 1 日。

2. 基础档案设置

（1）存货分类。

存货分类编码	存货分类名称
01	原材料
02	产成品

（2）计量单位组。

计量单位组编号	计量单位组名称	计量单位组类别
1	无换算关系	无换算率

（3）计量单位。

计量单位编码	计量单位名称	所属计量单位组名称
01	吨	无换算关系
02	件	无换算关系

（4）存货档案。

存货编码	存货名称	所属类别	主计量单位	税率	存货属性
001	甲材料	原材料	吨	17%	外购、生产耗用
002	乙材料	原材料	吨	17%	外购、生产耗用
003	A 产品	产成品	件	17%	自制、内销、外销
004	B 产品	产成品	件	17%	自制、内销、外销

（5）仓库档案。

仓库编码	仓库名称	计价方式
1	原料库	移动平均法
2	成品库	移动平均法

(6) 收发类别。

收发类别编码	收发类别名称	收发标志
1	采购入库	收
2	产品入库	收
3	材料出库	发
4	销售出库	发

(7) 采购类型。

采购类型编码	采购类型名称	入库类别	是否默认值
1	本地采购	采购入库	是
2	外地采购	采购入库	否

(8) 销售类型。

销售类型编码	销售类型名称	出库类别	是否默认值
1	本地销售	销售出库	是
2	外地销售	销售出库	否

3. 采购管理系统初始化设置

(1) 采购选项。

采用默认值。

(2) 采购期初数据录入。

期初无暂估入库存货。

期初在途存货（期初采购专用发票资料如下）：

业务类型	发票类型	发票号	供货单位	采购类型	税率%
普通采购	专用发票	20130201	海台公司	本地采购	17

部门名称	业务员	发票日期
采购部	王采购	2013.02.01

存货编码	计量单位	数量	原币单价
001	吨	6 000	25
002	吨	500	40

(3) 采购期初记账。

4. 销售管理系统初始化设置

(1) 销售选项设置。

业务控制：销售生成出库单。

其他控制：新增发货单、退货单和发票不参照单据。

(2) 其他参数采用默认值。

5. 库存管理系统初始化设置

(1) 库存选项设置。

采用默认值。

(2) 期初数据录入与审核。

①原料库。

存货编码	存货名称	计量单位	数量	单价	金额
001	甲材料	吨	750	200	150 000
002	乙材料	吨	720	420	302 400

②成品库。

存货编码	存货名称	计量单位	数量	单价	金额
003	A产品	件	2 500	600	1 500 000
004	B产品	件	5 000	50	250 000

6. 存货核算系统初始化设置

(1) 存货核算选项设置。

采用默认值。

(2) 存货期初数据录入（或取数）：数据同库存管理系统。

期初对账与记账。

(3) 科目设置。

①存货科目设置。

仓库编码	仓库名称	存货分类编码	存货分类名称	存货科目编码	存货科目名称
1	原料库	01	原材料	1403	原材料
2	成品库	02	产成品	1405	库存商品

②对方科目设置。

类别编码	类别名称	存货分类编码	存货分类名称	对方科目编码	对方科目名称
1	采购入库	01	原材料	1402	在途物资
2	产品入库	02	产成品	5001	生产成本
3	材料出库	01	原材料	5001	生产成本
4	销售出库	02	产成品	6401	主营业务成本

7. 供应链管理系统业务处理

（1）2013年2月10日，采购部王采购从南京泰得公司采购甲材料50吨，无税单价190元，材料验收入原料库。2月11日采用转账支票结清所有款项。分别录入或生成采购增值税专用发票、入库单和付款单等，并生成相关凭证。

（2）2013年2月18日，销售部业务员高山销售给发达公司A产品3 000件，无税单价700元，货物已发出。2月19日收到转账支票一张结清所有款项。分别录入或生成销售增值税专用发票、收款单、销售出库单等，并生成相关凭证。

（3）2013年2月19日，制造部为生产A产品，从原料库领用甲材料8吨，乙材料10吨。生成出库单、记账并生成凭证。

（4）2013年2月20日，制造部A产品生产完工150件，单位产品成本550元，入成品库。生成入库单、记账并生成凭证。

参 考 文 献

[1] 黄微平. 会计信息系统 [M]. 2版. 广州：暨南大学出版社，2010.
[2] 黄微平. 会计信息系统（成人教育版）[M]. 广州：暨南大学出版社，2011.
[3] 黄微平. 会计电算化 [M]. 成都：西南财经大学出版社，2011.
[4] 王新玲，等. 用友ERP财务管理系统实验教程 [M]. 北京：清华大学出版社，2012.
[5] 张瑞君. 会计信息系统 [M]. 2版. 北京：中国人民大学出版社，2009.
[6] 黄正瑞. 会计信息系统 [M]. 北京：经济科学出版社，2003.
[8] 李良敏. 会计电算化 [M]. 大连：大连出版社，2007.
[9] 王剑盛. 会计电算化 [M]. 北京：高等教育出版社，2006.
[10] 北京用友软件股份有限公司：用友ERP-U8用户手册.
[11] 北京用友软件股份有限公司：用友ERP-U872系统（教学版）.